# 古典文獻研究輯刊

## 三 編

潘美月・杜潔祥 主編

# 第9冊

## 陳振孫之史學及其《直齋書錄解題》史錄考證(下)

何廣棪 著

國家圖書館出版品預行編目資料

陳振孫之史學及其《直齋書錄解題》史錄考證（下）／何廣棪
著 — 初版 — 台北縣永和市：花木蘭文化出版社，2006〔民
95〕
目 24+254 面：19×26 公分（古典文獻研究輯刊 三編；第 9 冊）
ISBN：978-986-7128-66-9（精裝）
ISBN：986-7128-66-4（精裝）
1.（宋）陳振孫－學術思想－史學 2. 藏書目錄－中國－南宋
（1127-1279）3. 史學－目錄－研究與考訂
018.8524                                          95015560

古典文獻研究輯刊                ISBN：978-986-7128-66-9
三 編 第九冊                    ISBN：986-7128-66-4

# 陳振孫之史學及其《直齋書錄解題》史錄考證（下）

作　　者　何廣棪
主　　編　潘美月　杜潔祥
企劃出版　北京大學文化資源研究中心
出　　版　花木蘭文化出版社
發 行 所　花木蘭文化出版社
發 行 人　高小娟
聯絡地址　台北縣永和市中正路五九五號七樓之三
　　　　　電話：02-2923-1455／傳眞：02-2923-1452
電子信箱　sut81518@ms59.hinet.net
初　　版　2006 年 9 月
定　　價　三編 30 冊（精裝）新台幣 46,500 元　　版權所有‧請勿翻印

# 陳振孫之史學及其《直齋書錄解題》史錄考證(下)

何廣棪　著

# 目

# 錄

## 中　冊

### 七、雜史類

下　冊

十三、法令類

# 法令類第十三

## 律文十二卷、音義一卷

《律文》十二卷、《音義》一卷。自魏李悝、漢蕭何以來，更三國、六朝、隋、唐，因革損益備矣。本朝天聖中，孫奭等始撰《音義》，自〈名例〉至〈斷獄〉，歷代異名皆著之。

廣棪案：此書《崇文總目》卷二僅著錄作「《律音義》一卷，孫奭撰」，錢東垣輯釋本。《宋史》卷二百四〈志〉第一百五十七〈藝文〉三著錄同。《玉海》卷第六十六〈詔令‧律令〉下「天聖《律文音義》」條曰：「（天聖）七年四月，判國子監孫奭言：『準詔校定《律文》及《疏》，《律》、《疏》與《刑統》不同本。《疏》依《律》生文，《刑統》參用後敕，雖盡引《疏》義，頗有增損。今校為定本，須依元《疏》為正。其《刑統》衍文者省，闕文者益，以遵用舊書，與《刑統》兼行。又舊本多用俗字，改從正體，作《律文音義》一卷。文義不同，即加訓解。』詔崇文院雕印，與《律文》並行。先是四年十一月，奭言：『諸科唯明法一科，《律文》及《疏》未有印本，舉人難得真本習讀。』詔國子監直講楊安國、趙希言、王圭、公孫覺、宋祁、楊中和校勘，判監孫奭、馮元詳校。至七年十二月畢，鏤板頒行。《書目》：『《律令釋文》一卷，天聖中孫奭等撰。字義不同，悉有解訓。』」是奭撰此書在天聖七年。其書名原為《律文音義》，作《律音義》者，蓋省稱耳。阮元《擘經室外集》卷四〈四庫未收書提要〉「《律文》十二卷、《音義》一卷提要」云：「是編不著撰人名氏。《音義》，宋孫奭等撰。奭字宗古，博平人。有《孟子音義》，《四庫全書》已著錄，事蹟詳《宋史》本傳。《宋史‧刑法志》云：『宋法制因乎唐，律令格式則隨時增損之。』此書見〈藝文志〉。其中所載，自〈名例〉以至〈斷獄〉，凡十二門，與〈唐志〉悉合。陳振孫《書錄解題》亦云：『《律文》十二卷，自魏李悝、漢蕭何以來，更三國、六朝，以至隋、唐，因革損益備矣。本朝天聖中，孫奭等又撰《音義》，歷代異名沿革皆著之。』按奭所著《音義》為《唐律》而作。於『治』字下云：『唐避高宗諱為「理」。』『期』字下云：『唐避玄宗諱為「周」，今改從舊。』又於〈名例〉『杖』字下云：『皇朝建隆四年，始有折杖之制。』『流』字下云：『皇朝建隆四年，制犯徒者加杖免役。』此

則宋時所增，並不見於《律文》，故加『皇朝』以別之。至書中字體翻切，皆有補於小學。卷末列孫奭、馮元、宋祁等銜，及『天聖七年四月日准敕送崇文院雕造』十五字。據此，則爲北宋所刊無疑矣。」據阮氏〈提要〉所考，則《律文》一書固因乎唐，而奭之《音義》亦爲《唐律》而作，然至宋則其內容時有增益，故《音義》所記有不見於《律文》者。惟阮氏〈提要〉所引《解題》此條，文字與《四庫》本多有異同，未知阮氏所本。瞿鏞《鐵琴銅劍樓藏書目錄》卷第十二〈史部〉五〈政書類〉「《律》十二卷、《音義》一卷 影鈔宋本」條曰：「《律文》不題名，《音義》題翰林侍講學士、中大夫、尚書兵部侍郎兼群牧使、判國子監太常禮院、上柱國、樂安郡開國公，食邑二千二百戶，食實封四百戶，賜紫金魚袋，臣孫奭等撰。案隋文帝開皇初，定《新律》十二門，曰名例，曰衛禁，曰職制，曰戶婚，曰廄庫，曰擅興，曰賊盜，曰鬥訟，曰詐僞，曰雜律，曰捕亡，曰斷獄。唐亦因之。此十二卷，每門爲一卷，則《唐律》本文也。《音義》自爲一卷。」是《唐律》又因隋朝《新律》而修成。瞿氏此條所記奭之官爵，及《新律》十二門之名目，均足補《解題》之未詳。《鐵琴銅劍樓藏書目錄》同條又云：「其《音義》摘字爲注，仿《經典釋文》體，與《孟子音義》同，精覈亦相等。如〈名例篇〉『乘輿』下引蔡邕《獨斷》曰：『天子車馬、衣服、器盛、百物曰乘輿。』今本《獨斷》脫『天子』以下十一字，得此可補其闕。又〈衛禁篇〉『出行夜』，行音下孟切，可正《孟子集註》俗本行夜爲夜行，并俗讀行爲平聲之訛。又『畜聚』之『畜』丑六切，『畜產』之『畜』許又切。皆與《釋文》合。可正俗讀許六切之訛譌。」此條舉例而論說奭《音義》之精覈，亦可補《解題》所未及。

## 唐令三十卷、式二十卷

《唐令》三十卷、《式》二十卷，唐開元中宋璟、蘇頲、盧從愿等所刪定。

　　廣棪案：《玉海》卷第六十六〈詔令・律令〉下「《開元後格》」條載：「《開元後格》十卷，又《令》三十卷，《式》二十卷，《中興書目》有《唐式》二十卷。侍中宋璟、蘇頲，左丞盧愿，侍郎裴璀、慕容珣、楊滔，舍人劉令植，司直高智靜及侯郢璉等刪定，開元七年上。」所記與《解題》同而較翔實。

## 考〈藝文志〉卷數同，

　　案：《新唐書》卷五十八〈志〉第四十八〈藝文〉二〈刑法類〉著錄：「《開元後

格》十卷,又《令》三十卷、《式》二十卷。吏部侍郎兼侍中宋璟,中書侍郎蘇頲,尚書左丞盧愿,吏部侍郎裴漼、慕容珣,戶部侍郎楊滔,中書舍人劉令植,大理司直高智靜,幽州司功參軍侯郢璀等刪定,開元七年上。」是〈新唐志〉著錄卷數與《解題》同。而前引王應麟《玉海》,其書所載實據〈新唐志〉,惟「裴漼」誤作「裴瓘」;漼,《舊唐書》卷一百〈列傳〉第五十、《新唐書》卷一百三十〈列傳〉第五十五均有傳。又「盧從愿」,〈新唐志〉誤作「盧愿」,《玉海》同。從愿,《舊唐書》卷一百〈列傳〉第五十、《新唐書》卷一百二十九〈列傳〉第五十四亦均有傳。

**更同光、天福校定。**

案:同光,後唐莊宗年號。《舊五代史》卷一百四十七〈志〉九〈刑法志〉載:「唐莊宗同光元年十二月,御史臺奏:『當司刑部、大理寺本朝法書,自朱溫僭逆,刪改事條,或重貨財,輕入人命;或自狥枉過,濫加刑罰。今見在三司收貯刑書,並是偽廷刪改者,兼偽廷先下諸道追取本朝法書焚毀,或經兵火所遺,皆無舊本節目。只定州敕庫有本朝法書具在,請敕定州節度使速寫副本進納,庶刑法令式,並合本朝舊制。』從之。未幾,定州王都進納《唐朝格式律令》,凡二百八十六卷。二年二月,刑部尚書盧價奏纂集《同光刑律統類》凡一十三卷,上之。」是盧價奏上之《同光刑律統類》十三卷,或即就《唐朝格式律令》校定後纂集而成。天福,後晉高祖年號。《玉海》卷第六十六〈詔令‧律令〉下「建隆《新定刑統》」條曰:「國初用《唐律令格式》外,有後唐《同光刑律統類》、《清泰編敕》、《天福編敕》、《周廣順類敕》、顯德《刑統》,皆參用焉。」是同光、天福時均曾校定《唐令》、《唐式》,而《同光刑律統類》、《天福編敕》,皆所從出也。

**至本朝淳化中,右贊善大夫潘憲、著作郎王泗校勘其篇目、條例,頗與今見行令式有不同者。**

案:《玉海》卷第六十六〈詔令‧律令〉下「《淳化編敕》」條載:「太宗以開元二十六年所定《令》、《式》,修為《淳化令式》。」與《解題》所記疑有關連。潘憲、王泗,《宋史》無傳,事迹無可考。


### 刑統三十卷

《刑統》三十卷,判大理寺燕山竇儀可象詳定。

廣棪案：《郡齋讀書志》卷第八〈刑法類〉「《刑統》三十卷」條曰：「右皇朝竇儀以尚書判大理寺，與法官蘇曉、奚嶼、張希讓等修定。」是則詳定《刑統》固不止竇儀一人。此書《崇文總目》卷二稱「《開寶刑統》三十卷」，錢東垣輯釋本。《宋史》卷二百四〈志〉第一百五十七〈藝文〉三〈刑法類〉稱「《重詳定刑統》三十卷」。

初范質既相周，建議律條繁廣，輕重無據，特詔詳定，號《大周刑統》，凡二十一卷。至是重加詳定，建隆四年頒行。

案：《玉海》卷第六十六〈詔令・律令〉下「建隆《新定刑統》」條曰：「周顯德四年五月二十四日，中書門下奏朝廷所行用者《律》十二卷、《律疏》三十卷、《式》二十卷、《令》三十卷、《開成格》十卷、《大中統類》十二卷、《後唐以來至漢末編敕》三十二卷、廣順元年六月，侍御史盧億等以敕條二十六件編為二卷，名為《續編敕》。及《制敕》等律令，文辭古質，覽者難明。格敕條目繁多，閱者疑誤。於是命侍御史張湜等十人訓釋，刪定為《大周刑統》。五年七月丙戌初行，凡二十卷，別有目錄，凡二十一卷，與《律》、《疏》、《令》、《式》通行。」又曰：「建隆四年二月五日，工部尚書、判大理寺竇儀言：『《周刑統》科條繁浩，或有未明，請別加詳定。』乃命儀與權大理少卿蘇曉等同撰集，凡削出令、式、宣、敕一百九條，增入制、敕十五條，又錄律內餘條準此者凡四十四條，附於〈名例〉之次，并〈目錄〉，成三十卷。」所記較翔實，可與《解題》互補有無。

### 紹興刑統申明一卷

《紹興刑統申明》一卷，開寶以來累朝訂正，與《刑統》並行者。

廣棪案：《玉海》卷第六十六〈詔令・律令〉下「《紹興申明刑統》」條載：「淳熙十一年，臣僚言：『《刑統》縣開寶、元符間申明訂正，凡九十有二條目，曰《申明刑統》，同《紹興格式敕令》為一書。自乾道書成進表，雖有遵守之文，而此書印本廢而不載。《淳熙新書》不載遵守之文，而印本又廢而不存。讞議之際，無所據依，乞仍鏤板附《淳熙隨敕申明》之後。』四年六月，令國子監重鏤板頒行。」是此書凡九十二條目，乃與《紹興格式敕令》合為一書者，惟書名與《玉海》所載畧異。

### 嘉祐驛令三卷

《嘉祐驛令》三卷，三司使梁國張方平安道等修定。前一卷為〈條貫敕〉，後二卷為〈則例令〉。官吏、幫支、驛券、衙官、傔從之類，皆據此也。

　　廣棪案：《玉海》卷第六十六〈詔令‧律令〉下「《嘉祐驛令》」條載：「（嘉祐）三年三月丙申，詔三司編《天下驛券則例》，從樞密韓琦之請也。四年正月十二日壬寅，一云正月七日。三司使張方平上所編《驛券則例》，賜名《嘉祐驛令》。初，內外文武，下至吏卒，所給驛券皆未有定例，又或多少不同，遂降密院舊例，下三司掌券司會粹名數而纂次之，並取宣、敕、令文專為驛券立文者，附益刪改為七十四條，總上中下三卷，二月頒行天下。八年四月十六日編定《祿令》，所奏以諸道至在京程數，分為三卷，頒天下從之。二書與敕令兼行。」是此書乃嘉祐三年三月，從韓琦所請而編；四年正月，張方平編就表上，凡七十四條，分上、中、下三卷；二月頒行天下。《玉海》所載，與《解題》互通有無。

### 慶元敕十二卷、令五十卷、格三十卷、式三十卷、目錄一百二十二卷、隨敕申明十二卷，總二百五十六卷

《慶元敕》十二卷、《令》五十卷、《格》三十卷、《式》三十卷、《目錄》一百二十二卷、《隨敕申明》十二卷，總二百五十六卷，丞相豫章京鏜仲遠等慶元四年表上。國朝自建隆以來，世有編敕，每更修定，號為「新書」。中興至此凡三修矣。其有續降指揮，謂之「後敕」，以待他時修入云。

　　廣棪案：《玉海》卷第六十六〈詔令‧律令〉下「《慶元重修敕令格式》」條載：「（慶元）二年二月丙辰復置編修敕令所，遂抄錄乾道五年正月至慶元二年十二月終續降指揮，得數萬事，參酌淳熙舊法五千八百條刪修為書，總七百二冊，敕、令、格、式及目錄各百二十二卷，《申明》十二卷，《看詳》四百三十五冊。《會要》云：『二百六十六卷。』《書目》云：『二百五十六卷。』四年九月丙申十一日上之。」所記與《解題》可互為補充。至京鏜，《宋史》卷三百九十四〈列傳〉第一百五十三有傳。〈鏜傳〉謂：「寧宗即位，甚見尊禮，由政府累遷為左丞相。」與《解題》稱鏜為「丞相」合，惟《傳》中未記「慶元四年表上」《慶元敕》等事，《解題》足補《宋史》之闕。《宋史》卷二百四〈志〉第一百五十七〈藝文〉三〈刑法類〉著錄：「《慶元重修敕令格式及隨敕申明》

二百五十六卷。慶元三年詔重修。」重修之年似應據《玉海》作慶元「二年」爲是。又宋朝編敕，自太祖建隆以來，無世無之，《玉海》卷第六十六記之甚詳，不備錄。

## 紹興貢舉法五十卷

《紹興貢舉法》五十卷，丞相万俟卨等紹興二十六年表上。

廣棪案：《玉海》卷第六十六〈詔令·律令〉下「貢舉令式」條載：「（紹興）二十六年十二月癸丑上《重修貢舉敕令格式》，共四十五卷。一本云：二十六年十二月癸丑右僕射万俟卨上《重修貢舉敕令格式》五十卷、《看詳法意》四百八十六卷。」考《宋史》卷四百七十四〈列傳〉第二百三十三〈姦臣〉四〈万俟卨〉載：「（紹興）二十五年，召還，除參知政事，尋拜尚書右僕射、同中書門下平章事。……卨提舉刊修《貢舉敕令格式》五十卷、《看詳法意》四百八十七卷，書進，授金紫光祿大夫，致仕。卒，年七十五，諡忠靖。」是此書万俟卨曾表上，書名另作《貢舉敕令格式》，或作《重修貢舉敕令格式》。一本作四十五卷。至表上之年，《宋史》作紹興二十五年。徐松《宋會要輯稿》第一百六十四冊〈刑法〉一之四三、四四載：「（紹興二十五年）十二月十五日，尚書左僕射、同中書門下平章事提舉、詳定一司敕令万俟卨等上〈御試貢舉敕〉一卷、〈令〉三卷、〈式〉一卷、〈目錄〉一卷、〈申明〉一卷，〈省試貢舉敕〉一卷、〈令〉一卷、〈式〉一卷，〈目錄〉一卷、〈申明〉一卷，〈府監發解敕〉一卷、〈令〉一卷、〈式〉一卷、〈目錄〉一卷、〈申明〉一卷，〈御試省試府監發解通用敕〉一卷、〈令〉一卷、〈格〉一卷、〈式〉一卷、〈目錄〉一卷，〈省試府監發解通用敕〉一卷、〈令〉二卷、〈格〉一卷、〈式〉一卷、〈目錄〉二卷，〈內外通用貢舉敕〉二卷、〈令〉五卷、〈格〉三卷、〈式〉一卷、〈目錄〉四卷、〈申明〉二卷，〈釐正省曹寺監內外諸司等法〉三卷、〈修書指揮〉一卷。詔可頒降，仍以《紹興重修貢舉敕令格式》爲名。」又云：「是年正月九日，臣寮言：『國家取士，如棘闈糊名之法，悉沿唐制，而又增廣立號，謄錄監試，以至代筆、挾書、繼燭，禁戢尤嚴，獨緣試容私，公道不行。或先期以出題目，或臨時以取封號，或假名以入試場，或多金以結代筆，故孤寒遠方士子不預高中，而富貴之家子弟常竊巍科，乞下有司重科舉之法，革去近年容私之弊，如挾書、代筆、繼燭，必欲盡禁；如封彌、立號、謄錄，必欲依條；如考校定去留、分高下，必欲至公；如知舉、參詳、考試官，仍乞御筆點差，

以復祖宗科舉之法。』後敕令所言：『科舉取士，一宗條令，監載貢舉法，係自崇寧元年七月修立，經今五十餘年，其間衝改及增立名件不少。前後所降申明，州縣多不齊備，欲將上件《崇寧貢舉條法》，逐一取索重修施行。』從之。時宰臣万俟卨爲提舉，戶部侍郎王俣爲詳定，右宣教郎柳綸、右宣議郎魏庭英、左從政郎趙麗、右從政郎范岡、左迪功郎陳榕爲刪定官。至是書成，上之，詔依寬恤詔令進書例推恩。」是《宋史》與《宋會要輯稿》所記同。《輯稿》錄此書五十卷之細目甚詳明，足補《解題》之未備。又據《輯稿》，此書實卨與王俣、柳綸、魏庭英、趙麗、范岡、陳榕等所合編，特以卨領銜之耳。《宋史》卷二百四〈志〉第一百五十七〈藝文〉三〈刑法類〉著錄：「《紹興重修貢舉敕令格式申明》二十四卷。紹興中進。」疑卷數有誤，否則〈宋志〉所記，殆非全書也。

## 紹興監學法二十六卷、目錄二十五卷、申明七卷、對修釐正條法四卷，共六十二卷。

《紹興監學法》二十六卷、《目錄》二十五卷、《申明》七卷、《對修釐正條法》四卷，共六十二卷，宰相秦檜等紹興十三年表上。

廣棪案：《玉海》卷第六十六〈詔令‧律令〉下「《紹興太學敕令》」條載：「（紹興）十三年十月六日己丑，宰臣等上《國子監敕令格式并目錄》十四卷、《太學敕令格式并目錄》十四卷、《武學敕令格式并目錄》十卷、《律學敕令格式并目錄》十卷、《小學令格并目錄》二卷、《申明》七卷、《指揮》一卷，總為二十五卷。詔自來年二月朔行之。」考《宋史》卷三十〈本紀〉第三十〈高宗〉七載：「（紹興）十三年冬十月己丑，秦檜上《監學敕令格式》。」是《玉海》所記之「宰臣」即檜也，惟《玉海》著錄之卷數殊異於《解題》，實不可解。《宋史》卷一百六十五〈志〉第一百一十八〈職官〉五「國子監」條載：「（紹興）十三年，太學成，增置博士、正、錄。參用元祐、紹聖監學法，修立監學新法。詔國子博士、正、錄通治諸齋。學官闕，從本監選舉。」是則紹興十三年修立之監學新法經過，猶可略悉其一二。「國子監」條又載：「書庫官，淳化五年，判國子監李志言：『國子監舊有印書錢物所，名爲近俗，乞改爲國子監書庫官。』始置書庫監官，以京朝官充，掌印經史群書，以備朝廷宣索賜予之用，及出鬻而收其直以上於官。元豐三年省。中興後，併國子監入禮部。紹興十三年，復置一員；三十一年，罷。隆興初，詔主簿兼書庫。乾道

七年，復置一員。」是又可推知《紹興監學法》，其內容或有涉及書庫官之復置者。秦檜，《宋史》卷四百七十三〈列傳〉第二百三十二〈姦臣〉二有傳。

## 嘉泰條法事類八十卷

《嘉泰條法事類》八十卷，宰相天台謝深甫子肅等嘉泰二年表上。初，吏部七司有《條法總類》，《淳熙新書》既成，孝宗詔倣七司體，分門修纂，別為一書，以「事類」為名。至是以《慶元新書》修定頒降。此書便於檢閱引用，惜乎不併及《刑統》也。

廣棪案：《玉海》卷第六十六〈詔令・律令〉下「《淳熙吏部條法總類》」條載：「(淳熙) 三年三月二十九日，上《吏部條法總類》四十卷，為類六十八，為門三十。」是《條法總類》淳熙三年上也。《玉海》同卷「《淳熙條法事類》」條又載：「(淳熙) 六年正月庚午，趙雄奏：『士大夫罕通法律，吏得舞文。今若分門編次，聚於一處，則遇事悉見，吏不能欺。』乃詔敕局取《敕令格式申明》，體倣吏部七司《條法總類》，隨事分門，纂為一書。七年五月二十八日成書，四百二十卷。為總門三十三，別門四百二十，以明年三月一日頒行。賜名《條法事類》。」是《淳熙條法事類》乃淳熙七年成書，八年頒行。《玉海》同卷「(慶元)《條法事類》」又載：「嘉泰二年八月二十三日上《慶元條法事類》四百三十七卷。《書目》云：『八十卷，元年詔編是書。』」是《解題》著錄此書，應名為《慶元條法事類》，嘉泰元年編，二年八月二十三日表上。此書《玉海》有四百三十七卷者，又謂《書目》云『八十卷』。《書目》者，《中興館閣書目》也。《宋史》卷二百四〈志〉第一百五十七〈藝文〉三〈刑法類〉著錄：「《慶元條法事類》八十卷。嘉泰元年敕令所編。」是〈宋志〉亦著錄作八十卷。有關此點，《國立中央圖書館善本序跋集錄・史部政書類・法令奏議》云：「《慶元條法事類》存三十六卷附《開禧重修上書吏部侍郎右選格》二卷二十冊」條載：「宋謝深甫等撰。鈔本。04638　清闕名提要：『《慶元條法事類》八十卷，首卷闕佚，未詳撰人姓氏。據《直齋書錄解題》有《嘉泰條法事類》八十卷，宰相天台謝深甫監修之書，無可疑者。振孫又云：「初，吏部七司有《條法總類》，《淳熙新書》既成，孝宗詔倣七司體，分門修纂，別為一書，以『事類』為名，至是以《慶元新書》修定頒降。」使得便於檢閱，蓋舉其奉詔之時則曰慶元，而據其成書之日則曰嘉泰。考《宋史・寧宗本紀》：「慶元四年九月丁未，頒《慶元重修敕令格式》；又嘉泰二年八月甲午，

謝深甫等上《慶元條法事類》；三年七月辛未，頒《慶元條法事類》。」據史文當名爲慶元。故《玉海》載《慶元重修敕令格式》附《條法事類》云：「嘉泰二年八月二十三日，上《慶元條法事類》四百三十七卷，《書目》云：八十卷。」所云《書目》者，《館閣書目》也。然則八十卷者又非原修之書，陳氏改爲嘉泰，其中似不能無故，至其爲一書則固無可疑矣。』是則《解題》著錄此書，嘉泰二年八月上時爲四百三十七卷，其後乃刪作八十卷。故《中興館閣書目》著錄爲八十卷，而《解題》與之同。至《慶元條法事類》與《嘉泰條法事類》，固同爲一書也。」闡述甚清晰。至謝深甫，台州臨海人，官拜右丞相，《宋史》卷三百九十四〈列傳〉第一百五十三有傳。

## 嘉定吏部條法總類五十卷

《嘉定吏部條法總類》五十卷，嘉定中，以《開禧重修七司法》并《慶元海行法》、《在京通行法》、《大宗正司法》參定，凡改正四百六十餘條，視《淳熙總類》增多十卷，七年二月頒行。

廣棪案：《玉海》卷第六十六〈詔令·律令〉下「《嘉定吏部條法總類》」條載：「（嘉定）六年三月四日上，一百一十四冊，成五十卷。凡改正四百六十餘條。并《百司吏職補授法》二百六十三冊，一百三十三卷。七年五月頒行。」《玉海》所記與《解題》可互補有無。惟此書頒行之月份，《解題》作「七年二月」，《玉海》作「七年五月」，未知孰是。《玉海》同卷「《淳熙吏部條法總類》」條載：「（淳熙）三年三月三十九日上《吏部條法總類》四十卷，爲類六十八，爲門三十。」是此書五十卷，視《淳熙吏部條法總類》之四十卷，正多十卷也。又考《玉海》同卷「《紹興在京令式》」條載：「（紹興）十年十月戊寅七日。宰臣等上《重修在京通用敕》十二卷、《令》二十六卷、《格》八卷、《式》二卷、《目錄》七卷，共四十八卷。《申明》十二卷、《看詳》三百六十卷，詔自十一年正月朔行之，名曰《紹興重修在京敕令格式》。」此即《解題》此條所記之《在京通行法》。《宋史》卷二百四〈志〉第一百五十七〈藝文〉三〈刑法類〉著錄：「《開禧重修吏部七司敕令格式申明》三百二十三卷。開禧元年上。」又著錄：「《大宗正司敕令格式申明及目錄》八十一卷。紹興重修。」此即《解題》所記之《開禧重修七司法》及《大宗正司法》也。至《解題》所記之《慶元海行法》則不可考，僅藉《解題》知有此書耳。

## 役法撮要一百八十九卷

《役法撮要》一百八十九卷，提舉編修宰相京鏜等慶元六年上。自紹興十七年正月以後，至慶元五年七月以前，為五十五門，又八十二小門，門為一卷外，為參詳目錄等。卷雖多而文甚少。其書於州縣差役，極便於引用。

廣棪案：《宋史》卷三十七〈本紀〉第三十七〈寧宗〉一載：「（慶元六年）五月丙辰……，有司上《慶元寬恤詔令》、《役法撮要》。」是此書乃慶元六年五月京鏜等上。《宋史》作「有司」，未明言所上之人為「京鏜」。鏜，《宋史》卷三百九十四〈列傳〉第一百五十三有傳，其〈傳〉亦未載及此事，《解題》足補《宋史》之未及。至此書已佚，宋後其他目錄書籍均未見著錄，讀《解題》猶可略悉其書梗概。

## 刑名斷例十卷

《刑名斷例》十卷，不著名氏。以《刑統》、《敕令》總為一書，惜有未備也。

廣棪案：《玉海》卷第六十七〈詔令·刑制〉「《紹興刑名斷例》」條載：「紹興三年正月乙丑手詔曰：『廷尉，天下之平也。曹劌謂小大之獄，雖不能察，必以情，為忠之屬也，可以一戰。可布告中外為吾士師者，各務仁平，濟以哀矜。天高聽卑，福善禍淫，莫遂爾情，罰及爾身。置此座右，永以為訓。臺屬憲臣常加檢察，月具所平反刑獄以聞。三省歲終鉤考，當議殿最。』四年七月癸酉，初命大理丞評刊定見行斷例。刑部言：『國朝以來，斷例皆散失，今所用多是建炎以來近例，乞將見行斷例，并臣僚繳進《元符斷例》裒集為一。若《特旨斷例》則別為一書。』九年十月戊寅朔，命評事何彥猷等編集《刑名斷例》，刑部郎張柄等看詳。二十六年九月二十九日戊辰，臣僚請以《吏刑部例》修入見行之法。閏十月一日，刑寺具《崇寧紹興刑名疑難斷例》三百二十條。二十七年，吏部尚書詳定敕令，王師心編修，以《紹興刑名疑難斷例》為名。又以吏部改官例六十二條，修可行者三十條，為《紹興吏部改官申明》。十一月二日從之。《書目》：『《熙寧法寺斷例》十二卷。《元符二年刑名斷例》三卷，曾敄等撰，凡四百九條。』」觀是，則《玉海》所載紹興三年以來編修《刑名斷例》之事頗詳。此書全名應為《紹興刑名疑難斷例》，乃王師心據《崇寧紹興刑名疑難斷例》三百二十條編修而成。至《玉海》所引《書目》，即《中興館閣書目》，有《元符二年刑名斷例》三卷，曾敄等撰，

凡四百九條者，〈宋志〉亦著錄，與此恐非一書也。是則《解題》之《刑名斷例》，即《玉海》所載之《紹興刑名疑難斷例》，其書乃王師心編。師心，字與道，金華人。周麟之《海陵集》卷十四有師心〈除吏部尚書制〉。吳廷燮《南宋制撫年表》卷上「（紹興）二十八年」條載：「王師心，七月甲申，由吏部尚書知紹興。」是可推知此書乃師心紹興二十七年編修於吏部尚書任內。直齋謂此書「不著名氏」，似猶未之深考。又《玉海》此條云：「二十七年，吏部尚書詳定敕令。」與《解題》「以《刑統》、《敕令》總爲一書」之語暗合。惜《刑名斷例》十卷已佚，無由稽察矣。

## 營造法式三十四卷、看詳一卷

《營造法式》三十四卷、《看詳》一卷，將作少監李誠編修。初，熙寧中始詔修定，至元祐六年成書。紹聖四年命誠重修，元符三年上，崇寧二年頒印。前二卷爲〈總釋〉，其後曰〈制度〉，曰〈功限〉，曰〈料例〉，曰〈圖樣〉，而壕寨石作、大小木雕鏃<sup>廣桉案：盧校本作「鏃」。</sup>鋸作、泥瓦、彩畫刷飾，又名<sup>廣桉案：盧校本作「各」。</sup>分類，匠事備矣。

廣桉案：《郡齋讀書志》卷第七〈職官類〉著錄：「《將作營造法式》三十四卷，右皇朝李誠撰。熙寧中敕將作監編修《營造法式》。誠以爲未備，乃考究經史，並詢匠工以成此書，頒於列郡。世謂喻皓《木經》極爲精詳，此書蓋過之。」所載可與《解題》互補有無。《四庫全書總目》卷第八十二〈史部〉三十八〈政書類〉二著錄：「《營造法式》三十四卷，<sup>浙江范懋柱家天一閣藏本。</sup>宋通直郎、試將作少監李誠奉敕撰。初，熙寧中敕將作監官編修《營造法式》，至元祐六年成書。紹聖四年以所修之本祇是料狀，別無變造制度，難以行用，命誠別加撰輯。誠乃考究群書，并與人匠講說，分列類例，以元符三年奏上之。崇寧二年復請用小字鏤版頒行。誠所作《總看詳》中稱：『今編修《海行法式總釋總例》共二卷、《制度》十五卷、《功限》十卷、《料例並工作》等共三卷、《圖樣》六卷、《目錄》一卷，總三十六卷，計三百五十七篇。內四十九篇係於經史等群書中檢尋考究。其三百八篇係自來工作相傳，經久可用之法，與諸作諳會工匠詳悉講究。』蓋其書所言雖止藝事，而能考證經傳，參會眾說，以合於古者飭材庀事之義。故陳振孫《書錄解題》以爲遠出喻皓《木經》之上。考陸友仁《硯北雜志》，載誠所著尚有《續山海經》十卷、《古篆說文》十卷、《續同姓名錄》二卷、《琵琶錄》三卷、《馬經》三卷、《六博經》三卷，

則誠本博洽之士，故所撰述具有條理。惟友仁稱誠字明仲，而書其名作誠字。然范氏天一閣影鈔宋本及《宋史‧藝文志》、《文獻通考》俱作誠字。疑友仁誤也。此本前有誠所奏〈箚子〉及〈進書序〉各一篇。其第三十一卷當爲〈木作制度圖樣〉上篇，原本已闕，而以《看詳》一卷錯入其中。檢《永樂大典》內亦載有此書，其所闕二十餘圖並在。今據以補足，而仍移《看詳》於卷首。又《看詳》內稱書總三十六卷，而今本〈制度〉一門較原目少二卷，僅三十四卷。《永樂大典》所載不分卷數，無可參校。而核其前後篇目，又別無脫漏。疑爲後人所併省，今亦姑仍其舊云。」是《四庫全書總目》於此書之考證，較《解題》尤詳，足補《解題》之未及。然《四庫全書總目》所考頗有錯舛，如謂《解題》以爲《營造法式》「遠出喻皓《木經》之上」；實將《郡齋讀書志》之語誤作《解題》，其後如丁丙《善本書室藏書志》等均盲從之。又如考李誠之名或作「誠」，而引陸友仁《硯北雜誌》爲說，並謂《宋史‧藝文志》，《文獻通考》俱作「誠」，其間亦有微舛。余嘉錫《四庫提要辨證》卷九〈史部〉七〈政書類〉二「《營造法式》三十四卷」條駁之曰：「案：誠所著書已見〈墓誌銘〉，廣棪案：指程俱《北山小集》卷三十三之〈宋故中散大夫知虢州軍州管勾學事兼管內勸農使賜紫金魚袋李公墓誌銘〉。《提要》不知誠有〈墓誌〉在《北山小集》中，故僅以《硯北雜誌》爲據。至其人之名，考〈墓誌銘〉及《郡齋讀書志》卷七、《直齋書錄解題》卷七、《玉海》卷九十一皆作『誠』，《石林燕語》卷八記建都省事，亦稱爲將作少監李誠，則《硯北雜誌》及他書或作『李誠』者，以字形相近而誤也。若《宋史‧藝文志‧五行類》則固作『李戒』，《通考》卷一百二十九又作『李誠』，皆不作『誠』字也。《提要》誤矣。」是《四庫全書總目》所考亦不免有舛訛也。

## 修城法式條約二卷

《修城法式條約》二卷，廣棪案：盧校注：「《修城法式》一條，《通考》失載。」判軍器監沈括、知監丞呂和卿等所修敵樓馬面團敵式樣，並申明條約。熙寧八年上。

　　廣棪案：考《宋史》卷十五〈本紀〉第十五〈神宗〉二載：「（熙寧八年三月）庚子，遼蕭禧再來，遣韓縝往河東會議。癸丑，知制誥沈括報聘。」《宋史》卷三百三十一〈列傳〉第九十〈沈遘〉附從弟括載：「遼蕭禧來理河東黃嵬地，留館不肯辭，曰：『必得請而後反。』帝遣括往聘。括詣樞密院閱故牘，得頃歲所

議疆地書，指古長城爲境，今所爭蓋三十里遠，表論之。帝以休日開天章閣召
對，喜曰：『大臣殊不究本末，幾誤國事。』命以畫圖示禧，禧議始屈。賜括白
金千兩使行。至契丹庭，契丹相楊益戒來就議，括得地訟之籍數十，預使吏士
誦之，益戒有所問，則顧吏舉以答。他日復問，亦如之。益戒無以應，謾曰：『數
里之地不忍，而輕絕好乎？』括曰：『師直爲壯，曲爲老。今北朝棄先君之大信，
以威用其民，非我朝之不利也。』凡六會，契丹知不可奪，遂舍黃嵬而以天池
請。括乃還，在道圖其山川險易迂直，風俗之純龐，人情之向背，爲《使契丹
圖抄》上之。拜翰林學士，權三司使。」是〈神宗紀〉、〈沈邁傳〉所記爲同一
事，惟詳略不同耳。然括所任之官，前者爲知制誥，後則拜翰林學士，權三司
使，而非判軍器監，疑《解題》有誤。此書未見其他目錄書籍著錄。呂和卿，《宋
史翼》卷四十〈列傳〉第四十〈姦臣〉有傳，亦未記曾任軍器監丞。曾鞏《元
豐類稿》卷二十二有〈呂和卿考功員外郎制〉，《宋人傳記資料索引》則曰：「呂
和卿，泉州晉江人，升卿弟。以奏補爲定州曲陽縣尉，累遷金部員外郎。元祐
初爲蘇轍所劾，權知台州。明年責降通判袁州，卒。」其宦歷大略如此。

## 宣和軍馬司敕十三卷、令一卷

《宣和軍馬司敕》十三卷、《令》一卷，宣和所修。

廣棪案：宣和，宋徽宗年號。其時所修之《軍司馬敕》十三卷、《令》一卷早經
散佚，宋後亦未見他種書目著錄。考《宋史》卷一百九十八〈兵〉十二〈馬政〉
載：「政和二年，詔諸路復行給地牧馬，復罷東平監。五年，提舉河東給地牧馬
尙中行以奏報稽違，且欲擅更法，詔授遠小監當官。於是人皆趣令，牧守、提
舉以率先就緒，遷官第賞者甚眾。七年，有司言給地增牧，法成令具，諸路告
功。乃下諸路春秋集教，以備選用。令下，奉行之者益力。蔡京既罷政，新用
事者更言其不便。宣和二年，詔罷政和二年以來給地牧馬條令，收見馬以給軍，
應牧田及置監處並如舊制，又復東平監。凡諸監興罷不一，而沙苑監獨不廢。
自給地牧馬之法罷，三年而復行。時牧田已多所給占，乃詔見管及已拘收，如
官司輒復請占者，以違制論。六年，又詔立賞格，應牧馬通一路及三千疋，州
通縣及一千，縣及三百，其提點刑獄、守令各遷一官，倍者更減磨勘年。於是
諸路應募牧馬者爲戶八萬七千六百有奇，爲馬二萬三千五百。既推賞如上詔，
而兵部長貳亦以兼總八路馬政遷官。然北方有事，而馬政亦急矣。」據是，或
可推知《宣和軍馬司敕》、《令》內容之一斑。

### 金科類要二卷

《金科類要》二卷，館臣案：《宋史·藝文志》作一卷。不著名氏。

　　廣棪案：《宋史》卷二百四〈志〉第一百五十七〈藝文〉三〈刑法類〉著錄：「《金科玉律》一卷、《金科類要》一卷、《刑統賦解》一卷，並不知作者。」劉兆祐《宋史藝文志史部佚籍考》上編「已佚而無輯本者」〈刑法類〉著錄：「《金科類要》二卷，宋不著撰人。《直齋書錄解題》（卷七）〈法令類〉著錄《金科類要》二卷，陳氏曰：『不著名氏。』按：此書〈宋志〉作一卷，陳《錄》作二卷。」此書已佚，大抵考此書，亦僅可據《解題》及〈宋志〉而知其梗概耳。

### 元豐刑部敘法通用一卷

《元豐刑部敘法通用》一卷，末載〈申明〉，至紹興、淳熙以後。

　　廣棪案：此書已佚。考《宋史》卷一百六十三〈志〉第一百一十六〈職官〉三〈刑部〉載：「熙寧三年詔：『詳議、詳斷、詳覆官，初入以三年為任，次以三十月為任，欲出者聽前任滿半年指闕注官，滿三任者堂除。』八年，罷詳議、詳斷官親書節案，止令節略付吏，仍減議官一、斷官二。元豐二年，知院安燾言：『天下奏案，益多於往時。自熙寧八年減議官、斷官，力既不足，故事多疏謬。』增詳議官一，刑部增詳斷官一。三年八月，詔：『省審刑院歸刑部，以知院官判刑部，掌詳議、詳覆司事。刑部主判官為同判刑部，掌詳斷司事，審刑議官為刑部詳議官。』官制行，悉罷歸刑部。」觀是，猶可略悉神宗熙寧、元豐間刑部敘法之一斑。

# 譜牒類第十四

### 姓源韻譜一卷

《姓源韻譜》一卷，唐張九齡撰。依《春秋正典》、《柳氏萬姓錄》、《世本圖》，捃摭諸書，纂為此《譜》，分四聲以便尋閱。古者賜姓別之，黃帝之子得姓者十四人是也；後世賜姓合之，漢高帝命婁敬、項伯為劉氏是也。惟其別之也則離析，故古者論姓氏，推其本同；惟其合之也則亂，故後世論姓氏，識其本異。自五胡亂華，百宗蕩析，夷夏之裔與夫冠冕、輿臺之子孫，混為一區，不可遽知。此周、齊以來譜牒之學，所以貴於世也歟？

> 廣枨案：《郡齋讀書志》卷第九〈譜牒類〉著錄：「《姓源韻譜》一卷，右唐張九齡撰。依《春秋正典》、《柳氏萬姓錄》、《世本圖》，捃摭諸書，纂爲此《譜》，分四聲以便尋閱。古者賜姓別之，黃帝之子得姓者十四人是也；後世賜姓合之，漢高命婁欽、項伯爲劉氏是也。惟其別之也則離析，故古者論姓氏，推其本同；惟其合之也則亂，故後世論姓氏，識其本異。自五胡亂華，百宗蕩析，夷夏之裔與夫冠冕、輿臺之子孫，混爲一區，不可遽知。此周、齊以來，譜牒之學，所以貴於世也與？」是《解題》所著錄，與《郡齋讀書志》完全相同。孫猛《郡齋讀書志校證》曰：「按今《書錄解題》卷八〈譜牒類〉『《姓源韻譜》』條，其書名、卷數、撰人以及解題文字與衢本《讀書志》悉同，《經籍考》引《解題》亦綴於『陳氏曰』之下，陳振孫獲見衢本《讀書志》，豈一字不易照錄《讀書志》？疑《經籍考》誤引此條作《書錄解題》語，四庫館臣輯編《書錄解題》時，遂逕收入而未詳考。」孫氏所考甚是。尋檢《玉海》卷第五十〈藝文・譜牒〉「唐《姓源韻譜》」條云：「晁氏《志》：『張九齡撰，五卷。依《春秋正典》、《柳氏萬姓錄》、《世本圖》，捃摭諸書，纂爲此《譜》，分四聲以便尋閱。』」是《玉海》所載，亦以此條出自晁《志》。至《玉海》著錄此書作五卷，疑乃一卷之筆誤。

### 元和姓纂十卷

《元和姓纂》十卷，唐太常博士三原林寶撰。元和中，朔方別帥天水閭某者，

封邑太原以為言。上謂宰相李吉甫曰：「有司之誤，不可再也。宜使儒生條其源系，考其郡望，子孫職任，並總緝之。每加爵邑，則令閱視。」吉甫以命寶，二十旬而成。

廣棪案：《郡齋讀書志》卷第九〈譜牒類〉著錄：「《元和姓纂》十一卷，右唐林寶撰。元和中，封閻某於諸家姓氏為太原，其人乃言非本郡。憲宗令宰相命寶纂諸家姓氏，自李氏外，各依四聲類集，每韻之內則以大姓為首。」所記與《解題》不盡相同，而正可互為補足。考林寶〈自序〉曰：「元和壬辰歲，詔加邊將之封，酬屯戍之績。朔方之別帥天水閻者，有司建苴茅之邑，於太原列郡焉。主者既行其制，閻子上言曰：『特蒙渙汗，恩沾爵土，乃九族之榮也。而封乖本郡，恐非舊典。』翌日，上謂相國趙公：『有司之誤，不可再也。宜召通儒碩士辯卿大夫之族姓者，綜修《姓纂》，署之省閣。始使條其源系，考其郡望，子孫職位，並宜總緝。每加爵邑，則令閱視，庶無遺謬者矣。』寶末學淺識，首膺相府之命，因按據經籍，窮究舊史，諸家圖牒，無不參詳。凡二十旬，纂成十卷。自皇族之外，各依四聲韻類集，每韻之內則以大姓為首焉。朝議郎、行太常博士林寶撰。」據是，則《解題》與《郡齋讀書志》各取寶〈序〉之一端以著錄其內容耳。寶撰此書，為時甚促，僅「二十旬而成」，故《四庫全書總目》卷一百三十五〈子部〉四十五〈類書類〉一「《元和姓纂》十八卷《永樂大典》本」條曾論之，曰：「其論得姓受氏之初，多原本於《世本》、《風俗通》。其他如《世本族姓記》、《三輔決錄》以及《百家譜》、《英賢傳》、《姓源韻譜》、《姓苑》諸書不傳於今者，賴其徵引，亦皆班班可見。鄭樵作《氏族略》，全祖其文，蓋亦服其該博也。但寶以二十旬而成書，援引間有訛謬。且當矜尚門第之時，各據其譜牒所陳，附會攀援均所不免。觀《白居易集》自敘家世，以白乙丙為祖，而云出自白公勝。顛倒時代，悖謬顯然，其他可知。洪邁《容齋隨筆》稱《元和姓纂》誕妄最多，蓋有由也。然於唐人世系則詳且核矣。」是此書其援引既有訛謬，所陳門第又附會攀援，則瑕瑜互見，固所未免矣。至《解題》著錄此書作十卷，《郡齋讀書志》作十一卷，孫猛《郡齋讀書志校證》曰：「按是書〈新唐志〉卷二〈譜牒類〉、《崇文總目》卷二〈譜牒類〉、《書錄解題》卷八〈譜牒類〉、〈宋志〉卷三〈譜牒類〉俱作十卷，此十一卷，蓋合〈序錄〉言之。《四庫總目》卷一三五〈類書類〉著錄《大典》輯本，十八卷，嘉慶七年古歙洪氏刊孫星衍、洪瑩輯校本亦十卷。」是《郡齋讀書志》作十一卷者，乃合〈序錄〉以言之，與《解題》作十卷者，其內容恐無大相異也。

此書絕無善本，頃在莆田以數本參校，僅得七八，後又得蜀本校之，互有得失，然粗完整矣。

　　案：《四庫全書總目》卷一百三十五〈子部〉四十五〈類書類〉一「《元和姓纂》十八卷《永樂大典》本」條曰：「書至宋已頗散佚。故黃伯思《東觀餘論》稱得富弼家本已闕數卷。陳振孫《書錄解題》亦稱絕無善本，僅存七八。此本在《永樂大典》中，皆割裂其文，分載於《太祖御製千家姓》下，又非其舊第。幸原〈序〉猶存，可以考見其體例。今仍依《唐韻》，以四聲二百六部次其後先。又以宋鄧名世《古今姓氏辨證》所引各條補其闕佚，仍釐為一十八卷。其字句之訛謬，則參校諸書，詳加訂正，各附案語於下方。至原〈序〉稱皇族之外，各以四聲類集，則李姓必居首卷。今獨無一字之存，殆修《永樂大典》時已佚其第一冊歟？然殘編斷簡，究為文獻之所徵也。」據是，則此書宋時黃伯思所見富弼家本「已闕數卷」，甚不完整；直齋亦謂「絕無善本」，其在莆田以蜀本等參校，亦「互有得失」；且「僅得七八」，「粗完整矣」。明後漸次散佚，至清四庫館臣乃據《永樂大典》輯出，「又以宋鄧名世《古今姓氏辨證》所引各條補其闕佚」，其後雖釐為十八卷，卷數雖較《解題》著錄者為多，然亦非完帙。周中孚《鄭堂讀書記》卷六十〈子部〉十一之上〈類書類〉一魏至唐曰：「《元和姓纂》十卷，歙縣洪氏刊本。……其書久佚，尚散見於《永樂大典》中，今館臣即據以錄出，而以鄧氏《古今姓氏書辨證》所引各條，補其闕佚，分為十八卷。孫淵如師與洪氏塋復取鄭氏《通志‧氏族略》、王氏《姓氏急就篇》、謝氏《秘笈新書》所引，為館本所遺者而增校之。據林氏原〈序〉，稱自皇族之外，各依四聲韻類集，每韻之內，則以大姓為首，故仍以李姓置卷首，分為十卷，且以復唐、宋諸《志》之舊焉。洪氏〈後序〉稱：『其中引《世本族姓記》、《三輔決錄》以及《百家譜》、《英賢傳》、《姓苑》諸書多有不傳於今者，賴其徵引，尚可考見。至其載列唐人世系，元元本本，尤為詳核。《唐‧藝文志‧譜牒類》十七家、三十九部、一千六百一十七卷，今均散佚。漢、晉以來，譜系一家之學繫而不墜，實賴此書之存云。」是則嘉慶七年歙縣洪氏刊本《元和姓纂》，其書實較《四庫》本為完備也。


### 李氏皇室維城錄一卷

《李氏皇室維城錄》一卷，屯田郎中李衢、沔王府長史林贊修，止於僖宗。蓋昭宗時所錄也。

廣棪案:《玉海》卷第五十一〈藝文·玉牒圖譜〉「《唐皇室維城錄》」條曰:「〈志〉:
《唐皇室維城錄》一卷。《崇文目》同,《國史志》云李衢。」《宋史》卷二百四〈志〉
第一百五十七〈藝文〉三〈譜牒類〉著錄:「李衢《皇室維城錄》一卷。」是此
書書名,《玉海》與《宋志》所著錄,則與《解題》微有不同,且《玉海》與〈宋
志〉亦未謂此書乃沔王長史林贊同修。考林贊之名,應為林寶之誤。《玉海》同
卷〈藝文·玉牒圖譜〉「《唐玉牒》」條云:「〈志〉:『《皇唐玉牒》一百一十卷,
開成二年李衢、林寶撰。』〈舊紀〉、《冊府元龜》云:『三年四月癸丑進。』《舊史》
作一百五十卷,屯田郎中李衢、沔王府長史林寶等。開成元年閏六月乙未,召宗正卿
李弘澤問圖譜,對以自肅宗已來並未修續。癸卯敕沔王府長史林寶同修《七聖玉牒》。
《會要》:『開成二年六月,修玉牒官屯田郎中李衢等奏:「切以《聖唐玉牒》與
史冊並驅,立號建名,期於不朽。伏乞特創嘉名以光帝籍。」敕旨宜以《皇唐
玉牒》為名。宗正寺有知圖譜官一人,修玉牒官一人。』開成後始置修玉牒官一
人。」觀《玉海》此條所記,與屯田員外郎李衢同修《皇唐玉牒》者,乃沔王
府長史林寶。是則可決知任沔王府長史者乃林寶,絕非林贊,蓋寶、贊二字形
近,《解題》乃誤作「贊」耳。據《玉海》「《唐玉牒》」條所載李衢、林寶,皆
唐文宗開成間人,故《解題》此條「屯田郎中」之上應補加「唐」字。至沔王,
乃指唐憲宗子沔王李洵,長慶元年封。《舊唐書》卷一百七十五〈列傳〉第一百
二十五有傳,寶蓋任其長史也。

## 李氏房從譜一卷

**《李氏房從譜》一卷,唐洛陽主簿李匡文撰。時為圖譜官。**

廣棪案:《解題》卷八〈譜牒類〉「《聖唐偕日譜》一卷」條云:「前賀州刺史李
匡文撰。〈序〉言前守職圖籍日,撰《天潢源派譜統》,務在省略,直取相承一
葉,旁附首分諸房。」據是,則《李氏房從譜》一卷,乃與《天潢源派譜統》
同時撰就於匡文「守職圖籍日」。《玉海》卷第五十一〈藝文·玉牒圖譜〉「《唐
玉牒》」條云:「〈志〉:『李匡文《玉牒行樓》一卷。』《崇文目》二卷。《書目》:『一
卷。李正文編次唐室宗屬子孫,各附以院額。後目之為《天房鑑概》。』」將《玉海》
此段所載,與《解題》「《聖唐偕日譜》」條相勘,則所謂《玉牒行樓》（或稱《天
房鑑概》）,應與《李氏房從譜》為同一類型之書,皆記唐室宗屬子孫諸房者。
匡文,《兩唐書》無傳,惟據《解題》所記,則匡文曾任洛陽主簿、賀州刺史及
圖譜官。考所謂圖譜官,即指任宗正卿也。《舊唐書》卷四十四〈志〉第二十四

〈職官〉三:「宗正寺,卿一員,從三品上。……卿之職,掌九族六親之屬籍,以別昭穆之序,並領崇玄署。」匡文為宗正卿,職責所繫,故須撰作《李氏房從譜》、《天房鑑概》等書。又考《新唐書》卷七十下〈表〉第十下〈宗室世系〉下「小鄭王房」載:鄭惠王元懿五世孫有名匡文者,乃憲宗相李夷簡之子。是匡文乃唐宗室之後,其任宗正卿,蓋有由也。

## 聖唐偕日譜一卷

《聖唐偕日譜》一卷,前賀州刺史李匡文撰。〈序〉言前守職圖籍日,撰《天潢源派譜統》,務在省略,直取相承一葉,旁附首分諸房。今特從聖唐以來列聖下諸王、公主,逐帝書出。號曰「偕日」,與日齊行之義也。

> 廣棪案:《崇文總目》卷二〈氏族類〉著錄:「《唐偕日譜》一卷,李匡乂撰。繹案:〈宋志〉無『唐』字。舊本『偕』訛作『皆』。今校改。〈通志略〉作『偕目』,誤。」錢東垣輯釋本,下同。《崇文總目》同卷同類又云:「《天潢派源》一卷,李匡文撰。原釋:闕。見天一閣鈔本。繹按:〈唐志〉作《天演源派圖》,〈宋志〉作《天潢源派譜說》,注云:『說一作統。』李匡乂或作匡文,或作匡義,皆傳寫之誤,或又作正文,則避諱也。案:《崇文總目》作匡乂,誤;作匡義,亦傳寫之誤,應作匡文。作正文者,避宋太祖諱也。」《玉海》卷第五十一〈藝文·玉牒圖譜〉「《天潢源派譜》」條云:「李匡文《天潢源派譜》一卷,《史記·天官書》『咸池曰天五潢』。」又《皇孫郡王譜》一卷、《元和縣主譜》一卷。《書目》:『《皇孫郡王譜》一卷。唐宗正卿李正文撰。起高祖迄憲宗諸王封孫。又《元和縣主昭穆譜》一卷,記元和至開成三年所封五十九人。』」是匡文又任宗正卿,其撰《聖唐偕日譜》諸書均在為宗正卿時,故《解題》稱「前賀州刺史李匡文」,是匡文任宗正卿之職,或在賀州刺史後也。

匡文字濟翁,又有《資暇集》見於《錄》。

> 案:《解題》卷十〈雜家類〉著錄:「《資暇集》二卷,唐李匡文濟翁撰。」《解題》此處用互著法。

## 唐宰相甲族一卷

《唐宰相甲族》一卷,唐韋述、蕭穎士等撰。自王方慶而下十有四家。

廣棪案：《玉海》卷五十〈藝文‧譜牒〉「《唐相譜》」條曰：「《崇文目》：《宰相甲族》一卷，《藝文志》同。韋述、蕭穎士撰。記相門甲族王方慶、李義琰、崔元暐以下凡十四家。」考《崇文總目》卷二〈氏族類〉著錄：「《宰相甲族》一卷。原釋：韋述、蕭穎士撰。記相門甲族王方慶、李義炎、崔元暐以下凡十四家。見《玉海‧藝文類》。繹按：《玉海》引《崇文目》同。舊本上有『國朝』二字，與《通志》略同。今據王伯厚所引校刪。《遂初堂書目》、〈宋志〉，亦並無『國朝』二字。《書錄解題》作《唐宰相甲族》。」錢東垣輯釋本。是《崇文總目》所著錄，其內容與《解題》相同而較翔實。至李義琰之名，錢東垣輯釋本作「義炎」，實誤。義琰，兩《唐書》有傳。《新唐書》卷二百二〈列傳〉第一百二十七〈文藝〉中〈蕭穎士〉載：「蕭穎士，字茂挺，梁鄱陽王恢七世孫。……開元二十三年，舉進士，對策第一。……天寶初，穎士補秘書正字。于時裴耀卿、席豫、張均、宋遙、韋述皆先進，器其材，與鈞禮由是名播天下。奉使括遺書趙、衛間，淹久不報，為有司劾免，留客濮陽。……史官韋述薦穎士自代，召詣史館待制，穎士乘傳京師。而李林甫方威福自擅，穎士遂不屈，愈見疾，俄免官，往來鄗、杜間。」據是，頗疑此書乃撰於天寶年間，穎士任史館待制時也。王方慶，《舊唐書》卷八十九〈列傳〉第三十九有傳。

## 唐相門甲族、諸郡氏譜共一卷

《唐相門甲族》、《諸郡氏譜》共一卷，不著名氏。《甲族》八十六家，《氏譜》自京兆八姓而下，凡三百五十姓。

廣棪案：《玉海》卷第五十〈藝文‧譜牒〉「《唐相譜》」條曰：「《書目》：『一卷，不知作者。紀武德元年裴寂為相，訖李忠臣大曆十四年拜平章事。末云：『今上大曆十四年五月即位，十五年正月一日改元建中。所記宰相六人，至關播而止。』蓋德宗時所譜也。』頗疑《唐相譜》，與《解題》著錄之《唐相門甲族》為同一書。《玉海》同卷「《唐百家類例》」條曰：「《中興書目》：『《百家類例》一卷，工部侍郎韋述撰。又以大唐縉紳進姬周十八姓、大唐相門甲族八十六家附其後。』」是《唐相門甲族》一書，嘗附於《唐百家類例》後也。又《玉海》同卷「《唐百氏譜》」條曰：「《書目》：『五卷，國子助教裴揚休撰。凡三百五十八姓。』」疑《解題》之《諸郡氏譜》，即《玉海》著錄之《唐百氏譜》，蓋所載均三百五十餘姓，頗為接近。是則《解題》著錄之《諸郡氏譜》一書，疑為裴揚休所撰，待再考。

## 唐杜氏家譜一卷

《唐杜氏家譜》一卷，唐太子賓客杜信撰。

廣棪案：《四庫闕書目・譜系類》著錄：「杜信《京兆杜氏家譜》一卷。」徐松編輯本。是此書又名《京兆杜氏家譜》。今人劉兆祐《宋史藝文志史部佚籍考》上編〈已佚而無輯本者〉（十一）〈譜牒類〉著錄：「《京兆杜氏家譜》一卷，唐杜信撰。信，官太子賓客，史無傳。按：此書兩〈唐志〉未著錄。《通志・藝文略》著錄一卷，不著撰人。《直齋書錄解題》卷八〈譜牒類〉著錄《唐杜氏家譜》一卷，陳氏曰：『唐太子賓客杜信撰。』」是此書《通志》不著撰人，與《解題》異。至劉氏謂：「信，官太子賓客。」乃據《解題》所述，非別有他證也。

## 天下郡望氏族譜一卷

《天下郡望氏族譜》一卷，唐李林甫等天寶八年所纂，並附五音於後。

廣棪案：《玉海》卷第五十〈藝文・譜牒〉「《唐新定諸家譜錄》」條曰：「〈志〉：『一卷，李林甫等。』《書目》：『《天下郡望氏族譜》一卷，李林甫等撰。《崇文目》同。記郡望出處凡三百九十八姓，天寶中頒下，非譜裔相承者不許昏姻。』」《玉海》所謂《書目》者，即指《中興館閣書目》。《中興館閣書目》所著錄者，足與《解題》相發明。

## 姓苑二卷

《姓苑》二卷，不著名氏。古有何承天《姓苑》。今此以李為卷首，當是唐人所為。

廣棪案：《隋書》卷三十三〈志〉第二十八〈經籍〉二〈史〉著錄：「《姓苑》一卷。何氏撰。」《舊唐書》卷四十六〈志〉第二十六〈經籍〉上〈雜譜牒〉著錄：「《姓苑》十卷，何承天撰。」此即《解題》所謂「古有何承天《姓苑》者」之依據也。然一作一卷，一作十卷，未知孰是。《四庫闕書目・譜系類》著錄有：「林寶《姓苑》三卷。」徐松編輯本。寶，唐人，《解題》所著錄或即林寶之本，然卷數兩不相同，或二者必有一誤。何、林二家《姓苑》，今皆不存，其書卷數參差異同，已無法考其究竟矣。劉兆祐《宋史藝文志史部佚籍考》上編〈已佚

而無輯本者〉（十一）〈譜牒類〉著錄：「《姓苑》三卷、《姓史》四卷、《五姓證事》二十卷。題唐林寶撰。寶，濟南人，官太常博士，著有《元和姓纂》十卷。按：唐憲宗元和中，寶奉詔纂諸家姓名，自李氏外，各依四聲類集，每韻之內則以大姓為首，凡十卷，曰《元和姓纂》。右三編，〈宋志〉並云林寶撰，《通志·藝文略》則不著撰人，疑後人以寶既撰《元和姓纂》，右諸有關姓氏之書，遂亦署其所撰也。」可參考。

## 姓解三卷

《姓解》三卷，雁門邵思撰。以偏旁字類為一百七十門，二千五百六十八氏。景祐二年序。

　　廣棪案：《玉海》卷第五十〈藝文·譜牒〉「景祐《姓解》」條曰：「景祐二年，邵思撰《姓解》三卷，凡一百七十門、二千五百六十八氏，以偏旁類次。〈自序〉云：『歷代功臣名士布在方冊者，次第而書。所以恢張世胄，其餘疏族異望削之。』」所記較《解題》略詳。邵思，《宋史》無傳。劉兆祐《宋史藝文志史部佚籍考》上編（十一）〈譜牒類〉未著錄此書。

## 千姓編一卷

《千姓編》一卷，不著名氏。末云：「嘉祐八年采真子記。」以《姓苑》、《姓源》等書，撮取千姓，以四字為句，每字為一姓，題曰《千姓編》。三字亦三姓也。逐句文義亦頗相屬，殆《千字文》之比云。

　　廣棪案：《郡齋讀書志》卷九〈譜牒類〉著錄：「《千姓編》三卷，右不著撰人。」所著錄卷數與《解題》異。孫猛《郡齋讀書志校證》云：「《千姓編》三卷，原本李富孫校語云：『案《書錄解題》、《通考》作一卷，袁本脫數卷。』按《經籍考》卷三十四未錄《讀書志》，蓋據《書錄解題》卷八著錄，影印宋刊袁本不脫卷數，諸衢本卷數悉同原本。〈宋志〉卷三、《通志·藝文略》卷四〈譜系類〉作一卷。」是宋時著錄此書者多作一卷，疑《郡齋讀書志》有誤。至此書之撰者，《宋史·藝文志》作採真子，《通志》及《國史經籍志》則題吳可幾。《郡齋讀書志校證》曾考之，曰：「按〈宋志〉云採真子撰，《書錄解題》云：『不著名氏，末云：「嘉祐八年采真子記。」』以《姓苑》、《姓源》等書，撮取千姓，以四字為句，每字為一姓，題曰《千姓編》。三字亦三姓也。逐句

文義亦頗相屬，殆《千字文》之比云。』《通志》則題吳可幾撰，《國史經籍志》卷三〈史類·譜系種·韻譜屬〉同《通志》。可幾，安吉人，景祐元年進士，仕至太常少卿。與弟知幾，均好古博學。著《千姓編》，凡姓氏所出，悉有源委，時號『二吳』。事具《嘉泰吳興志》卷十七，《宋詩紀事補遺》卷九。是撰人及其行事尚可考也。」是此書之撰者，似應據《通志》題作吳可幾爲合。

## 陳郡袁氏譜一卷

《陳郡袁氏譜》一卷，袁陟世弼錄。

　　廣棪案：《宋史》卷三百一〈列傳〉第六十〈袁抗〉云：「抗喜藏書，至萬卷，江西士大夫家鮮及也。抗子陟，少刻厲好學，善爲詩，終殿中丞。」是陟固具家學者。《宋史》卷二百八〈志〉第一百六十一〈藝文〉七〈別集類〉著錄：「袁陟《廬山四遊詩》一卷，又《金陵訪古詩》一卷，《魯交集》三卷。」是陟亦善爲詩之證，然〈宋志〉未著錄此書，亦未見宋後其他公私目錄有所著錄。

## 陶氏家譜一卷

《陶氏家譜》一卷，懷州教授陶直夫錄。侃之後也。

　　廣棪案：《四庫闕書目·譜系類》、《宋史》卷二百四〈志〉第一百五十七〈藝文〉三〈譜牒類〉均著錄：「陶苪麟《陶氏家譜》一卷。」頗疑此書乃苪麟所撰，而爲直夫所錄，第未悉二人親屬關係若何？葛仲勝《丹陽集》卷十四〈墓誌銘〉有〈著作佐郎陶公墓誌銘〉，所記直夫生平事迹甚詳。今人昌彼得等《宋人傳記資料索引》載：「陶直夫（1063～1109），字次仍，潯陽人，淵明十六世孫。第進士，爲建昌軍司戶參軍，遷雄州防禦推官，歷教授懷州、徐州，提舉梓州路學事，所至嘉惠士子。遷監察御史，入秘書省爲著作佐郎。直夫天質秀穎，綜練經學，大觀三年疾逝，年僅四十七。」是則直夫乃北宋仁宗末年至徽宗年間人。至苪麟，劉兆祐《宋史藝文志史部佚籍考》上編〈譜牒類〉云：「《陶氏家譜》一卷，宋陶苪麟撰。苪麟，生平待考，此書諸家書目罕見著錄。」是苪麟生平以文獻不足固難考得，惟其所撰《家譜》亦見《四庫闕書目》與〈宋志〉，則非如劉氏所云「諸家書目罕見著錄」者。

### 帝王系譜一卷

《帝王系譜》一卷，武夷吳逵<sup></sup>館臣案：《文獻通考》作「吳達」。公路撰。政和壬辰也。自漢迄周顯德，每代略具數語。其論曹操迫脅君后，無復臣禮，逆節已顯。會其病死，故篡竊之惡漏在身後，昔人謂其不敢危漢者，亦不覈其情耳。此論與愚意吻合。

廣棪案：《玉海》卷第四十七〈藝文・編年〉「《紹興歷代帝王年運銓要》」條曰：「吳逵撰《帝王系譜》一卷，自兩漢迄顯德，一千一百六十五載。」與《解題》可互為補充。考吳逵，《宋史》無傳，《宋人傳記資料索引》載：「吳逵，紹興二十年，由左朝奉大知知廬州。二十六年為福建提刑，旋除直秘閣，知鼎州。」可補《解題》所未及。此書《宋史》卷二百四〈志〉第一百五十七〈藝文〉三〈譜牒類〉著錄：「吳逵《帝王系家譜》一卷。」書名多一「家」字。

### 群史姓纂韻譜六卷

《群史姓纂韻譜》六卷，館臣案：《文獻通考》作《群史姓纂韻譜》，原本誤作「群吏」，今改正。永福黃邦先宋顯撰。凡史傳所有姓氏皆有韻，類聚而著其所出。建炎元年，其兄邦俊宋英為之〈序〉。

廣棪案：《四庫闕書目・譜系類》與《宋史《卷二百四〈志〉第一百五十七〈藝文〉三〈譜牒類〉均著錄作「黃邦俊《群史姓纂韻》六卷」。劉兆祐《宋史藝文志史部佚籍考》上編〈已佚而無輯本者〉（十一）〈譜牒類〉云：「《群史姓纂韻》六卷，宋黃邦先撰。邦先，字宋顯，福州永福人。……按：此書〈宋志〉誤題黃邦俊撰，今據陳《錄》，改署邦先。邦俊，政和進士，累遷大理寺丞，後知英州，著有《強記集》、《眞陽共理集》及《文集》等，今並亡佚。事迹具《淳熙三山志》（卷二七）、《萬姓統譜》（卷四七）。」是此書乃邦先撰，《四庫闕書目》及〈宋志〉均誤，又書名均闕「譜」字，亦與《解題》不同。邦先另有兄，字宋卿，《淳熙三山志》卷二十七載：「遠子。大觀三年進士，終朝散郎，通判徽州。」至邦先之父遠，字明仲。紹聖四年進士，終文林郎，知莆田縣。事迹亦載《淳熙三山志》同卷。邦俊撰此書之〈序〉，茲已無可考矣。

## 古今姓氏書辨證四十卷

《古今姓氏書辨證》四十卷，校書郎史館校勘臨川鄧名世元亞撰。其子椿年緒成之。

廣棪案：《玉海》卷第五十〈藝文・譜牒〉「紹興《姓氏書辨證》」條曰：「（紹興）四年三月乙亥，撫州鄧名世以所著《春秋四譜》六卷、《辨論譜說》十篇、《古今姓氏書辨證》四十卷來上。吏部尚書胡松年看詳。學有淵源，辭亦簡古，考訂明切，多所按據。詔引見殿上。二十五日。九月六日，賜進士出身，充史館校勘。《會要》：『一十四卷。』《書目》：『二十卷。』〈序〉曰：『春秋時，善論姓氏者，魯有眾仲，晉有胥臣，鄭有行人子羽，皆能探討本源。自炎、黃而下，如指諸掌，專取《左氏》、《國語》為主，參以五經、子、史之文，自《風俗通》以來，如《姓苑》、《百家譜》、《姓纂》。凡有所長，盡用其說。穿鑿訛謬，必辨駁之。始於〈國姓〉，餘分四聲，終於〈漢姓〉、〈蕃姓〉、〈補遺〉，凡四十卷。』《續書目》卷同。復以《熙寧姓纂》、《皇朝百官公卿家譜》參訂。書始於政、宣，而成於紹興之中年。名世子椿年裒集次序之，其書始備。」是《玉海》所記，較《解題》為翔贍。名世，《宋史》無傳，而《宋元學案》卷三十五〈陳鄒諸儒學案〉則有傳，其書「刪定鄧先生名世」條載：「鄧名世，字元亞，臨川人。天資篤實，為文長於于敘事。先是，議臣禁學《春秋》及諸史者，先生獨酷嗜之，試有司，屢以援《春秋》見黜。同舍又告毋藏元祐黨人《文集》，笑曰：『是足以廢吾身乎？』遂杜門卻掃，益研究經、史，考《三傳》異同，往往為諸儒所未到。御史劉大中宣諭江南，得所著《春秋四譜》等書，薦之，命錄其書以進，遂以布衣上殿，進〈治人〉、〈務實〉等說，上嘉納，尋賜出身，除敕令所刪定官，兼史館校勘，時紹興四年也。所著書又有《春秋論說》、《春秋類史》、《春秋公子譜》、《列國諸臣圖》、《左氏韻語》、《國朝宰相年譜》、《古今姓氏書辨證》、《皇極大衍數》、《大樂書》、《文集》，共合三百餘卷。參《姓譜》。」可悉其生平概略。至《四庫全書總目》卷一百三十五〈子部〉四十五〈類書類〉一嘗詳考名世及此書，且考及名世之子，曰：「《古今姓氏書辨證》四十卷，《永樂大典》本。宋鄧名世撰，而其子椿裒次之。名世字元亞，臨川人。祖孝甫，見《宋史・隱逸傳》，即原〈序〉所稱文昌先生者是也。椿有《畫繼》，已著錄。李心傳《繫年要錄》稱：『紹興三年十月，詔撫州進士鄧名世赴行在，以御史劉大中薦也。四年三月乙亥上此書。時吏部尚書胡松年以其貫穿群書，用心刻苦，遂引對，命為右迪功郎。』王應麟《玉海》所載亦同，惟言名世初以草澤得召，上書後

始詔賜出身，充史館校勘。朱子《語類》又謂其『以趙汝愚薦，以白衣起爲著作郎，後忤秦檜勒停』。均與心傳所記不同，則未詳孰是耳。《文獻通考》、《宋史‧藝文志》俱作四十卷，惟《宋會要》作十四卷，《中興書目》作十二卷，殆傳寫之訛。其書長於辯論，大抵以《左傳》、《國語》爲主。自《風俗通》以下各採其是者從之，而於《元和姓纂》抉摘獨詳。又以《熙寧姓纂》、《宋百官公卿家譜》二書互爲參校，亦往往足補史傳之闕。蓋始於政、宣，而成於紹興之中年，父子相繼，以就是編，故較他姓氏書特爲精核。朱子《語類》謂：『名世學甚博，《姓氏》一部，考證甚詳。』蓋不虛也。後椿作《畫繼》，亦號賅洽，殆承其討論之餘緒乎？宋時紹興有刊本，今已散佚。《永樂大典》散附《千家姓》下，已非舊第。惟考王應麟所引原〈序〉，稱始於《國姓》，餘分四聲，則其體例與《元和姓纂》相同。今亦以韻隸姓，重爲編輯，仍釐爲四十卷，〈目錄〉二卷。其複姓則以首字爲主，附見於各韻之後。閒有徵引訛謬者，併附著案語，各爲糾正焉。」然《四庫全書總目》考證名世子名椿，乃作《畫繼》者則大誤。余嘉錫《四庫提要辨證》卷十六〈子部〉七〈類書類〉一曾糾之，曰：「嘉錫案：此書首有其子〈自序〉，凡四稱名，皆曰椿年。《書錄解題》卷八云：『《古今姓氏書辨證》四十卷，校書郎史館校勘臨川鄧名世元亞撰，其子椿年緒成之。』《玉海》卷五十亦云：『名世子椿年，裒集次序之，其書始備。』《提要》刪去一年字，遂以爲作《畫繼》之鄧椿。考《三朝北盟會編》卷一〈鄧洵武家傳〉，後有其孫椿所附〈跋語〉，《總目》卷一百十二《畫繼》條下，《提要》亦云：『椿，雙流人。祖洵武，政和中知樞密院。』案：洵武於徽宗時上〈愛莫助之圖〉，力請相蔡京，至成靖康之禍。而其父縝，亦以附王安石致通顯。所謂『笑罵由汝，好官須我爲之』者也。《宋史》卷三百二十九有傳，謂鄧氏自縝以來，世濟其姦，而名世之祖孝甫則在〈隱逸傳〉。略云：『鄧考甫字成之，臨川人，第進士。元符末，詔求直言，考甫年八十一，上書云：「亂天下者，新法也。」因論熙寧而下，權臣迭起，欺世誤國，歷指其事而枚數其人，蔡京嫉之，削籍羈筠州，遂卒於筠。且死，命幼孫名世執筆，口占百餘言。其略曰：「予自謂山中宰相，虛有其才也；自謂文昌先生，虛有其詞也；不得大用於盛世，亦無憾焉，蓋有天命爾。」』洵武之與考甫，其爲人如冰炭之不相容，椿年爲孝甫之曾孫，而椿爲洵武之孫，籍貫不同，宗支亦別，惡可混而爲一，使高士之胤，忽作權姦之後乎？《夷堅三志》壬編卷一云：『南城鄧椿年，溫伯左丞諸孫也。』溫伯者，鄧潤甫之字，是又一鄧椿年也。」是則椿年與椿固屬二人，椿年爲鄧考甫之曾孫，椿乃鄧洵武之孫。洵武附蔡京，考甫則爲京所嫉，二人之爲人如冰炭之不相容。

故《四庫全書總目》以椿年作椿，其誤至不可恕也。至《四庫全書總目》考證此條，仍多錯誤，余氏亦一一辨證之，以與《解題》所述不甚相涉，故不贅云。惟李彌遜《筠谿集》卷四有〈鄧名世除校書郎兼史館校勘〉一文，則可參閱，文不錄。

## 皇朝百族譜四卷

《皇朝百族譜》四卷，長沙丁維皋撰。周益公為之〈序〉。時紹興末也。僅得百二十有三家，其闕遺尚多，未有能續裒集者。

廣棪案：《玉海》卷第五十〈藝文‧譜牒〉「《百族譜》」條云：「紹興中，丁維皋撰《百族譜》三卷。自皇朝司馬氏以下，百官族姓，皆推源流，疏派別，志名字、爵位，錄世譜、家傳，及行狀、神道碑之類。周必大為〈序〉。」《玉海》所記，可補《解題》之未及。此書《玉海》與《四庫闕書目》、〈宋志〉均作三卷，《解題》作四卷，未知孰是。《文獻通考》卷二百七〈經籍考〉三十四〈史譜牒〉「《皇朝百族譜》四卷」條後有周平園〈序〉，平園即益公也。周平園〈序〉曰：「君子之著書也，有心於勸戒，而無意於好惡，然後可以施當今而傳來裔。昔者世系之學蓋嘗盛矣，姓有《苑》，官有《譜》，氏族有《志》，朝廷以是定流品，士大夫以是通昏姻。然行之一時，其弊有不勝言者，何也？好惡之害也。是故進新門則退舊望，右膏粱則左寒畯，進而右者以為榮，榮則夸，夸則必侈；退而左者以為辱，辱則怒，怒則必怨。以侈臨怨，則生乎其時者，悉力以逞憾；出乎其後者，貪名以自欺。此正倫所以鑿杜固，義府所以陷不辜，而無知如崇韜者，所以流涕於尙父之墓而不恥也。長沙丁公維皋，宿學耆儒，慨然以譜牒為任。未有聞而不求，求而不得，得而不錄也。日裒月聚，殆且百家。而又推其源流，條其派別，自微以至著，由遠以及近，疏戚窮達，可指諸掌。如嘗從其父兄而友其子弟也，如與之同鄉黨而接姻婭也，不亦博而知要也哉？維皋不鄙謂予，使序其首。予曰：『書不待序也。』然維皋之意，不可以不明。蓋世臣巨室則必書，讀者可以知先烈之有貽，而思保其閥閱也；方興未艾則必書，讀者可以知將相之無種，而思大其門閭也。至於四姓小侯，重茵疊裀，則知無兩漢敗亡之禍；勳臣勞舊，傳龜襲紫，則知無三世道家之忌。上以彰國朝人物之盛，下以為子孫昭穆之辯，向所謂有心於勸戒，而無意於好惡者，不在茲乎？他日其得益多，其編益詳，上之太史，傳之薦紳，予亦將乞其副而寓目焉。對千客而不犯一人之諱，或可免也。」是益公於此書，可謂推崇備至矣。

## 米氏譜一卷

《米氏譜》一卷，奉直大夫米憲錄。蓋國初勳臣米信之後。信五世為芾元章，又三世為憲。

廣棪案：憲，《宋史》無傳，生平無可考。至其先祖信，其傳見《宋史》卷二百六十〈列傳〉第十九。《宋人傳記資料索引》載：「米信，舊名海進，本奚族。少勇悍，以善射聞。太宗時敗契丹於新城，契丹復來戰，師稍卻，信獨率麾下三百禦之。被圍數重，矢下如雨，信持大刀率從騎大呼，殺數十人，以百餘騎突圍得免。坐失律當死，詔原之，官終彰武軍節度使。卒年六十七。贈橫海軍節度。」信，蓋宋太宗時勳臣也。芾，《宋史》卷四百四十四〈列傳〉第二百三〈文苑〉六有傳。其〈傳〉曰：「米芾字元章，吳人也。以母侍宣仁后藩邸舊恩，補涵光尉。歷知雍丘縣、漣水軍，太常博士，知無為軍。召為書畫學博士，賜對便殿，上其子友仁所作〈楚山清曉圖〉，擢禮部員外郎，出知淮陽軍。卒，年四十九。芾為文奇險，不蹈襲前人軌轍，特妙於翰墨，沈著飛翥，得王獻之筆意。畫山水人物，自名一家，尤工臨移，至亂真不可辨。精於鑒裁，遇古器物、書畫，則極力求取，必得乃已。王安石嘗摘其詩句書扇上，蘇軾亦喜譽之。冠服效唐人，風神蕭散，音吐清暢，所至人聚觀之。而好潔成癖，至不與人同巾器。所為譎異，時有可傳笑者。無為州治有巨石，狀奇醜，芾見大喜曰：『此足以當吾拜！』具衣冠拜之，呼之為兄。又不能與世俯仰，故從仕數困。嘗奉詔倣〈黃庭〉小楷作周興嗣〈千字韻語〉。又入宣和殿觀禁內所藏，人以為寵。子友仁字元暉，力學嗜古，亦善書畫，世號小米，仕至兵部侍郎、敷文閣直學士。」綜上所考，則憲先祖固奚族，信乃入宋後之始祖，芾乃信之玄孫，芾子友仁，友仁之孫則米憲也。其世系可考者如此。

# 目錄類第十五

## 唐藝文志四卷

《唐藝文志》四卷，《新唐書》中錄出別行。監中有印本。

> 廣棪案：《唐藝文志》，即《新唐書·藝文志》。《郡齋讀書志》卷第九〈書目類〉
> 著錄：「《藝文志見闕書目》一卷。右《唐書·藝文志》，近因朝廷募遺書，刻牘
> 布告境內，下注書府所闕，俾之訪求。」孫猛《郡齋讀書志校證》曰：「《藝文
> 志見闕書目》一卷，此書原本未收，今據袁本，並參以王先謙刊本次第補入。
> 諸衢本、〈經籍考〉亦未收錄。按是《目》罕見著錄，宋時朝廷求訪遺書，往往
> 據舊時目錄，注明『闕』字，頒付諸州軍，以便按目索求。《崇文總目》有一卷
> 本者，即據《崇文總目》訪求闕書之目也。紹興初有《四庫闕書目》（徐松有輯
> 本），繼有《祕書省續編到四庫闕書目》二卷（葉德輝有刊本），此據《祕書總
> 目》訪求闕書之目也。《十駕齋養新錄》卷十四云：『今考《續宋會要》載紹興
> 十二年向子堅（錢侗《崇文總目輯釋小引》作「向子固」）言，乞以《唐藝文志》
> 及《崇文總目》所闕之書，注「闕」字於其下，付諸州軍搜訪。』是當日付州
> 軍者，除一卷本之《崇文總目》，尚有《唐書·藝文志》。此《藝文志見闕書目》
> 一卷，蓋即據《唐書·藝文志》訪求闕書之目也。」據是，則晁氏所得讀之《唐
> 書·藝文志》乃一卷本，僅注書府所闕之書，俾作訪求，與直齋所見不同本。《解
> 題》所著錄者，乃國子監就《新唐書》錄出別行之印本，凡四卷。今《新唐書》，
> 其〈藝文志〉在卷五十七至卷六十處，正合四卷之數。

## 崇文總目一卷

《崇文總目》一卷，景祐初，學士王堯臣同聶冠卿、郭稹、<sub>館臣案：《文獻通考》</sub>
作「稹」。呂公綽、王洙、歐陽修等撰定，凡六十六卷。諸儒皆有論議，歐公
《文集》頗見數條，今此惟六十六卷之目耳。題云「紹興改定」。<sub>館臣案：晁</sub>
公武《讀書志》：「是書刊正訛謬，條次之，凡四十六類，計三萬六百六十九卷。」《通考》
作《總目》六十四卷，此云一卷者，或因鄭漁仲之言，以排比諸儒，每書之下必出新意著説，
嫌其繁蕪無用，故紹興中從而去其序釋，僅存其目也。　盧校注：「《文獻通考》標目從晁《志》

作六十四卷，而此處仍作六十六。」

廣棪案：此書因卷數有異同，及朱彝尊疑及紹興中因鄭樵言而去此書之序釋，自是以來，頗有聚訟。《郡齋讀書志》卷第九〈書目類〉著錄：「《崇文總目》六十四卷。右皇朝王堯臣等撰。景祐中，詔張觀、李若谷、宋庠取昭文、史館、集賢、秘閣書刊正訛謬，條次之，凡四十六類，計三萬六百六十九卷。康定三年書成。堯臣及提舉官聶冠卿、郭稹加階邑，編修官呂公綽、王洙、刁約、歐陽修、楊儀、陳經各進秩有差。《國史》謂書錄自劉向至毋煚所著皆不存，由是古書難考，故此書多所謬誤。」晁氏所記較《解題》為詳，惟其衢本著錄作六十四卷，與《解題》「凡六十六卷」之說不同，恐公武所得乃不完之本，闕二卷。孫猛《郡齋讀書志校證》云：「《崇文總目》六十四卷，袁本作《崇文總目》一卷，《解題》迥異，錄之於下：『右皇朝崇文院書目也。隋嘉則殿書三十六萬，至唐散失已多，崇文書比之唐十得二三而已，自經丙午之亂，存者無幾矣。』按《崇文總目》，據《玉海》卷五十二引《國史藝文志》當作六十六卷、〈序錄〉一卷，《玉海》引《中興書目》、《宋史·藝文志序》等稱六十六卷者，不含〈序錄〉一卷也，衢本所載六十四卷本，殆略有殘闕。至於袁本著錄一卷本，祇存其目，序釋俱已刪去，蓋備諸州軍搜訪遺書之用。錢大昕嘗得之，《十駕齋養新錄》卷十四云：『《崇文總目》一冊，予從范氏天一閣鈔得之，其書有目而無序釋，每書之下，多注「闕」字，陳直齋所見，（按《書錄解題》卷八著錄《崇文總目》一卷，云：「今此惟六十六卷之目耳，題云紹興改定。」）蓋即此本。題云紹興改定，今不復見題字，或後人傳鈔去之耳。朱錫鬯跋是書，（按跋見《曝書亭集》卷四十四。）謂因鄭漁仲之言，紹興中從而去其注釋。今考《續宋會要》載紹興十二年向子堅（按錢侗《崇文總目輯釋小引》作向子固）言，乞以《唐藝文志》及《崇文總目》所闕之書，注「闕」字於其下，付諸州軍搜訪。是今所傳者，即紹興中頒下諸州軍搜訪之本，有目無釋，取其便於尋檢耳。』意者，公武先得一卷本，後得六十四卷本（實六十六卷本），衢本遂著錄有序釋之本，並詳述其成書源委。」孫氏所考證，殆得其實。《玉海》卷第五十二〈藝文·書目藏書〉「慶曆《崇文總目》」條云：「慶曆元年十二月己丑，翰林學士王堯臣等上新修《崇文總目》六十卷。堯臣與聶冠卿、郭稹、呂公綽、王洙、歐陽修等撰。以四館書並合著錄。《中興書目》云六十六卷，當考。《國史·志》：『《崇文總目》六十六卷，〈序錄〉一卷，多所繆誤。』《長編》云：『《總目》亦有可取，而誤棄不錄者。』其書總數凡三萬六千六十九卷。自太祖平定四方，天下之書悉歸藏室。太宗、真宗

訪求遺逸，小則償以金帛，大則授之以官。又經書未有板者，悉令刊刻，由是大備，起祕閣貯之禁中。景祐元年閏六月，以三館、祕閣所藏有繆濫不全之書；辛酉，命翰林學士張觀，知制誥李淑、宋祁，將館閣正副本書看詳，定其存廢，僞謬重復並從刪去，內有差漏者，令補寫校對，倣《開元四部錄》，約《國史藝文志》著爲目錄，仍令翰林學士盛度等看詳，至是上之。庚寅，以提舉張觀、宋庠、王堯臣及冠卿、積並加階封，編修呂公綽等進職。《崇文目》有目錄十九部，一百七十九卷，始於《符瑞圖目》一卷，終於《學士院雜撰目》一卷。」《玉海》此條所記《崇文總目》撰成經過，較晁《志》尤詳，然又有《崇文總目》六十卷之說。清初朱彝尊《曝書亭集》卷四十四〈跋〉三有〈崇文書目跋〉廣棪案：〈書目〉應爲〈總目〉之誤。云：「《崇文總目》六十六卷，予求之四十年不獲。歸田之後，聞四明范氏天一閣有藏本，以語黃岡張學使按部之日。傳抄寄予。展卷讀之，衹有其目，當日之敘釋無一存焉。樂平馬氏〈經籍考〉述鄭漁仲之言，以排比諸儒每書之下，必出新意著說，嫌其文繁無用。然則是書因漁仲之言，紹興中從而去其序釋也。書籍自劉《略》荀《簿》王《志》阮《錄》以來，不僅條其篇目而已，必稍述作者之旨，以詔後學。故贊《七略》者，或美其剖判藝文，或稱其略序洪烈。其後殷淳則有序錄，李肇則有釋題，必如是而大綱粗舉。若盡去之，是猶存虎豹之鞹，與羊犬何別歟？〈唐志〉十九家、〈宋志〉六十八部，今存者幾希，賴有是書，學者獲睹典籍之舊觀。歐陽子《集》收《總目·敘釋》一卷，餘則馬氏《志》間引之。辭不費而每書之本末具見，法至善矣。漁仲徒恃己長，不爲下學後覺之地，此謂君子一言以爲不知者也。」《解題》館臣案語所言及《通考》記鄭漁仲事，疑因朱〈跋〉得之。考《文獻通考》卷二百七〈經籍考〉三十四〈史目錄〉「《崇文總目》六十四卷」條下引鄭樵說凡二條，謂：「夾漈鄭氏曰：『《崇文總目》，眾手爲之，其間有兩類極有條理，古人不及，後來無以復加也。〈道書〉一類有九節，九節相屬而無雜揉。又〈雜史〉一類，雖不標別，然分上、下二卷，即爲二家，不勝冗濫。及睹《崇文》九節，正所謂大熱而濯以清風也。〈雜史〉一家，《隋》、《唐》二〈志〉皆不成條理，今觀《崇文》之作，賢於二〈志〉遠矣。此二類往往是一手所編，惜乎當時不盡以其書屬之也。』又曰：「《崇文總目》出新意，每書之下必著說焉。據標類自見，何用更爲之說；且爲之說也，已自繁矣，何用一一說焉。至於無說者，或後書與前書不殊者，則強爲之說，使人意怠。且《太平廣記》者，乃《太平御覽》別出《廣記》一書，專記異事，奈何《崇文》之目所說不及此意，但以謂采

群書，以類分門，幾是類書皆可博採群書，以類分門。不知《御覽》之與《廣記》又何異。《崇文》所釋，大概如此。舉此一條，可見其他。」是又樵之褒貶《崇文》一書亦不盡無見，其所以反對《崇文》「每書之下必著說焉」者，乃全符其「泛釋無用論」一貫宗旨也。《四庫全書》就《永樂大典》輯《崇文總目》爲十二卷，《四庫全書總目》卷八十五〈史部〉四十一〈目錄類〉一「《崇文總目》十二卷《永樂大典》本」條亦考及《崇文》並評鄭樵事頗詳，其說曰：「《崇文總目》十二卷，《永樂大典》本。宋王堯臣等奉敕撰。蓋以四館書併合著錄者也。宋制，以昭文、史館、集賢爲三館。太平興國三年，於左升龍門東北建崇文院，謂之三館新修書院。端拱元年，詔分三館之書萬餘卷，別爲書庫，名曰秘閣，以別貯禁中之籍，與三館合稱四館。景祐元年閏六月，以三館及秘閣所藏或謬濫不全，命翰林學士張觀，知制誥李淑、宋祁等看詳，定其存廢，訛謬者刪去，差漏者補寫。因詔翰林學士王堯臣、史館檢討王洙、館閣校勘歐陽修等校正條目，討論撰次，定著三萬六百六十九卷。分類編目，總成六十六卷。於慶曆元年十二月己丑上之，賜名曰《崇文總目》。後神宗改崇文院曰秘書省，徽宗時因改是書曰《祕書總目》。然自南宋以來，諸書援引仍謂之《崇文總目》，從其朔也。李燾《續通鑑長編》云：『《崇文總目》六十卷，《麟臺故事》亦同。《中興書目》云六十六卷，江少虞《事實類苑》則云六十七卷，《文獻通考》則云六十四卷，《宋史・藝文志》則據《中興書目》作六十六卷，其說參差不一。考原本於每條之下具有論說，逮南宋時鄭樵作《通志》，始謂其文繁無用，紹興中遂從而去其序釋。故晁公武《讀書志》、陳振孫《書錄解題》著錄皆云一卷，是刊除序釋之後，全本已不甚行，南宋諸家或不見其原書，故所記卷數各異也。考《漢書・藝文志》本劉歆《七略》而作，班固已有自註。《隋書・經籍志》參考《七錄》，互註存佚，亦沿其例。《唐書》於作者姓名不見紀傳者，尙間有註文，以資考核；後來得略見古書之崖略，實緣於此，不可謂之繁文。鄭樵作《通志》〈二十略〉，務欲凌跨前人；而〈藝文〉一略，非目睹其書，則不能詳究原委。自揣海濱寒畯，不能窺中秘之全，無以駕乎其上，遂惡其害己而去之。此宋人忌刻之故智，非出公心。厥後，托克托等案托克托原作脫脫，今改正。作《宋史・藝文志》，紕漏顛倒，瑕隙百出、於諸史志中最爲叢脞。是即高宗誤用樵言，刪除序釋之流弊也。宋人官私書目，存於今者四家。晁氏、陳氏二目，諸家藉爲考證之資；而尤袤《遂初堂書目》及此書，則若存若亡，幾希湮滅，是亦有說無說之明效矣。此本爲范欽天一閣所藏，朱彝尊鈔而傳之，始稍見於世，亦無序釋。

彝尊《曝書亭集》有康熙庚辰九月作是書〈跋〉，謂欲從《六一居士集》暨《文獻通考》所載，別鈔一本以補之。然是時彝尊年七十二矣，竟未能辦也。今以其言考之，其每類之序見於《歐陽修集》者，祇經、史二類及子類之半。馬端臨《文獻通考》所載論說亦然。晁公武《讀書志》、陳振孫《書錄解題》皆在《通考》之前。惟晁公武所見，多《通考》一條。陳氏則但見六十六卷之目，題曰『紹興改定』者而已。《永樂大典》所引，亦即從晁、陳二家目中採出，無所增益，已不能復睹其全。然蒐輯排比，尚可得十之三四，是亦較勝於無矣。謹依其原次以類補入，釐為一十二卷。其六十六卷之原次，仍註于各類之下。又《續宋會要》載：『大觀四年五月，秘書監何志同言：「慶歷間集四庫為籍，今案籍求之，十纔六七，宜頒其名類於天下，《總目》之外，別有異書，並借傳寫。」紹興十二年十二月，權發遣盱眙軍向子固言：「乞下本省，以《唐藝文志》及《崇文總目》所闕之書，註『闕』字於其下，付諸州軍照應搜訪」云云。』今所傳本，每書之下多註『闕』字，蓋由於此，今亦仍之。王應麟《玉海》稱：『當時《國史》謂《總目》序錄，多所謬誤。』黃伯思《東觀餘論》有〈校正崇文總目〉十七條。鄭樵《通志‧校讎略》則全為攻擊此書而作。李燾《長編》亦云：『《總目》或有相重，亦有可取而誤棄不錄者。』今觀其書，載籍浩繁，牴牾誠所難保。然數千年著作之目總匯於斯，百世而下，藉以驗存佚，辨真贋，核同異，固不失為冊府之驪淵，藝林之玉圃也。』《四庫全書總目》所考，詳於《郡齋讀書志》與《玉海》，足補《解題》所未及。惟其所評鄭樵事，實本朱彝尊。余嘉錫《四庫提要辨證》卷九〈史部〉七〈目錄類〉一「《崇文總目》十二卷」條曾揭示之，曰：「案朱彝尊《曝書亭集》卷四十四〈崇文總目跋〉云：『《崇文總目》，范氏天一閣有藏本，展卷讀之，祇有其目，當日之序釋無一存焉。樂平馬氏〈經籍考〉述鄭漁仲之言，以排叱諸儒，每書之下，必出新意著說，嫌其文繁無用。然則是書因漁仲之言，紹興中從而去其序釋也。』《提要》之說，蓋本於此。然此特朱氏意度之詞，《提要》縱信其不謬，亦當引朱氏之文，以明其說之所由來，乃遽矜為創獲，言之鑿鑿，竟歸其獄於鄭樵，而不知其說之未可遽信也。杭世駿《道古堂集》卷二十五〈崇文總目跋〉云：『朱竹垞檢討謂刪去解題始於鄭夾漈作〈通志略〉，非也。馬貴與撰《通考》、王伯厚著《玉海》，生後夾漈百餘年，其書皆引證其說。嘉定七年，武夷蔡驥刻《列女傳》，首簡亦引此書，則知此書在宋時原未有闕，後世傳鈔者，畏其繁重，乃率意刪去耳。』然則朱氏之說，已為杭氏所駁正矣。杭氏《文集》，雖以生存人之故，不著錄

《四庫》，然《提要》於《滇略》、《痎瘧論》、《本著乘雅半偈》、《天祿識餘》、《宣德鼎彝譜》皆曾引其說，而獨於此〈跋〉不加稱引，豈非朱氏之說，先入為主，故忽而不之察歟？然杭氏謂今本為傳鈔者所刪去，亦未盡然，惟錢大昕之說為得之。《養新錄》卷十四云：『《崇文總目》一冊，予從范氏天一閣鈔得之，其書有目而無序釋，每書之下多注「闕」字，陳直齋所見蓋即此本。題云「紹興改定」，今不復見題字，或後人傳鈔去之耳。朱錫鬯跋是書，謂因鄭漁仲之言，紹興中從而去其注釋。今考《續宋會要》載紹興十二年向子堅按：徐輯印本作子固。言：「乞以《唐藝文志》及《崇文總目》所闕之書，注『闕』字於其下，付諸州軍搜訪。」是今所傳者，即紹興中頒下諸州軍搜訪之本，有目無釋，取其便於尋檢耳，豈因漁仲之言而有意刪之哉？且漁仲以薦入官，在紹興之末，未登館閣，旋即物故，名位卑下，未能傾動一時。若紹興十二年，漁仲一閩中布衣耳，誰復信傳其言者。朱氏一時揣度，未及研究歲月，聊為辨正，以解後來之惑。』是則《四庫總目》論鄭樵事確本彝尊，然據錢大昕《養新錄》所考，則彝尊謂『因鄭漁仲之言，紹興中從而去其注釋』，其說亦未當也。」綜上所述，則《崇文總目》原六十六卷，加〈序錄〉一卷為六十七卷，其作六十卷者固不可解，晁《志》作六十四卷，則以公武所得者乃闕本耳。後紹興中因搜訪闕書，乃去序釋以便尋檢，遂編成一卷之本，此事與鄭樵無涉。《解題》所著錄者，即此一卷之本也。

## 秘書省四庫闕書目一卷

《秘書省四庫闕書目》一卷，亦紹興改定。其闕者，注「闕」字於逐書之下。

廣棪案：徐松編輯本《四庫闕書目》，上有松〈自序〉曰：「《四庫闕書》者，宋紹興中訪求圖籍之目也。《書錄解題》云：『《秘書省四庫闕書目》一卷，紹興改定，其闕者注「闕」字於逐書之下。』〈通志略〉有《求書目錄》一卷，《明文淵閣書目》盈字號第六廚有《四庫闕書錄》一部，二冊。錢遵王《述古堂書目》有《紹興編四庫闕書記》二卷，或言求書，或言闕書，義則一也。其書散見《永樂大典》，曩時校書，錄得副帙，初無義例，雜亂參差，惟核以《宋史·藝文志》雖多寡懸殊，而先後次序往往不甚相遠。知此書當時館閣舊目，作史者蓋據以增益之，且有足訂史志之脫誤者。如：〈周易卦象賦〉，〈藝文志〉直云名亡，此則特標陳在中撰。又唐長孫無忌撰《太宗實錄》，許敬宗撰《高宗實錄》，〈藝文志〉乃以《太宗實錄》為許敬宗撰，此則仍題長孫無忌，頗足以資考證。宋時

舊籍，固不妨過而存之矣。朱氏竹垞撰《經義考》，每引《紹興書目》，又引《紹興四庫續刊闕書》，所謂《闕書》，實即此本。而核其所引《紹興書目》，亦多相符，不復有出此本之外者。意人間當尙有傳鈔，而《大典》卷帙繁富，一時蒐輯不無遺漏，今皆據以補入，仍題曰《四庫闕書》，以存《永樂大典》之舊云。道光壬辰四月徐松序。」可知此書編輯梗概。然此書與《秘書省續編到四庫闕書目》，殊非同一書，清人多有混同之者。如瞿鏞《鐵琴銅劍樓藏書目錄》卷第十二〈史部〉五〈目錄類〉「《秘書省續編到四庫闕書》二卷舊鈔本」條云：「舊題紹興年改定。案此書見《直齋書錄》及《玉海》，即秘省所頒闕書目，其闕者，注『闕』字於逐書之下。案《唐書·藝文志》亦有《見闕書目》一卷，意在訪求而作也。又案晁氏《讀書志》有《大宋史館書目》，總一萬五千一百四十二卷。《通志·藝文略》有《四庫書目》，按其分類、卷數，與此本相同，則即當日四庫書目注明有闕者耳。」即是一例。其實《解題》所著錄者爲一卷本，而《秘書省續編到四庫闕書目》爲二卷本，且書名明添上「續編到」三字，則必與前者非爲同一書，而或屬前者之「續編」。不意瞿氏亦失愼如此。

## 邯鄲書目十卷

《邯鄲書目》十卷，學士河南李淑獻臣撰，號《圖書十志》。皇祐己丑自作〈序〉以示子孫曰朋、圭、訟者，其子壽朋、復圭、德訟也。

廣栿案：皇祐，宋仁宗年號，己丑乃皇祐元年（1049）。淑，《宋史》卷二百九十一〈列傳〉第五十有傳。《宋人傳記資料索引》載：「李淑，字獻臣，號邯鄲，豐縣人，若谷子。眞宗時賜進士及第，累遷龍圖閣學士。警慧過人，博習諸書，詳練朝廷典故，凡有沿革，帝多諮訪，制作誥命，爲時所稱。性傾側險陂。嘗修《國朝會要》、《三朝訓鑒圖》、《閣門儀制》。著有《李公詩苑類稿》及《別集》百餘卷。卒贈尙書右丞。」是則淑撰此書，蓋以其號爲書名，而《解題》稱淑爲學士者，乃以其任龍圖閣學士之省稱耳。此書，《郡齋讀書志》卷第九〈書目類〉著錄作《邯鄲圖書志》十卷，晁《志》云：「《邯鄲圖書志》十卷，右皇朝李淑獻臣撰。淑，若谷之子也。載其家所藏圖書五十七類。經、史、子、集，通計一千八百三十六部，二萬三千一百八十六卷。其外又有《藝術志》、《道書志》、《書志》、《畫志》，通爲八目。」所記足補《解題》之闕。《玉海》卷第五十二〈藝文·書目藏書〉「《李淑圖書十志》」條云：「《中興書目》：『淑皇祐中撰《邯鄲書目》十卷，子德訟再集其目三十卷。淑

藏書二萬八百十一卷,著爲目錄,凡五十七類,至是比舊少一千一卷。』〈序〉
曰:『儒籍肇劉《略》、荀《簿》、王《志》、阮《錄》,迄元毋酒備。藏家者唯
吳齋著目。宋戡戈講道,延閣、廣內,官書三萬六千二百八卷,計《開元見
目》十不五六,《崇文目》剟去五千。』」是《玉海》所載藏書卷數與《郡齋
讀書志》不合,然有可補晁,陳二書所未及者。淑此書,《通志‧藝文略》卷
四《李邯鄲書目》作三卷,孫猛《郡齋讀書志校證》謂「殆係李德芻目而脫
『十』字」,雖無確證,可備一家之說。淑之〈自序〉,見《皇宋文鑑》卷八
十六〈序〉,曰:「儒籍肇劉《略》、荀《簿》、王《志》、阮《錄》,迄元毋酒
備。士大夫藏家者,唯吳齋著目。唐季兵燬,墳典散落。帝宋戡戈講道,薦
紳靡然,編摩校輯,歲月相踵。予家高曾以還,力弦誦馬蹄間。重明尙文,
素風不衰。肆中山公奮葳舒光,翊宣通謨。狷者賴清白之傳冠,而並班傳遊,
載筆兩朝,禁清圖史,號令策牘,吁俞演暢,伊延閣、廣內,幽經祕篇,固
殫見悉索之。中敕辨次,甫事麾去。大抵官書三萬六千二百八卷,訂《開元
見目》,什不五六。《崇文目》剟去五千餘,猶淺末摽剽名臣舊族間,所獲或
東觀之闕。緣是知世書尙存,購寫弗競,豐社舊蘊,斷巇不倫。中山官南,
始復論補。逮於刊綴,彌三十載。會請養玉堂,抉私褚外內經,合道釋書盡
得若干。離十志、五十七類,總八目。几櫃題表,參准昔模。緗素枕籍,點
兼古語。有貳本者,分貯旁格。柳氏長行後學之別歟?噫!予門從著作、水
部、贊善、洪州四世,而及中山。鄙夫承之,施爾朋、圭、芻、泊、彙、蒙、
謙輩,冠蓋八葉,繄汝曹善承之,肆守之,毋爲勢奪,毋爲賄遷。書用二印,
取朋篆,所以記封國,詔世代。東都永寧有館第,西都履道有園齋,爲退居
佔畢之玩。既志之序之,識迂拙耽賞之自。後日紬續,追紀左方。」迻錄之,
俾悉淑數世藏書之一斑。


## 京兆金石錄六卷

《京兆金石錄》六卷,北平田概纂。元豐五年王欽臣為〈序〉,自為〈後序〉。
皆記京兆府縣古碑所在,覽之使人慨然。

　　廣棪案:田概,《宋史》無傳。《解題》既謂其書有「元豐五年王欽臣爲〈序〉,
　　自爲〈後序〉」,則其人當爲神宗年間人。欽臣,《宋史》卷二百九十四〈列傳〉
　　第五十三附〈王洙〉。其〈傳〉曰:「欽臣字仲至,清亮有志操,以文贄歐陽脩,
　　脩器重之。用蔭入官,文彥博薦試學士院,賜進士及第,歷陝西轉運副使。元

祐初，爲工部員外郎。奉使高麗，還，進太僕少卿，遷祕書少監。開封尹錢勰
入對，哲宗言：『比閱書詔，殊不滿人意，誰可爲學士者？』勰以欽臣對。哲宗
曰：『章惇不喜。』乃以勰爲學士，欽臣領開封。改集賢殿修撰，知和州，徙饒
州，斥提舉太平觀。徽宗立，復待制，知成德軍。卒，年六十七。欽臣平生爲
文至多，所交盡名士，性嗜古，藏書數萬卷，手自讎正，世稱善本。」是則田
概亦當時之名士，撰《京兆金石錄》，其性嗜古，與欽臣同也。

## 集古錄跋尾十卷

《集古錄跋尾》十卷，歐陽修撰。編述之意，〈序〉文詳之，世所共知，不復
著。

廣棪案：此書《宋史》卷二百二〈志〉第一百五十五〈藝文〉一〈小學類〉著
錄：「歐陽修《集古錄跋尾》六卷，又二卷。」同書卷二百四〈志〉第一百五十
七〈藝文〉三〈目錄類〉著錄：「歐陽修《集古錄》五卷。」是《集古錄跋尾》
與《集古錄》，固分爲二書，前者小學類，後者目錄類也。至《跋尾》卷數，《宋
史》作六卷，又作二卷，未知何故？與《解題》作十卷者異。歐公〈序〉云：「物
常聚於所好，而常得於有力之彊；有力而不好，好之而無力，雖近且易，有不
能致之。象犀虎豹，蠻夷山海殺人之獸，然其齒角皮革，可聚而有也。玉出崑
崙流沙萬里之外，經十餘譯乃至乎中國；珠出南海，常生深淵，採者腰絙而入
水，形色非人，往往不出，則下飽蛟魚；金礦於山，鑿深而穴遠，籌火餱糧而
後進，其崖崩窟塞，則遂葬於其中者，率常數十百人，其遠且難而又多死禍，
常如此。然而金玉珠璣，世常兼聚而有也，凡物好之而有力，則無不至也。湯
盤孔鼎岐陽之鼓，岱山鄒嶧會稽之刻石，與夫漢魏已來聖君賢士桓碑彝器銘詩
序記，下至古文籀篆分隸諸家之字書，皆三代以來至寶怪奇偉麗工妙可喜之物，
其去人不遠，其取之無禍，然而風霜兵火，湮淪磨滅，散棄於山崖墟莽之間未
嘗收拾者，由世之好者少也，幸而有好之者，又其力或不足，故僅得其一二而
不能使其聚也。夫力莫如好，好莫如一。予性顓而嗜古，凡世人之所貪者，皆
無欲於其間，故得一其所好於斯。好之已篤，則力雖未足，猶能致之。故上自
周穆王以來，下更秦漢隋唐五代，外至四海九州、名山大澤、窮崖絕谷、荒林
破塚、神仙鬼物、詭怪所傳，莫不皆有，以爲《集古錄》。以謂轉寫失眞，故因
其石本，軸而藏之。有卷帙次第而無時世之先後，蓋其取多而未已，故隨其所
得而錄之。又以謂聚多而終必散，乃撮其大要，別爲錄目，因并載夫可與史傳

正其闕謬者，以傳後學，庶益於多聞。或譏予曰：『物多則其勢難聚，聚久而無不散，何必區區於是哉？』予對曰：『足吾所好，玩而老焉，可也。象犀金玉之聚，其能果不散乎？予固未能以此而易彼也。』廬陵歐陽修序。」又云：「昔在洛陽與余遊者，皆一時豪雋之士也。而陳郡謝希深善評文章，河南尹師魯辨論精博，余每有所作，二人者必伸紙疾讀，便得余深意。以示他人，亦或時有所稱，皆非余所自得者也。宛陵梅聖俞，善人君子也，與余共處窮約。每見余小有可喜事，懽然若在諸己。自三君之亡，余亦老且病矣。此〈敘〉之作，既無謝、尹之知音，而集錄成書，恨聖俞之不見也。悲夫！嘉祐八年，歲在癸卯七月二十四日書。」是則歐公撰此書，蓋以其平日所收藏，「皆三代以來之至寶怪奇偉麗工妙可喜之物」，恐其「聚多而終必散，乃撮其大要，別爲錄目，因并載夫可與史傳正其闕謬者，以傳後學，庶益於多聞」，斯歐公編述此書之志也。〈序〉撰於仁宗嘉祐八年（1063）癸卯，時希深、師魯、聖俞均歿，人琴俱渺，知音寥寂，悲夫！

## 集古目錄二十卷

《集古目錄》二十卷，公子禮部郎官棐叔弼撰。公既爲跋尾二百九十六篇，命棐撮其大要，別爲《目錄》。棐之〈序〉云爾。今考《集》中凡三百五十餘跋。館臣案：以上三條，《文獻通考》引陳氏之言，原本俱脫去，今補入。

廣棪案：棐，歐陽修中子，其傳附《宋史》卷三百一十九〈列傳〉第七十八〈歐陽修〉。〈傳〉稱棐用蔭爲秘書省正字，登進士乙科，調陳州判官，以親老不仕。修卒，服除，始爲審官主簿，累遷職方員外郎，知襄州。徙知潞州，旋罷去。元符末還朝，歷吏部右司二郎中，以直秘閣知蔡州。未幾，坐黨籍廢，十餘年卒。則棐或未任禮部郎官。此書棐有〈記〉，《解題》稱〈序〉，亦未當也。其〈記〉曰：「《集古錄》既成之八年，家君命棐曰：『吾集錄前世埋沒缺落之文，獨取世人無用之物而藏之者，豈徒出於嗜好之僻（癖），而以爲耳目之玩哉？其爲所得亦已多矣！故嘗序其說而刻之，又跋於諸卷之尾者二百九十六篇，〈序〉所謂可與史傳正其闕繆者已粗備矣。若撮其大要，別爲《目錄》，則吾未暇，然不可以闕而不備也。』棐退而悉發千卷之藏而考之曰：『嗚呼！可謂詳矣。蓋自文武以來，迄于五代，盛衰得失、賢臣義士、姦雄賊亂之事，可以動人耳目者，至於釋氏、道家之言，莫不皆有，然分散零落，數千百年而後聚於此，則亦可謂難矣！其聚之既難，則其久也又將遂散而無傳，

宜公之惜乎此也。於是各取其書撰之人、事迹之始終、所立之時世而著之，爲一十卷，以附於《跋尾》之後。夫事必簡而不煩，然後能傳於久遠，今此千卷之書者，刻之金石，託之山崖，未嘗不爲無窮之計也。然必待集錄而後著者，豈非以其繁而難於盡傳哉！故著其大略而不道其詳者，公之志也。』熙寧二年二月記。」是棐自記其書，乃「爲一十卷，以附於《跋尾》之後」，則與《解題》著錄作二十卷相異。明天順間所刊之《歐陽文忠公集》，中有闕名〈識語〉云：「右《集古錄》序成於嘉祐末年，其云有卷帙次第，無時世先後，蓋取多而未已，故隨其所得而錄之，此公述千卷不以世代爲序之意也。又云撮其大要，別爲《目錄》，因載夫可與史傳正其闕謬者，以傳後學，此公述目錄跋尾之意也。至熙寧二年，公之子叔弼記其後，云公命棐曰：『吾跋諸卷之尾者，二百九十六篇，若撮其大要，別爲《目錄》，則吾未暇。』棐乃盡發千卷，著其大略。自今觀之，公〈序〉明言別爲錄目，而棐乃記公未暇之語，世傳《集古跋》十卷、四百餘篇，而棐乃謂二百九十六篇，雖是時公尙無恙，後三年方薨，然續跋才十餘耳，不應多踰百篇，得非寫本誤以三百爲二百，或棐記在熙寧之前耶？棐又云爲十卷附《跋尾》之後，今錄目自爲一書，乃二十卷，不過列碑石所在，及其名氏歲月，初無難者，何未暇之有？是皆可疑。姑以棐所記附公本〈序〉之後，而自周秦至於五季，皆隨年代爲之序，庶幾時世先後秩然不紊。間有書撰出於一手，其歲月相邇，則類而次之，又於每卷之末，備存當時卷帙之次第，既以便今，亦不失其初云。」觀闕名〈識語〉亦謂「棐又云爲十卷，附《跋尾》之後，今錄目自爲一書，乃二十卷」。故頗疑棐〈記〉之一十卷，其初實據《集古錄跋尾》十卷而編就，其後乃分作二十卷耳。

### 太宗御製御書目一卷

《太宗御製御書目》一卷，玉宸殿所藏，兼有真宗御製〈序〉十四篇。又廣
校案：盧校本改作「今」。本稍多，而無序文。

　　廣校案：《玉海》卷第五十二〈藝文・書目藏書〉「景德《玉宸殿藏書》」條曰：「景德四年三月乙巳，召輔臣至玉宸殿，蓋退朝燕息之所。帷帳無文采，歷翔鸞、儀鳳二閣，作五言詩，從臣皆賦。殿在太清樓之東，聚書八千餘卷。上曰：『此唯正經、正史，屢經校讎，他小說不與。』其後群書又增及一萬一千二百九十三卷，太宗御集御書又七百五十二卷。」是玉宸殿在太清樓之東，真宗退

朝燕息之所，中多藏書，太宗御集御書<sub>廣棪案：「御集」即「御製」。</sub>亦在焉。此
《書目》即就太宗御製御書七百五十二卷編爲目錄一卷。考《宋史》卷二百八
〈志〉第一百六十一〈藝文〉七〈別集類〉著錄：「《太宗御集》一百二十卷。」
則太宗之《御書》，凡六百三十二卷也。眞宗御製之〈序〉今不可見，《宋史》
卷八〈本紀〉第八〈眞宗〉三載：「（天禧四年）十一月戊午，召近臣於龍圖閣
觀御製文詞，帝曰：『朕聽覽之暇，以翰墨自娛，雖不足垂範，亦平生游心於此。』
宰臣丁謂請鏤板宣布。庚申，內出御製七百二十二卷付宰臣。」是知眞宗亦素
嫺文翰者。

### 真宗御製碑頌石本目錄一卷

《真宗御製碑頌石本目錄》一卷，凡九十名件。乾興所刊板。

　　廣棪案：此《錄》今無可考，宋世公私書目多未見著錄。乾興，眞宗年號，僅
　　元年壬戌（1022）一年。是年二月戊午，眞宗崩於延慶殿。

### 龍圖閣瑞物寶目、六閣書籍圖畫目共一卷<sub>玉宸殿書數附</sub>

《龍圖閣瑞物寶目》、《六閣書籍圖畫目》共一卷，<sub>玉宸殿書數附。</sub>已上平江虎
邱寺御書閣有原<sub>廣棪案：盧校本作「元」。</sub>頒降印本，傳寫得之。

　　廣棪案：《玉海》卷第五十二〈藝文‧書目藏書〉「祥符龍圖閣四部書《書目》、景
　　德六閣圖書」條載：「建隆初，三館書僅萬二千餘卷；及平諸國收圖籍，蜀、江
　　南最多。開寶中，參以舊書爲八萬卷。<sub>凡得蜀書二萬三千卷，江南書三萬餘卷。</sub>至
　　祥符，凡三萬六千三百八十卷，崇文院、龍圖閣皆有四部書。眞宗謂輔臣：『自臣
　　庶家有聚書者，朕皆借其目錄，參校借本抄塡之。』〈志〉：『咸平二年閏三月甲午，
　　詔三館寫四部書籍二本，一置龍圖閣，一置太清樓。御製御書皆在，上親贊〈序〉，
　　刻石記其數。<sub>四年十一月丁亥觀書。</sub>祥符二年九月丁丑，召寧王元渥等於龍圖閣觀
　　《書目》。祥符三年正月二十八日戊寅，召近臣觀龍圖閣太宗御書及四部書籍。
　　又至閣西觀書，命馬知節評之。』《東京記》云：『祥符初建龍圖閣。』據此則咸平初
　　已建矣。《實錄》：『景德二年四月戊戌，幸龍圖閣閱太宗御書，觀諸閣書畫，閣藏
　　太宗御製御書并文集，總五千一百十五卷，軸冊；下列六閣經典，總三千三百四
　　十一卷，目錄三十卷：正經、經解、訓詁、小學、儀注、樂書。史傳總七千二百五十
　　八卷，目錄四百四十二卷：正史、編年、雜史、史抄、故事、職官、傳記、歲時、刑法、

譜牒、地理、僞史。子書總八千四百八十九卷，儒家、道書、釋書、子書、類書、小說、算術、醫書。文集總七千一百八卷，別集、總集。天文總二千五百六十一卷，兵書、曆書、天文、占書、六壬、遁甲、太一、氣神、相書、卜筮、地里、二宅、三命、選日、雜錄。圖畫總七百一軸，卷冊，古畫上中品，新畫上品。又古賢墨跡，總二百六十六卷。上曰：『退朝之暇，聚圖書以自娛。』總二萬九千七百十四卷。又曰：『龍圖閣書屢經讎校，最爲精詳。已傳寫一本置太清樓，朕求書備至，故奇書秘籍無隱焉。』祥符六年正月庚戌，賜王旦已卜《龍圖閣書籍圖畫目》、〈六閣圖書贊〉。」觀《玉海》所載，則《解題》著錄此二種目錄，亦必與《龍圖閣書籍圖畫目》、〈六閣圖書贊〉同類。二書應於眞宗祥符六年前編成及印就，今已不存，無可考矣。意振孫傳寫而得此二書，必在浙西提舉任內。蓋平江，即平江府，宋代兩浙西路之治所。振孫於理宗嘉熙三年（1239）由知嘉興府調升浙西提舉，故傳寫此二書必在此時。其詳請參拙著《陳振孫之生平及其著述研究》第三章第九節。

## 群書備檢三卷

《群書備檢》三卷，館臣案：《文獻通考》作十卷。不知名氏。皆經、史、子、集目錄。廣棪案：盧校注：「今別有《群書備檢》，乃篆隸文，非目錄。」

廣棪案：《宋史》卷二百四〈志〉第一百五十七〈藝文〉三〈目錄類〉著錄：「石延慶、馮至游《校勘群書備檢》三卷。」是〈宋志〉著錄之書爲石延慶、馮至游撰，而書名則多「校勘」二字。《郡齋讀書志》卷第九〈書目類〉亦著錄此書，曰：「《群書備檢》十卷。右未詳撰人。輯《易》、《書》、《詩》、《左氏》、《公羊》、《穀梁》、《二禮》、《論語》、《孟子》、《荀子》、《揚子》、《文中子》、《史記》、《兩漢》、《三國志》、《晉》、《宋》、《齊》、《梁》、《陳》、《後周》、《北齊》、《隋》、《新》、《舊唐》、《五代史》書，以備檢閱。」所記較《解題》爲詳贍。然所輯則未見有集類書籍，且作十卷，顯與《解題》有所異同。孫猛《郡齋讀書志校證》曰：「《群書備檢》十卷，按是書《四庫闕書目》作《群書備檢錄》七卷，《秘續目》、《通志·藝文略》卷四同。〈宋志〉卷三題《校勘群書備檢》三卷，《書錄解題》卷八作《群書備檢》三卷，《遂初堂書目·目錄類》題同《讀書志》。」又曰：「按諸目俱不著撰人，唯〈宋志〉云石延慶、馮至游撰。延慶，字光錫，舊名襲，高宗賜今名。新昌人，紹興進士，任容州司理、明州教授，中博學鴻詞科。紹興十八年以朝散郎添差通判台州，事具《宋詩紀事補遺》卷四十三。此外，張擴《東窗集》卷九有〈石延慶除國子監丞制〉。至游，紹興時嘗官大宗正丞，見

《續資治通鑑》卷一二九。」是則此書或作三卷，或作七卷，或作十卷，著錄卷數不同。至撰者〈宋志〉作石延慶、馮至游，二人生平事迹猶可略考。

## 廣川藏書志二十六卷

《廣川藏書志》二十六卷，徽猷閣待制董逌彥遠撰。以其家藏書考其本末，而為之論說，及於諸子而止。蓋其本意專為經設也。

廣棪案：《宋史》卷二百四〈志〉第一百五十七〈藝文〉三〈目錄類〉著錄：「董逌《廣川藏書志》二十六卷。」與《解題》同。《宋史翼》卷二十七〈列傳〉第二十七〈文苑〉二有逌傳，曰：「董逌字彥遠，山東東平人。徽宗時官校書郎，蔡居安會館職，食瓜，令坐上徵瓜字。居安所徵為優，欲畢。彥遠連徵數事，皆所未聞，悉有依據。後數日補外。王明清《揮塵前錄》。靖康中，為國子監祭酒。建炎元年四月，率諸生至南京勸進，除宗正少卿。二年五月，除江東提刑。旋詔為中書舍人，充徽猷閣待制。《建炎以來繫年要錄》。著有《廣川易學》、《廣川詩學》、《廣川書跋》、《畫跋》、《藏書志》《直齋書錄解題》及卷三吳棫《論語續解題》。等書。」可知逌生平梗概。此書已佚，莫可考矣。

## 廣川書跋十卷、畫跋五卷

《廣川書跋》十卷、《畫跋》五卷，董逌撰。

廣棪案：逌此二書，《四庫全書總目》卷一百十二〈子部〉二十二〈藝術類〉一有著錄云：「《廣川書跋》十卷，兩江總督採進本。宋董逌撰。逌字彥遠，東平人。題曰廣川，從郡望也。政和中，官徽猷閣待制。王明清《玉照新志》載宋齊愈《獄牘》，稱『司業董逌在坐』，則靖康末尚官司業。曾敏行《獨醒雜志》稱『建炎己酉逌從駕』，則南渡時尚存。丁特起《孤臣泣血錄》並記其受張邦昌偽命，為之撫慰太學諸生事，則其人蓋不足道。然其賞鑑書畫，則至今推之。是編皆古器款識及漢唐以來碑帖，末亦附宋人數帖，論斷考證皆極精當。其據《左傳》『成有岐陽之蒐』，定〈石鼓文〉為成王作，雖未必確，而說亦甚辨。然能知〈孫叔敖碑〉不可信，而〈滕公石槨銘〉乃信《博物志》、《西京雜記》之語。又如以『紀』為裂繻之國，不知其是卿非侯；以『窗中列遠岫』為謝靈運詩，不知其為謝朓。亦多疎舛。要不害其鑑別之精也。」同書同卷又云：「《廣川畫跋》六卷，兩江總督採進本。宋董逌撰。逌在宣和中與黃伯思均以考據賞鑑擅名，毛

晉嘗刊其《書跋》十卷，而《畫跋》則世罕傳本。此本爲元至正乙巳華亭孫道明所鈔，云從宋末書生寫本錄出，則爾時已無鋟本矣。紙墨歲久剝蝕，然僅第六卷末有闕字，餘尚完整也。古圖畫多作故事及物象，故迫所跋皆考證之文。其論山水者，惟〈王維〉一條，〈范寬〉二條，〈李成〉三條，〈燕肅〉二條，〈時記室〉所收一條而已。其中如辨正武皇〈望仙圖〉，東丹王〈千角鹿圖〉、〈七夕圖〉、〈兵車圖〉、〈九主圖〉，陸羽〈點茶圖〉、〈送窮圖〉、〈乞巧圖〉、〈勘書圖〉、〈擊壤圖〉、〈沒骨花圖〉、〈舞馬圖〉，戴嵩〈牛圖〉、〈秦王進餅圖〉、〈留瓜圖〉，王波利〈獻馬圖〉，引據皆極精核。其〈封禪圖〉一條，立義未確。〈姁魚圖〉一條，附會太甚。〈分鏡圖〉一條，拘滯無理。〈地獄變相圖〉，誤以盧稜伽爲在吳道元前。皆偶然小疵，不足以爲是書累也。」是《四庫全書總目》於迫此二〈跋〉，評價猶不卑也。其《畫跋》作六卷，則分卷較《解題》爲多。然有關迫之生平，《四庫全書總目》考證頗有未當，余嘉錫《四庫提要辨證》卷十四〈子部〉五〈藝術類〉一「《廣川書跋》十卷」條曰：「嘉錫案：《揮麈前錄》卷三云：『宣和中蔡居安提舉秘書省，夏日，會館職於道山，食瓜，居安令坐上徵瓜事，每一條食一片，居安所徵爲優。欲畢，校書郎董彥遠連徵數事，皆所未聞，咸歎服之。識者謂彥遠必不能安，後數日果補外。』政和之後始改重和、宣和，迫於宣和中始爲館職，安得先於政和中官待制乎？《建炎以來繫年要錄》卷十二云：『建炎二年二月，尙書禮部員外董逌爲宗正少卿。』卷二十五云：『建炎三年七月，中書舍人董逌充徽猷閣待制。逌爲宗正少卿，官省而罷，旋入西掖，至是纔踰月也。』注云：『逌，益都人。』則迫之官待制，在南渡從駕之後，《提要》以爲政和中者誤。《三朝北盟會編》卷七十八云：『二十九日己未，靖康二年正月。差董逌權司業，監起書籍等差兵八千人轉赴軍前。』則迫之官司業，具有日月可考，不待取證於宋齊愈之《獄牘》也。又《會編》卷八十七云：『三月二日，差禮郎員外郎董逌充事務官。』則迫蓋以員外郎權司業。又卷九十五云：『二十八日丁亥，靖康二年四月。國子監祭酒董逌率太學生赴南京奉表勸進。』《繫年要錄》卷四略同。《晦菴文集》卷五十一有：『董叔進問董逌彥遠爲人如何？朱子答曰：「據《黃端明行狀》說，圍城中作祭酒，嘗以僞楚之命慰諭諸生。」』則迫在圍城中已遷祭酒，不止司業矣。《會編》卷一百十一右正言鄧肅箚子云：『事務官者，金人已有立僞楚之語，朝廷，《要錄》作士。集議，恐不能如禮，遂私結十友作事務官，講冊立之儀，搜求供奉之物，無所不至，使邦昌得爲揖遜，以事美觀，皆事務官之力也。』《要錄》卷七畧同。迫實事務官之一人，則其附張邦昌之罪有不止爲之撫慰太學諸生者。《會編》又引《遺史》趙甡之著。

敘宋齊愈事，亦有『司業董逌在坐』之語，不僅見於《玉照新志》也。《書跋》卷五有〈太尉楊震碑跋〉云：『當震之發大難，奮大義，直指利害，夫豈不謂然，處亂世汙俗，闇主在上，姦臣乘此以醜正，況女謁孽豎，有一於此，然不得自見，協是相濟，兩句疑有誤字。乃欲明目張膽，以直道行於世，吾知震之死非不幸也。觀其門生故吏，可謂罪矣，而高舒、楊倫輩方且率天下而禍仁義，以抗言為直，以犯難為義，以殺身成仁，至摩厲激訐以進斷者為得事君之道，其觸機投穽，以陷患害，相趣而不顧。卒成黨禍，而漢以亡。夫為名節者，本以存身，吾見其身之禍，求以治國家，而國家卒以亡矣，蓋行仁義而不知其道者也。其後陳蕃、竇武乃欲焚社鼠，而覬幸一日無事，皆殺身成名之說也，可不悲哉！』逌當衰亂之世，竊祿於朝，惟以存身為念。至為張邦昌效奔走而不知恥，又強為之說以自解免，遂以殺身成仁者為非，且指古來忠直之士為率天下而禍仁義，觀其持論，可謂小人無忌憚之尤者矣，豈止於不足道也哉！」余氏引據繁博，以質正《四庫全書總目》之失，眞曉嵐之諍友也。

## 寶墨待訪錄二卷

《寶墨待訪錄》二卷，禮部員外郎米芾元章撰。記承平時故家所藏晉、唐遺跡。

廣棪案：此書書名應作《寶章待訪錄》，卷數一卷。陸心源《皕宋樓藏書志》卷五十二〈子部・藝術類〉著錄此書，宋刊本仍存，且書首有〈自序〉。陸《志》載：「《寶章待訪錄》一卷，宋刊本。宋襄陽米芾編集。〈自序〉曰：『漢河間憲廣棪案「憲」當作「獻」。王購書必錄古簡，梁武、元，隋唐文帝，金題玉躞，錦質繡章。破紙斷麻，取而國華。天寶以後，或進書得官，亦知上篤好。本朝太宗混一僞邦，圖書皆聚。然士民之間尚或藏者，既非寶鑑，皆以世傳。聞見浸多，懼久廢忘。因作《寶章待訪錄》，以俟訪圖書使焉。元祐丙寅八月九日。』」是此書宋哲宗元祐元年丙寅（1068）八月九日撰就，蓋以俟訪圖書使訪錄者。《四庫全書總目》卷一百十二〈子部〉二十二〈藝術類〉一「《寶章待訪錄》一卷浙江鮑士恭家藏本」條曰：「宋米芾撰。皆紀同時士大夫所藏晉、唐墨跡，成於元祐元年丙寅。《書錄解題》作《寶墨待訪錄》二卷，與此互異，疑陳振孫誤也。〈自序〉謂太宗混一，天下圖書皆聚，而士民之間尚有藏者。懼久廢忘，故作此以俟訪，分〈目睹〉、〈的聞〉二類。目睹者，王羲之〈雪晴帖〉以下凡五十四條。內張芝，王翼二帖註云：『非眞。』蓋與張直清所藏他帖連類全載之。的

聞者，唐僧懷素〈自序〉以下凡二十九條。大概與所撰《書史》相出入，然《書史》詳而此較略。中如王右軍〈來戲帖〉，此書謂丁氏以一萬質於鄆州梁子志處，而《書史》則謂質於其鄰大姓賈氏，得二十千，今十五年，猶在賈氏。又懷素三帖，此書謂見於安師文家；而《書史》則謂元祐戊辰安公攜至，留吾家月餘，今歸章公惇云云。驗其歲月，皆當在此書既成之後。知《書史》晚出，故視此更為詳備也。然其間如晉謝奕、謝安、桓溫三帖，《書史》祇載『寶蒙審定』印，而此書又載有『鍾紹京書』印。陳僧智永〈歸田賦跋〉，《書史》作開成某年，而此書實作開成五年，亦有可以互相考證者。今故備著於錄，備參訂焉。」《四庫全書總目》所記，足補《解題》之未及。

## 金石錄三十卷

《金石錄》三十卷，東武趙明誠德甫所藏二千卷。蓋倣歐陽《集古》，而數則倍之。

廣棪案：此書明誠有〈序〉，云：「余自少小喜從當世學士大夫訪問前代金石刻詞，以廣異聞。後得歐陽文忠公《集古錄》，讀而賢之，以為是正訛謬，有功於後學甚大。惜其常有漏落，又無歲月先後之次，思欲廣而成書，以傳學者。于是益訪求藏書，蓄凡二十年而後粗備。上自三代，下訖隋唐五季；內自京師，達于四方遐邦絕域夷狄，所傳倉史以來古文奇字、大小二篆、分隸行草之書，鐘鼎簠簋尊敦甗鬲盤杅之銘，詞人墨客詩歌賦頌碑志敘記之文章，名卿賢士之功烈治行，至于浮屠老子之說，凡古物奇器豐碑巨刻所載，與夫殘章斷畫磨滅而僅存者，略無遺矣。因次其先後為二千卷。予之致力於斯，可謂勤且久矣，非特區區為玩好之具而已也。蓋竊嘗謂《詩》、《書》以後，君臣行事之迹悉載於史氏，雖是非褒貶出于秉筆者私意，或失其實，然至其善惡大節有不可誣，而又傳之既久，理當依據。若夫歲月、地里、官爵、世次，以金石刻考之，其牴牾十常三四。蓋史牒出于後人之手，不能無失；而刻詞當時所立，可信不疑；則又考其異同，參以他書，為《金石錄》三十卷。至于文詞之媺惡、字畫之工拙，覽者當自得之，皆不復論。嗚呼！自二代以來，聖賢遺跡著于金石者多矣，蓋其風雨侵蝕，與夫樵夫牧童毀傷淪棄之餘，幸而存者止此爾。是金石之固猶不足恃，然則所謂二千卷者，終歸于磨滅，而予之是書有時而或傳也。孔子曰：『飽食終日，無所用心，難矣哉！不有博奕者乎？為之猶賢乎已。』是書之成，其賢于無所用心，豈特博奕之比乎？輒錄而傳諸後世，好古博雅之士，其必有

補焉。東武趙明誠序。」讀之，可知明誠撰此書之志，蓋以歐書「常有漏落，又無歲月先後之次」，故「思欲廣而成書，以傳學者」。今歐書凡十卷，趙書三十卷，是《金石錄》與《集古》相校，「數則倍之」矣。

**本朝諸家蓄古器物款式，**<sub>廣棪案：盧校本作「識」。</sub>其考訂詳洽，如劉原父、呂與叔、黃長睿多矣，大抵好附會古人名字，如「丁」字，即以為祖丁；「舉」字，即以為伍舉；「方鼎」，即以為子產；「仲吉匜」，即以為偪姞之類。邃古以來，人之生世夥矣，而僅見於簡冊者幾何？器物之用於人亦夥矣，而僅存於今世者幾何？迺以其姓字、名物之偶同而實焉，余嘗竊笑之。惟其附會之過，併與其詳洽者皆不足取信矣。

案：劉原父，即劉敞，《宋史》卷三百一十九〈列傳〉第七十八有傳，〈傳〉謂敞「嘗得先秦彝鼎數十，銘識奇奧，皆案而讀之，因以考知三代制度，尤珍惜之。每曰：『我死，子孫以此蒸嘗我。』」又《玉海》卷第五十六〈藝文・圖〉「《宣和博古圖》」條曰：「劉敞得先秦古器十有一，模其文，圖其象，為《先秦古器圖》一卷，又為〈贊〉。」敞所為，固有「附會之過」者。呂與叔，即呂大臨，《解題》著錄大臨有《考古圖》十卷。《玉海》卷第五十六同條云：「元祐中，呂大臨以所閱三代尊彝鼎之器，傳摹圖寫，論次為《考古圖》十卷。」又《四庫全書總目》卷一百十五〈子部〉二十五〈譜錄類〉「《考古圖》十卷、《續考古圖》五卷、《釋文》一卷<sub>內府藏本</sub>。」條曰：「宋呂大臨撰。……大臨《圖》成於元祐壬申，在《宣和博古圖》之前，而體例謹嚴，有疑則闕，不似《博古圖》之附會古人，動成舛謬。」據《四庫全書總目》所考，則附會古人者乃《宣和博古圖》一書，而非《考古圖》。《解題》同卷「《宣和博古圖》三十卷」條云此書「亦不無牽合」，故疑直齋移甲為乙，其所評呂大臨「附會古人」者，實未盡符於事實。黃長睿，即黃伯思。《解題》同卷著錄伯思有《博古圖說》十一卷，謂：「其書大抵好傅古人名字，說已見前。」是則長睿之書，亦以附會為病也。

**惟此書跋尾獨不然，好古之通人也。明誠，宰相挺之之子。**

案：《宋史》卷三百五十一〈列傳〉第一百一十〈趙挺之〉載明誠乃挺之中子。《金石錄》劉跂〈後序〉曰：「東武趙明誠德父，家多前代金石刻，倣歐陽公《集古錄》，所論以考書傳諸家同異，訂其得失，著《金石錄》三十卷，別白柢梧，實事求是，其言斤斤，甚可觀也。……今德父之藏既甚富，又選擇多善，而探討去取，雅有思致，其書誠有補於學者。」所見與直齋同。

其妻易安居士李氏為作〈後序〉，頗可觀。<sub></sub>館臣案：此條《文獻通考》引陳氏之言，原本誤脫，今補入。

案：易安居士所撰〈後序〉，拙著《李清照研究》第三章〈李清照之詩文〉曾評曰：「案：清照此篇，追敘其夫婦一生辛勤積聚圖書古器，及此等尤物於大變亂中漸次散失之經過；而清照生平志趣及其不幸遭遇，讀此篇乃可概見。故洪邁《容齋四筆》卷五〈趙德甫金石錄〉云：『東武趙明誠德甫，清憲丞相中子也。著《金石錄》三十篇，上自三代，下訖五季，鼎、鐘、甗、鬲、槃、匜、尊、爵之款識，豐碑大碣、顯人晦士之事迹見於石刻者，皆是正訛謬，去取褒貶，凡為卷二千。其妻易安居士平生與之同志，趙歿後，愍悼舊物之不存，乃作〈後序〉，極道遭罹變故本末。』又此〈序〉寫來情辭懇切，極富感染力。陸游《老學庵筆記》引《才婦錄》云：『易安居士能書能畫又能詞，而尤長於文藻。迄今學士每讀〈金石錄序〉，頓令人心神開爽。何物老嫗，生此寧馨，大奇大奇。』又其用典渾成，敘致錯綜，筆墨疎秀，蕭然出町畦之外。胡應麟《少室山房筆叢》以為『殆有過於歐、蘇兩公』者；李慈銘《越縵堂讀書記》亦謂：『宋以後閨閣之文，此為觀止。』信然。」足與直齋所說相發明。

## 考古圖十卷

《考古圖》十卷，汲郡呂大臨與叔撰。其書作於元祐七年，所紀目<sub></sub>廣校案：盧校本「目」作「自」。御府之外，凡三十六家所藏古器物，皆圖而錄之。

廣校案：《郡齋讀書志》卷第四〈小學類〉「《考古圖》十卷」條曰：「右皇朝呂大臨與叔撰。裒諸家所藏三代秦漢尊彝鼎敦之屬，繪之於幅，而辨論形制、文字。」《玉海》卷第五十六〈藝文·圖〉「《宣和博古圖》」條曰：「元祐中，呂大臨以所閱三代尊彝鼎之器，傳摹圖寫，論次為《考古圖》十卷。」錢曾《讀書敏求記》卷二之中〈器用〉「《考古圖》十卷、《續考古圖》五卷、《釋文》一卷」條曰：「汲郡呂大臨論次《考古圖》成，并識古器所藏於目錄後，秘閣、太常內藏外，列三十七家，即〈後記〉謂閱之士大夫得傳摹圖寫者，蓋非朝伊夕矣。……此係北宋鏤板，予得之梁溪顧修遠，洵縹囊中異物也。」是晁、王、錢三書所著錄，足與《解題》相發明。惟《解題》作「三十六家」，《讀書敏求記》作「三十七家」，乃少異矣。此書大臨有〈自序〉，略謂：「漢承秦火之餘，上視三代，如更晝夜夢覺之變，雖遺編斷簡，僅存二三，然□□（世移）俗革，人亡書殘，不復想見先王之餘緒，□□（至人）謩欵。不

意數千百年後，尊彝鼎敦之器，猶出於山巖屋壁、隴畝墟墓之間，形制文字，且非世所能知，況能知所用乎？當天下無事時，好事者畜之，徒爲耳目奇異玩好之具而已。噫！天之果喪斯文也，則是器也胡爲而出哉？予於士大夫之家所閱多矣，每得傳摹圖寫，浸盈卷軸，尚病歉啓未能深考。暇日論次成書，非敢以器爲玩也。觀其器，誦其言，形容髣髴，以追三代之遺風，如見其人矣，以意逆志，或探其制作之原，以補經傳之闕亡，正諸儒之謬誤，天下後世之君子有意於古者，亦將有攷焉。元祐七年二月，汲郡呂大臨記。」是此書成於元祐七年（1092）二月，讀之固可推知大臨著述之旨也。臺灣國家圖書館藏有此書元大德己亥（三年）茶陵陳翼子刊明代修補本，中有闕名〈序〉云：「《易》曰：『形而上者謂之道，形而下者謂之器。』古人制器尚象，蓋有深意存焉，而道未嘗不托乎其間也。宋儒正字呂與叔先生，圖古器物，并錄其銘篆，彙爲十卷，將使好古之士考古人制器之義，因粗以求精，下學而上達也。其嘉惠後學之心，不亦深且厚哉！」足徵此書之價值。

## 博古圖說十一卷

《博古圖說》十一卷，秘書郎邵武黃伯思長睿撰。有〈序〉。凡諸器五十九品，其數五百二十七；印章十七品，其數二百四十五。案李丞相伯紀爲長睿志墓，言所著《古器說》四百二十六篇，悉載《博古圖》。今以《圖說》考之，固多出於伯思，亦有不盡然者。又其名物亦頗不同，錢、鑑二品至多，此所載二錢、二鑑而已。《博古》不載印章，而此印章最夥。蓋長睿沒於政和八年，其後修《博古圖》頗采用之，而亦有所刪改云爾。其書大抵好傳古人名字，說已見前。

廣棪案：《解題》卷十七〈別集類〉中「《東觀餘論》二卷」條載：「秘書郎昭武黃伯思長睿撰。伯思，右丞黃履之孫，吳園張根之壻，於李忠定綱爲中外襟袂，故忠定誌其墓。伯思，元符庚辰進士，年四十而卒。好古博雅，喜神仙家言，自號雲林子，別字霄賓。有《集》一百卷。此書止〈法帖刊誤〉及序跋古書畫器物，故名《餘論》。」觀是，則知伯思與李綱均張根壻，故綱爲志墓。伯思，《宋史》卷四百四十三〈列傳〉第二百二〈文苑〉五有傳。〈傳〉稱伯思字長睿，「其遠祖自光州固始徙閩，爲邵武人。祖履，資政殿大學士。父應求，饒州司錄。……元符三年，進士高等。……未幾，遷秘書郎。縱觀冊府藏書，至忘寢食，自《六經》及歷代史書、諸子百家、天官地理、律曆

卜筮之說，無不精詣。凡詔講明前世典章文物，集古器考定眞贋，以素學與聞，議論發明居多，館閣諸公自以爲不及也。……以政和八年卒，年四十」。是則伯思之撰《博古圖說》，正任秘書郎時。惜其書已佚，據《解題》之著錄，猶可知其恍惚。《玉海》卷第五十六〈藝文・圖〉「《宣和博古圖》」條云：「徽宗道兼三皇，萬古之器並出，會於天府。品之多五十有九，數之多五百三十有七；舟車所貢，又百倍此。清燕之間，第其時物，繪其形制，識其名款，各有次第。凡禮之器，鼎爲先，簠、簋次之。樂之器，律爲先，鐘、磬次之。有典制之器，有征伐之器，有常用之器，有燕間之器。既成，召輔臣、親王御崇政殿觀之。政和二年七月己亥，置禮制局。三年六月庚申，因中丞王甫乞頒《宣和殿博古圖》，令儒臣考古制度，遂詔討論三代古器及壇壝之制，改作俎豆、籩簠之屬。十月十四日手詔云：『裒集三代盤匜罍鼎，稽考取法，以作郊廟。』禋祀之器，煥然大備。」據是以推，略可知悉伯思撰作此書之背景。

## 群書會記二十六卷

《群書會記》二十六卷，館臣案：《文獻通考》作三十六卷。鄭樵撰。大略記世間所有之書，非必其家皆有之也。

廣棪案：樵《通志》卷第七十一〈校讎略・編次必記亡書論〉第二篇曰：「古人亡書有記，故本所記而求之。魏人求書，有《闕目》一卷；唐人求書，有《搜訪圖書目》一卷，所以得書之多也。下詔并《書目》一卷，惜乎行之不遠，一卷之目，亦無傳焉。臣今所作《群書會記》，不惟簡別類例，亦所以廣古今而無遺也。」可悉樵撰作此書之背景。《玉海》卷第五十二〈藝文・書目藏書〉「紹興《求書闕記》、《群玉會記》」條曰：「（紹興）十七年，鄭樵按秘書省所放《闕書目錄》，集爲《求書闕記》七卷、《外記》十卷。又總天下古今書籍，分類爲《群玉會記》三十六卷。」考《玉海》所著錄之《群玉會記》，實乃《群書會記》之筆誤，或同書而異名。其作三十六卷，則與《文獻通考》同。故疑《解題》著錄作「二十六卷」，「二」字乃「三」字之訛，應改正。此書既如《玉海》所言，乃「總天下古今書籍，分類」爲之者，則直齋謂樵「大略記世間所有之書，非必其家皆有之也」，所判甚符事實。又考《夾漈遺書》卷二〈獻皇帝書〉有「八九年爲討論之學，……以討論之所得者，作《群書會記》」之語，其說可補《解題》所未及。

## 夾漈書目一卷、圖書志一卷

《夾漈書目》一卷、《圖書志》一卷,鄭樵記其平生所自著之書。《志》者,蓋述其著作之意也。

> 廣棪案:《宋史》卷四百三十六〈儒林〉六〈鄭樵〉曰:「鄭樵字漁仲,興化軍莆田人。好著書,不為文章,自負不下劉向、揚雄。居夾漈山,謝絕人事。久之,乃游名山大川,搜奇訪古,遇藏書家必借,留讀盡乃去。趙鼎、張浚而下皆器之。初為經旨、禮樂、文字、天文、地理、蟲魚、草木、方書之學,皆有論辨。紹興十九年上之,詔藏秘府。樵歸,益屬所學,從者二百餘人。……學者稱夾漈先生。」此條著錄《書目》一卷,而以「夾漈」名之,直齋謂「鄭樵記其平生所自著之書」,殆符事實。惜此《夾漈書目》已散佚,無可考矣。至《圖書志》一卷,《夾漈遺書》卷二有〈獻皇帝書〉云:「念臣困窮之極,而寸陰未嘗虛度,風晨雪夜,執筆不休。廚無煙火,而誦記不絕。積日積月,一簣不虧。……八九年為討論之學,為圖譜之學,為亡書之學。以討論之所得者,作《群書會記》,作《校讎備論》,作《書目正訛》。以圖譜之所得者,作《圖書誌》,作《圖書譜有無記》,作《氏族源》。以亡書之所得者,作《求書闕記》,作《求書外記》,作《集古系時錄》,作《集古系地錄》,此幸皆已成之書也。」是樵乃「以圖譜之所得者,作《圖書誌》」,其書已成,惜亦散佚。直齋謂此書「蓋述其著作之意也」,猶可知其內容之恍惚,則此書殆與《夾漈書目》為姊妹篇。

## 秦氏書目一卷

《秦氏書目》一卷,濡須秦氏,元祐二年,有為金部員外郎者,聞於朝,請以宅舍及文籍不許子孫分割。

> 廣棪案:葉昌熾《藏書紀事詩》卷一載:「維宋元祐年月日,具官臣某瀆天威。籲金可析書休析,伏乞朝廷降指揮。濡須秦氏。昌熾案:今世風俗衰薄,祖父遺書,子孫攘奪,往往各私扃鑰,不容互觀。鉅冊不能分者,甚至各據其半,其後卒不能為延津之合,良可慨歎。秦氏此舉,法良意美,實為藏書者百世之師。獨惜其名字翳如,為可悼也。」昌熾所言,蓋據《解題》此條所述而發。潘美月《宋代藏書家考》二〈北宋承平時期藏書家〉「濡須秦氏」條曰:「《少室山房筆叢》卷一云:『宋又有濡須秦氏、莆田鄭氏、漳南吳氏、荊州田氏,並著目錄,盛於前朝。』濡須秦氏,名字不詳,《秦氏書目》即其家藏書目,惟收藏

情形不可攷。」是葉、潘二氏均謂撰人不可考。臧勵龢等編《中國古今地名大辭典》有「濡須山」條云:「濡須山在安徽含山縣西南七十里。《輿地紀勝》濡須山與無爲州七寶山對峙,中爲石梁,鑿石通水,山川險阻,最爲控扼之地。《和州志》(謂)即東關山。」又有「濡須水」條云:「濡須水在安徽巢縣南,源出巢湖,東南流經七寶、濡須兩山間,至無爲縣東入江。一名石梁河,又名柵口水,亦名東關水,又名天河。漢末孫權夾水立塢,以拒魏人,謂之濡須塢,又稱東關,或曰東興隄。」綜《解題》及上引資料,則知濡須秦氏者,乃北宋哲宗元祐間安徽人。安徽,宋時屬江南東路。

## 藏六堂書目一卷

《藏六堂書目》一卷,莆田李氏,云唐江王之後,有家藏誥命。其藏書自承平時,今浸以散佚矣。

　　廣棪案:莆田李氏,乃唐江王之後,拙著《陳振孫之生平及其著述研究》第四章〈陳振孫之戚友與交游〉第三節〈陳振孫學術上之友朋〉曾考之曰:「考莆田李氏,據《解題》卷八〈目錄類〉『《藏六堂書目》一卷』條謂乃『唐江王之後』。江王李元祥爲唐高祖第二十子,《新》、《舊唐書》均有其傳。《舊唐書》卷六十四〈列傳〉第十四〈高祖二十二子〉載:『江王元祥,高祖第二十子也。貞觀五年,封許王。十一年,徙封江王,授蘇州刺史,賜實封八百戶。二十三年,加實封滿千戶。高宗時,又歷金、鄜、鄭三州刺史。性貪鄙,多聚金寶,營求無厭,爲人吏所患。時滕王元嬰、蔣王惲、虢王鳳亦稱貪暴,有授得其府官者,以比嶺南惡虎,爲之語曰:「寧向儋、崖、振、白,不事江、滕、蔣、虢。」元祥體質洪大,腰帶十圍,飲啖亦兼數人。其時韓王元嘉、虢王鳳、魏王泰,狀貌亦偉,不逮於元祥。又眇一目。永隆元年薨,贈司徒、并州大督都,陪葬獻陵,諡曰安。子永嘉王卓,永隆中,爲復州刺史。以禽獸其行,賜死於家。中興初,元祥子鉅鹿郡公晃子欽嗣江王。景龍四年,加銀青光祿大大,娶王仁皎女,至千牛將軍,卒。』觀是,則莆田李氏之始祖唐江王元祥,爲人貪鄙,固無足論。其子永嘉王卓,又有禽獸行,則罪更甚焉。鉅鹿郡公晃,事迹則不可知。晃子欽又嗣江王,是初唐之時已有二江王矣。莆田李氏雖爲唐江王之後,家藏誥命,惟自北宋承平之際,即能藏書治學,一改乃祖之穨風,是亦李唐之賢肖子孫。所惜借書與直齋過錄之莆田李氏究屬何人?其名字爲何,均不可曉矣。」可資參考。潘美月《宋代藏書家

考》五〈南宋中興時期藏書家〉「莆田李氏」條曰：「莆田李氏，其人無考。《藏六堂書目》，當爲其家藏書目。《通志・校讎略》『求書之道』條云：『鄉人李氏曾守和州，其家或有沈氏之書，前年所進褚方回〈清愼帖〉，蒙賜百匹兩。此則沈家舊物也。』據此，則李氏或有沈氏之書。《直齋書錄解題》卷六《獨斷》二卷條下云：『……舒、台二郡皆有刻本，向在莆田嘗錄李氏本，大略與二本同，而上下卷前後錯互，因並存之。』卷八《晉陽事跡雜記》十卷條下云：『唐河東節度使李璋纂，〈序〉言四十卷，〈唐志〉亦同，今刪爲十卷，蓋治平中太原府所刻本也，從莆田李氏借錄。』『《番禺雜記》一卷』條下云：『莆田借李氏本錄之，蓋承平時舊書，末有「河南少尹家藏」六字，不知何人也。』卷十五《集選目錄》二卷』條下云：『莆田李氏有此書，凡一百卷，力不暇傳，姑存其目。』卷十九『《武元衡集》一卷』條下云：『初用莆田李氏本傳錄，後以石林葉氏本校，益以六首及李吉甫唱酬六首，川本作二卷。』據此，知陳振孫仕於莆田，嘗傳錄李氏藏書，則李氏當爲莆田有名之藏書家。」依潘書所考，則知莆田李氏曾知和州，其家有沈氏之書，並曾進〈清愼帖〉。至直齋與莆田李氏交游，余於前引拙著中已詳考之，茲不贅。

## 吳氏書目一卷

《吳氏書目》一卷，奉議郎漳浦吳與可權家藏。閩中不經兵火，故家文籍多完具，然地濕苦蠹損。

廣棪案：拙著《陳振孫之生平及其著述研究》第四章〈陳振孫之戚友與交游〉第三節〈陳振孫學術上之友朋〉，曾據《解題》此條以考直齋與吳與交游曰：「《齊東野語》載直齋傳錄吳氏舊書，此吳氏，蓋指漳浦吳與。《解題》卷八〈目錄類〉載：『《吳氏書目》一卷，奉議郎漳浦吳與可權家藏。閩中不經兵火，故家文籍多完具，然地濕苦蠹損。』是則此《書目》乃直齋傳錄自吳氏之證。吳與，《宋史翼》卷十九〈列傳〉第十九〈循史〉二有傳。〈傳〉云：『吳與，字可權，福建漳浦人。元豐五年進士，歷端州四會縣令，改饒州餘干，徙學於琵琶洲，後登科者接踵。劉正夫稱其「護士如元氣，決訟如神明」，人以爲不虛。嘗謁提刑使者燕若蒙，論事侃侃不阿。若蒙厲聲曰：「而欲效漢唐令耶？」與曰：「固學之，恨不至耳！」若蒙爲之改容。移知懷安縣，累遷奉議郎。通判潮州時，故人張商英當國，或諷之使見。與毅然曰：「吾遇天覺於放逐中，諄諄勉以忠義，今可呈身求進耶？」竟不往。官終廣南東路提點刑獄。案：《江西通志・名宦》

引《餘干志》云：「吳與，大觀初爲御史。」各《志》皆失載，附錄備考。生平歷官凡七任，悉以俸餘市書，所藏至三萬餘卷。鄭樵稱海內藏書者四家，以與所藏本爲最善。王邁作《清漳進士題名記》，於漳先達器識名節，首稱與及高登。謂：「自國初至今，科目得士二百五十餘人，獨二公所立，光明俊偉，一言一動，可爲千載矜式。」《福建通志》。』是則可權固一代循吏，爲人光明俊偉，器識名節，足爲千載矜式；至其以俸市書，藏書至三萬多卷，有稱海內，猶爲餘事耳。前引葉昌熾《藏書紀事詩》卷一有『惟餘海內無諸地，不共中原燼靖康』二語，所詠與《解題》所言『閩中不經兵火，故家文籍多完具』同意。昌熾此詩之後，附有案語曰：『昌熾案：《少室山房筆叢》引鄭漁仲曰：「《古文尙書音》，唐、宋並無，今出漳州吳氏。又《漳州吳氏書目》算術一家有古書，皆四庫三館所無。又《師春》二卷、《甘氏星經》二卷、《漢官典儀》十卷、《京房易鈔》一卷，今世所傳皆出吳氏。」據此則吳氏藏書在夾漈之前矣。又按《閩中地志》載《漳浦吳氏藏書目錄》四卷，與直齋所記一卷不同。』是則漳浦吳氏所藏，多世間罕見之書，其可貴固可知也。惟《閩中地志》載《漳浦吳氏藏書目錄》作四卷，直齋《解題》作一卷，驗之可權藏書多達三萬餘卷，則其目錄似應作四卷爲是。或者，閩中『地濕苦蠹損』，此區區四卷之《吳氏書目》，亦竟終飽蠹魚之腹，經百餘年間而至直齋傳錄之時，已僅存一卷耶？是又可哀憫已矣！可權後人，史闕無聞，直齋《解題》亦無載，今固無法考出矣。」潘美月《宋代藏書家考》四〈南北宋之際藏書家〉「吳與」條曰：「鄭樵〈校讎略〉云：『書不存於秘府，而出於民間者甚多。如漳州吳氏，其家甚微，其官甚卑，然一身文字間，至老不休，故所得之書，多蓬山所無者。兼藏書之家例有兩目錄，所以示人者，未嘗載異書；若非與人盡誠盡禮，彼肯出其所秘乎？此謂求之私。』又云：『古之書籍，有上所無而出於今民間者。《古文尙書音》，唐世與宋朝並無，今出於漳州之吳氏。……按《漳州吳氏書目》，算術一家有數件古書，皆三館四庫所無者。……又《師春》二卷、《甘氏星經》二卷、《漢官典儀》十卷、《京房易鈔》一卷，今世之所傳者，皆出吳氏。』吳與藏書三萬餘卷，有《吳氏書目》，所藏之書頗多三館四庫所無者，吳氏可謂宋代一大藏書家也。」鄭氏〈校讎略〉所云，可與《解題》相參證。

## 晁氏讀書志二十卷

《晁氏讀書志》二十卷，館臣案：《宋史・藝文志》作四卷。昭德晁公武子止撰。

其〈序〉言得南陽公書五十篋，合其家舊藏，得二萬四千五百卷。其守榮州，日夕讐校，每終篇輒論其大指。時紹興二十一年也，其所發明有足觀者。南陽公未知何人，或云井度憲孟也。館臣案：井度《文獻通考》作「丌度」。　廣棪案：盧校注：「此有兩本，此二十卷者，衢州本也，《文獻通考》所引皆此本。《宋史‧藝文志》作四卷，袁州本也。鄭樵云：『井氏望出扶風及南陽。』此書序跋皆作『井』字，不作『丌』。」

廣棪案：晁公武《郡齋讀書志》有二本，四卷者爲袁州本，二十卷者爲衢州本。直齋所得者爲衢州本，故爲二十卷，與〈宋志〉著錄作四卷之袁州本不同。〈衢本昭德先生郡齋讀書志序〉曰：「杜鄴從張京兆之子學問，王粲爲蔡中郎所奇，皆盡得其家書，故鄴以多聞稱，而粲以博物顯。下逮國朝，宋宣獻公亦得畢文簡、楊文莊家書，故所藏之富與秘閣等，而常山公以贍博聞於時。夫世之書多矣，顧非一人之力所能聚；設令篤好而能聚之，亦將老至而耄且及，豈暇讀哉？然則，二三子所以能博聞者，蓋自少時已得先達所藏故也。公武家自文元公來，以翰墨爲業者七世，故家多書，至於是正之功，世無與讓焉。然自中原無事時，已有火厄，乃兵戈之後，尺素不存也。公武仕宦連蹇，久益窮空，雖心志未衰，而無書可讀，每恨之。南陽公天資好書，自知興元府至領四川轉運使，常以俸之半傳錄。時巴蜀獨不被兵，人間多有異本，聞之未嘗不力求，必得而後已。歷二十年，所有甚富。既罷，載以舟，即廬山之下居焉。宿與公武厚，一日，貽書曰：『某老且死，有平生所藏書，甚秘惜之。顧子孫稚弱，不自樹立。若其心愛名，則爲貴者所奪；若其心好利，則爲富者所售，恐不能保也。今舉以付子，他日其間有好學者歸焉；不然，則子自取之。』公武惕然從其命。書凡五十篋，合吾家舊藏，除其複重，得二萬四千五百卷有奇。今三榮僻左少事，日夕躬以朱黃讐校舛誤，終篇輒撮其大旨論之。豈敢效二三子之博聞，所期者不墜家聲而已，書則固自若也。倘遇其子孫之賢者，當如約。紹興二十一年元日，昭德晁公武序。」《解題》蓋據晁〈序〉隱括。南陽公即井度，井氏望出南陽。《玉海》卷第五十二〈藝文‧書目藏書〉「晁公武《讀書志》」條云：「晁公武《讀書志》四卷，初南陽井氏度傳錄蜀中書甚富，舉以與公武。公武分爲四部：經類十，史類十三，子類十六，集類三。每讀一書，撮其大指論之。紹興二十一年自序。《讀書志》有《田鎬書目》六卷，《群書備檢》十卷。」是應麟亦以南陽公即井度，故稱「南陽井氏度」也。

### 遂初堂書目一卷

《遂初堂書目》一卷，錫山尤氏尚書袤延之，淳熙名臣，藏書至多，法書尤富。嘗燼於火，今存其亡幾矣。

> 廣棪案：袤字延之，常州無錫人。嘗取孫綽〈遂初賦〉以自號，光宗書扁賜之。《宋史》卷三百八十九〈列傳〉第一百四十八有傳。毛开、李燾、魏了翁均曾為此書作序跋。毛〈序〉曰：「晉陵尤延之，始自青衿，迨夫白首，嘗好既篤，網羅斯備。日增月益，晝誦夕思，重以不以借人，新若未嘗觸手。耳目所及，有虞監之親鈔；子孫不忘，多杜侯之手校。表層樓而儼富，託名山而共久。不已盛乎！若其剖析條流，整齊綱紀，則有《目錄》一卷。甲乙丙丁之別，而可以類知；一十百千之凡，從于數舉。」李〈跋〉曰：「延之於書靡不觀，觀書靡不記。每公退則閉門謝客，日記手抄若干古書，其子弟及諸女亦抄書。一日，謂予曰：『吾所抄書，今若干卷，將彙而目之。饑讀之以當肉，寒讀之以當裘，孤寂而讀之以當友朋，幽憂而讀之以當金石琴瑟也。』」魏〈跋〉曰：「予生晚，不及拜遂初先生。聞儲書之盛，又恨不能如劉道原假館于春明者。寶慶初元冬，得罪南遷，過錫山，訪前廣德使君，則書厄於火者累月矣，為之徬皇不忍去。」上引序跋所言，足與《解題》相參證。此書《宋史》卷二百四〈志〉第一百五十七〈藝文〉三〈目錄類〉著錄：「《遂安初堂書目》二卷，尤袤集。」所著錄書名與卷數均誤。

### 中興館閣書目三十卷

《中興館閣書目》三十卷，秘書監陳騤叔進等撰。淳熙五年上之。中興以來，庶事草創，網羅遺逸，中秘所藏視前世獨無歉焉，殆且過之。大凡著錄四萬四千四百八十六卷，蓋亦盛矣。其間考究疏謬，亦不免焉。

> 廣棪案：《玉海》卷第五十二〈藝文·書目藏書〉「淳熙《中興館閣書目》」條曰：「紹興初，再改定《崇文總目》、《秘書省續編到四庫闕書目》。淳熙四年十月，少監陳騤等言乞編撰書目。五年六月九日，上《中興館閣書目》七十卷、〈序列〉一卷，〈序列〉凡五十五條。凡五十二門，計見在書四萬四千四百八十六卷，較《崇文》所載，多一萬三千八百十七卷。復參《三朝史志》，多八千二百九十卷；《兩朝史志》，多三萬五千九百九十二卷。閏六月十日，令浙漕司摹板。」所記較《解題》為詳。惟此書卷數，則《解題》作三十卷，《玉海》作七十卷。而《宋

史》卷二百四〈志〉第一百五十七〈藝文〉三〈目錄類〉則著錄:「陳騤《中興館閣書目》七十卷、〈序例〉一卷。」趙士煒〈中興館閣書目輯考自序〉亦曰:「案淳熙四年十月,秘書少監陳騤等乞編書目,五年六月上之,凡七十卷、〈序例〉一卷,五十二門。〈中興國史藝文志序〉、《宋史‧藝文志》及《建炎以來朝野雜記》並同。獨《直齋書錄解題》作三十卷,私家所藏卷帙或有併合,當非定本。其著錄計四萬四千四百八十六卷,視《崇文總目》殆又過之。」是則《解題》著錄作三十卷者,疑或筆誤。即《玉海》著錄此書〈序例〉一卷,錯作〈序列〉,亦筆誤也。騤,台州臨海人,《宋史》卷三百九十三〈列傳〉第一百五十二有傳。此書已佚,趙士煒有《輯考》本。

### 館閣續書目三十卷

《館閣續書目》三十卷,秘書丞吳郡張攀從龍等撰。嘉定十三年上。以淳熙後所得書纂續前錄,草率尤甚。凡一萬四千九百四十三卷。

　　廣棪案:《玉海》卷第五十二〈藝文‧書目藏書〉「嘉定《續書目》」條云:「《中興館閣續書目》,秘書丞張攀等乞編新目,以續前書。得書七百五十二家、八百四十五部,凡一萬四千九百四十三卷。嘉定十三年四月上。」所載與《解題》同。張攀,常熟人。淳熙進士,官至起居郎兼崇政殿說書,著有《諸州書目》、《文集》等,事迹見《南宋館閣續錄》卷七。此書已佚,趙士煒既輯《中興館閣書目》,復輯此書,得若干條,附《中興館閣書目輯考》末。

### 隸釋二十七卷、隸續二十一卷

《隸釋》二十七卷、《隸續》二十一卷,丞相鄱陽洪适景伯撰。凡漢刻之存於世者,以今文寫之,而為之釋。又為之《世代譜》及《物象圖碑》,形式悉具之。魏初近古者亦附焉。年來北方舊刻不可復得,覽此猶可慨想。

　　廣棪案:《隸釋》一書,适有〈自序〉,曰:「秦燔書,廢古訓,而官獄多事,乃令下社人程邈作小篆,而邈復獻隸書,所以施之徒隸,趨簡易也;亦曰佐書。漢魏之際,蔡邕、鍾繇、梁鵠、邯鄲淳俱有書名,後魏酈道元注《水經》,漢碑之並川者始見其書,蓋數十百餘陵遷谷變,火焚風剝,至宣、政和間,已亡其什八。本朝歐陽公、趙明誠好藏金石刻,漢隸之著錄者,歐陽氏七十五卷,趙氏多歐陽九十三卷,而闕其六。自中原厄於兵,南北壞斷,遺刻耗矣。予三十

年訪求，尚闕趙《錄》四之一；而近歲新出者亦三十餘，趙蓋未見也。既法其字爲之韻，復辨其文爲之釋，使學隸者藉書以讀碑，則歷歷在目，而咀味菁華，亦翰墨之一助。唯〈老子〉、〈張公神〉、〈費鳳〉三數碑有撰人名氏，若〈華山亭〉爲衛覬之文，見於他說者財一二爾。其文或險而難解、澀而太鑿者，譬之〈紀甗〉、〈郜鼎〉，皆三代僅存之器，其剝缺不成章，與魏初之文數篇附於後，如斷圭殘璧亦可寶。自劉熹、賈逵以下，字畫不足取者皆不著。乾道三年正月八日，鄱陽洪适景伯序。」其《隸續》則适弟邁續之。邁〈序〉曰：「吾兄丞相番陽公安撫浙江東道，部郡七；治所臨會稽，部縣八；西接行在所，東際海南，拊百越之區，地大物眾，燊燊一都會也。處之踰年，兵民兩安，山巔水涯，如立庭戶，不能稱過使客飾廚傳，又不能蒙子公力作長安書。獨於隸古之習，根著膠固，手追心摹，今三十餘年。得黃金百，如視涕唾，即獲一漢刻，津津然盱衡擊節，輟食罷寢，摩挲而謹讀之，意世間所謂樂事，直無以右此者。喟然嘆曰：『天下奇寶也，吾顓鄉而獨美之爲不仁。』空篋中得所藏碑百八十有九，譯某文，又述其所以然，爲二十七卷，曰《隸釋》。書法不必同，人視之無如也，則皆毛舉十數字，刊諸石，曰《隸續》。其字同，其體異，參差不可齊，則倚聲而彙之，曰《隸韻》。龍龜爵麟，九尾之狐，琮璜璋圭，名物怪奇，凡見於扁額者，各肖其象，曰《隸圖》。亦既釋之，而又得之，則列於廿七卷以往，曰《隸續》。大抵皆祖東漢時，其高出西京，浸淫以及魏晉者，率不能什一，搜羅捆萃，蓋不遺餘力矣。自篆捷於漢而爲隸，變於魏，八分於晉宋隋唐之間，以分視隸，由康瓠之與周鼎也，而唐人篤好之，漢法益亡。杜子美之詩云：『倉頡鳥跡既茫昧，字體變化如浮雲。陳倉石鼓又已訛，大小二篆生八分。』又曰：『中郎石經後，八分蓋憔悴。』則涇渭雜揉，以分爲隸，雖杜子美有所不能知。吾兄一旦發千古之秘藏，悉主張是，使蔡中郎復生，見此數者，當復有得異書之嘆。兄嘗三上奏天子乞身歸，輒奉詔不許，儻留不已，懼其汗南山之竹云。乾道三年十二月十八日，弟左中奉大夫、守中書舍人、兼直學士院、兼同修國史、兼實錄院修撰、兼侍講，邁書。」讀洪氏昆仲二〈序〉，固可知适撰此二書之梗概。《解題》此條有據二〈序〉隱括者，迻錄之俾便參證。至适之生平，附見《宋史》卷三百七十三〈列傳〉第一百三十二〈洪皓〉。

### 法寶標目十卷

《法寶標目》十卷，戶部尚書三槐王右廣棪案：盧校本作「古」，下同。敏仲撰。

以釋藏諸函隨其次第為之目錄，而釋其因緣。凡佛會之先後、華譯之異同，皆具著之。右，且之曾孫，入元祐黨籍。

> 廣棪案：此書撰者，《解題》作戶部尙書三槐王右，且謂：「右，且之曾孫，入元祐黨籍。」盧文弨校本王右均作王古，是。考王古，《宋史》卷三百二十〈列傳〉第七十九附〈王素〉。古乃王靖之子，王素從孫。《宋史》載：「古字敏仲，第進士。」又載：「徽宗立，復拜戶部侍郎，遷尙書。……墮崇寧黨籍，責衡州別駕，安置溫州。復朝散郎，尋卒。」是古曾任戶部尙書，所入者乃崇寧黨籍。又《宋史》卷二百八十二〈列傳〉第四十一〈王旦〉載旦有「三子：雍，國子博士；沖，左贊善大夫；素，別有傳。」是古確為王旦曾孫。所惜《解題》王古錯作王右，而「墮崇寧黨籍」又誤作「入元祐黨籍」。惟《宋史》卷二百五〈志〉第一百五十八〈藝文〉四〈道家類〉附〈釋氏類〉著錄：「《法寶標目》十卷，王右編。」是〈宋志〉著錄亦誤。此書有元釋克己〈序〉，曰：「竊以至理遼夐，絕名言而叵測；法身昭應，隨語默以總持。露妙有之沖玄，通群情之封滯。由是鹿苑鶴林之提暢，谷響傳音；線花貝葉之翩翻，雲垂布錦。爰有法寶，燿彼摩尼。經律論藏，汎性海之波瀾；戒定慧學，皎義天之日月。游上林之春，則奇葩異卉，紛馥鮮妍；窺玉庫之寶，則美玉精金，光明洞徹。《法寶標目》者，清源居士王古所誌也。公讀經該貫，演義玄深。舉教網而目張，覽智鏡而神會。故茲集要，略盡教條；溥為來機，豁開寶藏。流傳既久，貝笈未收；眼目所存，誠為欠事。即有前松江府僧錄廣福大師管主八，續集秘密經文，刊圓藏典，謂此《標目》，該括詳明。謹錄藏中，隨衛披閱。俾已通教理者，睹智鏡而合照心之解；未閱聖言者，掬法流而澡惑業之垢。一覽之餘，全藏義海，瞭然于心目之間矣。善哉！信而解，解而行，行而證，證而極。于言語道斷，心行處滅，了最上之眞空，傳法王之心印。鐙鐙聯輝，展轉分照。廓法界之疆域，入普賢之願海，則效報于皇恩、佛恩可知矣。若夫棄經廢律，歲月酖酖，受聖門之利養，甘面牆之蒙塞，斯文也，亦可為懲勸之一端云耳。時大德丙午子月既望，江西吉州路報恩寺講經釋克己序。」錄之以資參證。

## 鄭氏書目七卷

《鄭氏書目》七卷，莆田鄭寅子敬以所藏書為七錄，曰〈經〉，曰〈史〉，曰〈子〉，曰〈藝〉，曰〈方技〉，曰〈文〉，曰〈類〉。

> 廣棪案：《解題》卷十四〈音樂類〉小序曰：「劉歆、班固雖以《禮》、《樂》著

之〈六藝略〉，要皆非孔氏之舊也。然《三禮》至今行於世，猶是先秦舊傳。而所謂《樂》六家者，影響不復存矣。竇公之〈大司樂章〉既已見於《周禮》，河間獻王之〈樂記〉亦已錄於《小戴》，則古樂已不復有書。而前〈志〉相承，迺取樂府、教坊、琵琶、羯鼓之類以充〈樂類〉，與聖經並列，不亦悖乎！晚得鄭子敬氏《書目》獨不然，其爲說曰：『儀注、編年，各自爲類，不得附於《禮》、《春秋》，則後之樂書，固不得列於〈六藝〉。』今從之，而著於〈子錄·雜藝〉之前。」是直齋嘗得寅《鄭氏書目》之證。此書已佚，猶幸得《解題》著錄，方悉此書及其分類梗概。祁承㸁《澹生堂藏書約·購書訓》云：「邯鄲李獻臣所藏圖籍五十六類、一千八百三十六部、二萬三千三百八十六卷，而藝術、道書及書畫之目不存焉。莆田鄭子敬所藏書仍用七錄，而卷帙不減于李。」潘美月《宋代藏書家考》五〈南宋末期藏書家〉「鄭寅」條亦云：「《莆陽文獻傳》第三十六云：『寅靜重博洽，藏書數萬卷，名賢眞德秀、李燔、陳宓皆與友。燔嘗薦海內名士十二人于朝，寅其一云。』據此，知鄭寅藏書數萬卷，有《鄭氏書目》七卷，列所藏書爲七錄，曰〈經〉，曰〈史〉，曰〈子〉，曰〈藝〉，曰〈方技〉，曰〈文〉，曰〈類〉。唐以後不分四部而仍七錄之名者，惟鄭寅一家。蓋亦祖述鄭樵之例，而改集爲文，併禮、樂、小學入〈經錄〉，併天文、五行、醫方入〈方技錄〉，故合十二類爲七類也。此就分類學之觀點觀之，頗爲合理。蓋空談之諸子，萬不可與消遣之藝術、實用之方技合一部，類書包括一切，更不宜屈居子末。今鄭寅能拔藝、技、類三者，與四部並立爲七，眞可謂目光如炬者矣。惜其目不傳，不詳其類例。」可知此書於目錄分類學有所創新發明之一斑。

**寅，知樞密院僑之子，博文彊記，多識典故。端平初，召爲都司，執法守正，出爲漳州以沒。**

案：「博文」，疑作「博聞」，直齋筆誤。《禮記·曲禮》上「博聞強識而讓，敦善行而不怠，謂之君子」一語，乃其所本。《解題》卷五〈詔令類〉「《中興綸言集》二十八卷」條曰：「左司郎中莆田鄭寅子敬編。寅，知樞密院僑之子，靖重博洽，藏書數萬卷，於本朝典故尤熟。」所記寅事迹與此條略同。考寅，《宋史》無傳，鄭岳《莆陽文獻傳》卷第二十六載：「鄭寅，字子敬，一作承敬，號肯亭，福建莆田人。博習典故，以父任補官。歷知吉州，召對，言濟王冤狀，指斥權臣。端平初，詔爲左司郎中，兼權樞密院副都承旨；又請爲濟王立廟，且言三邊無備，宿患未除，宜正綱紀，抑僥倖，裁濫賞，汰冗兵，以張國勢。竟以執法守正，出知漳州，進直寶章閣。嘉熙元年卒。著有《包蒙》七卷、《中興綸言集》二十八

卷。」所記寅宦歷較《解題》翔實。寅為僑之子，《宋元學案》卷四十六〈玉山學案〉有〈忠惠鄭先生僑〉傳，曰：「鄭僑，字惠叔，莆田人也。從父曰厚，曰樵，世所稱溪東、溪西二先生者也。溪東、西二兄弟，以稽古之學傳其家，而先生又塍于玉山之門，故其踐履醇如也。乾道五年，進士第一。高宗崩，孝宗在德壽宮，欲行終喪之禮，群臣表請還內。先生疏爭之，曰：『喪不離次，禮也。』孝宗為之泣下。使金，以其主有疾，欲令于閤門投進國書，先生以敵國禮爭之，訖得成禮。累官參知政事，知樞密院事。朱子之罷，四入劄留之，不報。黨禁起，高似孫作〈右道學圖〉，以先生為巨首，謂其庇之也。出知福州，陛辭，請『平國論而無偏聽，嚴邊防而無親信』。說者以為侂冑始于錮道學，終于用兵，先生兩言，盡其生平。以觀文殿學士卒，贈太師，諡忠惠。」是僑確曾知樞密院事。拙著《陳振孫之生平及其著述研究》第四章〈陳振孫之戚友與交游〉第三節〈陳振孫學術上之友朋〉中曾考直齋與寅交往並借鈔寅所藏書甚詳。

## 集古系時錄十卷、系地錄十一卷

《集古系時錄》十卷、《系地錄》十一卷，鄭樵撰。大抵因《集古》之舊，詳考其時與地而系之，二書相為表裏。館臣案：此條《文獻通考》引陳氏之言，原本脫，今補入。

　　廣棪案：《夾漈遺稿》卷二〈獻皇帝書〉有云：「以亡書之所得者，作《求書闕記》，作《求書外記》，作《集古系時錄》，作《集古系地錄》，此幸皆已成書也。」是樵確撰有《系時》、《系地》二錄，書名與《解題》著錄同，惜未詳記二書卷數。《宋史》卷二百四〈志〉第一百五十七〈藝文〉三〈目錄類〉僅載樵有「《集古今系時錄》一卷」。其「今」字應衍，而「一卷」疑為「十卷」之誤；又闕《系地錄》十一卷，〈宋志〉真疎陋也。

## 寶刻叢編二十卷

《寶刻叢編》二十卷，臨安書肆陳思者，以諸家集古書錄，用《九域志》京、府、州、縣繫其名物，而昔人辨證審定之語具著其下，其不詳所在，附末卷。

　　廣棪案：思編成此書，曾求序於直齋，直齋撰〈寶刻叢編序〉曰：「始歐陽兖公為《集古錄》，有卷帙次第，而無時世先後。趙德甫《金石錄》，迺自三代、秦漢而下敘次之，而不著所在郡邑。及鄭漁仲作《系時》、《系地》二錄，亦疎略

弗備。其他如《諸道石刻錄》、《訪碑錄》之類，亦所在詳矣，而考訂或闕焉。
都人陳思價書於都市，士之好古博雅，蒐遺獵忘以足其所藏；與夫故家之淪墜
不振，出其所藏以求售者，往往交於其肆。且售且價，久而所閱滋多，望之輒
能別其眞贋，一旦盡取諸家所錄輯爲一編，以今《九域》京、府、州、縣爲本，
繫其名物於左，昔人辨證審定之語具著之。既鋟木，首以遺余，求識其端。凡
古刻所以貴重於世，歐陽公以來言之悉矣，不待余言。余獨感夫古今宇宙之變，
火焚水漂，陵隳谷堙，雖金石之堅不足保恃，載祀悠緬，其毀勿存，存弗全者，
不勝數矣。矧今河洛尙隔版圖，其幸而存且全可椎搨者，非邊牙市不可得，得
或賈兼金，固不能家有而人見之也；則得是書而觀之，猶可想象彷彿於上下數
千載間，其不謂之有補於斯文矣乎？思，市人也。其爲是編，志於價而已矣，
而於斯文有補焉；視他書坊所刻或蕪釀不切，徒費板墨、靡櫻楮者，可同日語
哉？誠以是獲厚利，亦善于擇術矣。余故樂爲之書，是亦柳河東述宋清之意云
爾。紹定辛卯小至，直齋陳伯玉父。」此〈序〉所述翔實，可與《解題》相參
證。思，《宋史》無傳，丁申《武林藏書錄》卷中有〈小陳道人思〉一條，曰：
「《夢梁錄》：『杭城市肆有名者，橘園亭文籍書房。』《行都記事》：『橘園亭在
豐樂橋北，自棚橋直穿即是也。當時書肆林立，著名者，陳起之後又有陳思。
起，自稱道人，世遂稱思爲小陳道人。石門顧君修據《宋本群賢小集》重刊，
疑思爲起之子，稱起之字芸居，思之字續芸，所居睦親坊棚北大街，地亦相近，
然終不得其確據。思所著有《寶刻叢編》、《海棠譜》、《書小史》、《書苑英華》、
《小字錄》及《兩宋名賢小集》。《小字錄》前有結銜，稱『成忠郎、緝熙殿國
史實錄院秘書省搜訪』；又《海棠譜・自序》稱『開慶元年』，則理宗時人也。
按：《寶刻叢編》紹定二年鶴山翁〈序〉曰：『余無他嗜，惟書癖殆不可醫。臨
安陳思多爲余收攬，叩其書顚末，輒對如響。一日，以其所粹《寶刻叢編》見
寄，且求一言，蓋屢卻而請不已。發而視之，地世年行，炯然在目。嗚呼！賈
人闢書於肆，而善其事若此，可以爲士而不如乎？撫卷太息，書而歸之。』又
直齋陳伯玉〈序〉云：『都人陳思，價書於都市，士之好古博雅，蒐遺獵忘以足
其所藏；與夫故家之淪墜不振，出其所藏以求售者，往往交於其肆。且售且價，
久而所閱滋多，望之輒能別其眞贋。一旦盡取讀書所錄輯爲一編，以今《九域》
京、府、州、縣爲本，而繫其名物於左。昔人辨證審定之語具著之。』又咸淳
間，天台謝愈修〈書小史序〉曰：『《書小史》者，陳道人所編。道人趣尙之雅、
編類之勤，可謂不苟於用心矣！予識之五十餘年，每刻一部，必先來訪，訂證
名帖，飽窺異書，愈久而愈不相忘，亦未易多得也。』《四庫提要》載《兩宋名

賢小集》三百八十卷，題宋陳思編，元陳世隆補。所錄宋人詩集，始於楊億，終於潘音，凡一百五十七家，有紹定三年魏了翁〈序〉，與〈寶刻叢編序〉，惟更書名數字，僞託無疑。國朝朱彝尊〈跋〉中謂：『是書又稱《江湖集》，於寶慶、紹定間，史彌遠疑有謗己之言，牽連逮捕，思亦不免，詩版遂毀。』案：刊《江湖集》者乃陳起，非陳思。且《江湖集》皆南宋以後之人，而是書起自楊億、宋白，二書迥異，彝尊牽合爲一，紕謬殊甚。然考彝尊《曝書亭集》，有〈宋高菊磵遺稿序〉，中述陳起罹禍之事甚悉，未嘗混及陳思，而《集》中不載此〈跋〉，當由近人依託爲之。又〈跋〉內稱陳世隆爲思從孫，於思所編六十家外，增輯百四十家，稿本散佚。按：世隆字彥高，嘗館嘉禾陶氏，至正間沒於兵。錢大昕〈藝圃搜奇跋〉云：『元末，錢唐陳世隆彥高、天台徐一夔大章避兵檇李，相善。彥高篋中攜秘書數十種，檢有副本，悉以贈大章。大章彙而編之，世無刊本。彥高著有《北軒筆記》、《文選補遺》及《宋詩拾遺》二十三卷，其選輯當代詩篇，猶承陳氏遺派，故題曰《拾遺》。』其書今尚有流傳者，朱氏增輯之說，亦難盡信。然贗託者所編之詩，實出棚北大街所刊，宋人遺稿藉以薈萃，木本水源，不得不歸功於思也。」讀之，足知思之生平及著述梗概。拙著《陳振孫之生平及其著述研究》第六章〈陳振孫之其他著作〉第六節〈寶刻叢書序〉，與《解題》此條所述頗相關涉，可參閱。

## 釋書品次錄一卷

《釋書品次錄》一卷，題唐僧從梵集。末有黎陽張翬〈跋〉，稱「大定丁未」。蓋北方板本也。

廣棪案：此書已佚。從梵事迹略見恒安《續貞元釋教錄》「《一切經源品次錄》三十卷」條，曰：「右一部三十卷，大唐宣宗朝趙郡業律沙門從梵依《貞元釋教入藏錄》，自大中九年乙亥歲，止咸通元年庚辰歲集。」是知從梵乃唐宣宗時沙門律師，此書疑即《一切經源品次錄》三十卷中之一卷。張翬，《宋史》無傳，慕容彥達《摛文堂集》卷七〈制〉有〈通直郎河北路運判張翬可轉一官制〉，曰：「敕具官某：爾以材選，往佐漕臺。工役造成，與有勞勩。擢陞位秩，維以勸能。往服恩章，尚加懋勉。可。」是知翬曾以通直郎、河北路運判轉一官，惜其所撰之〈跋〉，今不可見。〈跋〉既稱大定丁未，則此書蓋刻於金世宗大定丁未年（1187），即宋孝宗淳熙十四年板行北方者。另《宋會要輯稿》中亦有張翬資料，不具錄。

# 地理類第十六

### 山海經十八卷

《山海經》十八卷，漢侍中奉車都尉臣秀所校祕書。秀，即劉歆也。晉郭璞注。案〈唐志〉二十三卷，《音》二卷。廣棪案：盧校本「《音》二卷」上有「《圖讚》二卷」。今本錫山尤袤延之校定。世傳禹、益所作，其事見《吳越春秋》，曰：「禹東巡，登南岳，得金簡玉字，通水之理，遂行四瀆，與益共謀，所致使益疏而記之，名《山海經》。」此其為說，恢誕不典。司馬遷曰：「言九州山川，《尚書》近之矣。至〈禹本紀〉、《山海經》所書怪物，余不敢言之也。」可謂名言，孰曰多愛乎！故尤〈跋〉明其為非禹、伯翳所作，而以為先秦古書無疑，然莫能名其為何人也。洪慶善補注《楚辭》，引《山海經》、《淮南子》以釋〈天問〉。而朱晦翁則曰：「古今說〈天問〉者，皆本此二書，今以文意考之，疑此二書本皆緣解〈天問〉而作。」可以破千載之惑。古今相傳既久，姑以冠地理書之錄。

　　廣棪案：《郡齋讀書志》卷第八〈地理類〉著錄：「《山海經》十八卷，右大禹製，晉郭璞傳。漢侍中、奉車都尉劉秀校定。〈表〉言：『禹別九州，而益等類物善惡，著此書，皆聖賢之遺事，古文著明者也。』十父嘗考之，於其書有曰：『長沙、零陵、鴈門，皆郡縣名，又自載禹、鯀，似後人因其名參益之。』」《玉海》卷第十五〈地理・地理書〉「禹《山海經》」條載：「〈漢志・形法家〉：『《山海經》十三篇。』〈唐志〉〈隋志〉同。〈地理類〉：『郭璞《注》二十三卷，又《圖讚》二卷，《音》二卷。』〈舊唐志〉：『《山海經》十八卷，《圖讚》二卷，《音》二卷，郭璞撰。』《中興書目》：『《山海經》十八卷，晉郭璞傳。凡二十三篇，每卷有〈讚〉。按〈漢志〉十三篇，劉歆〈序〉云：「禹別九州，任土作貢，伯益等類物善惡，著《山海經》。」』《崇文目》、《晁氏志》十八卷。」所記與《解題》可相發明。惟卷數之著錄頗有異同。清郝懿行〈山海經箋疏敘〉曰：「《山海經》古本三十二篇，劉子駿校定為一十八篇，即郭景純所傳是也。今考《南山經》三篇，《西山經》四篇，《北山經》三篇，《東山經》四篇，《中山經》十二篇，並《海外經》四篇，《海內經》四篇，除《大荒經》已下不數，已得三十四篇，則與古經三十二篇之目不符也。《隋書・經籍志》：《山海經》

二十三卷。《舊唐書》十八卷，又《圖讚》二卷，《音》二卷，並郭璞撰；此則十八卷，又四卷，才二十二卷，復與〈經籍志〉二十三之目不符也。《漢書·藝文志》，《山海經》十三篇在〈形法家〉，不言有十八篇。所謂十八篇者，《南山經》至《中山經》本二十六篇，合爲《五臟山經》五篇，加《海外經》已下八篇，及《大荒經》已下五篇，爲十八篇也。所謂十三篇者，去《大荒經》已下五篇，正得十三篇也。古本此五篇皆在外，與《經》別行，爲釋經之外篇。及郭作傳，據劉氏定本，復爲十八篇，即又與〈藝文志〉十三篇之目不符也。」所考此書卷數離合遷變頗詳明。《解題》作十八卷，乃據劉歆所校定、郭璞作《注》之本也。《四庫全書總目》卷一百四十二〈子部〉五十二〈小說家類〉三亦著錄此書，曰：「《山海經》十八卷，內府藏本。晉郭璞註。卷首有劉秀校上，奏稱爲伯益所作。案《山海經》之名始見《史記·大宛傳》。司馬遷但云：『〈禹本紀〉、《山海經》所有怪物，余不敢言。』而未言爲何人所作。《列子》稱：『大禹行而見之，伯益知而名之，夷堅聞而志之。』似乎即指此書，而不言其名《山海經》。王充《論衡·別通篇》曰：『禹主行水，益主記異物。海外山表，無所不至，以所見聞作《山海經》。趙煜《吳越春秋》所說亦同。惟《隋書·經籍志》云：『蕭何得秦圖書，後又得《山海經》，相傳夏禹所記。』其文稍異，然似皆因《列子》之說推而衍之。觀書中載夏后啓、周文王及秦、漢長沙、象郡、餘暨、下嶲諸地名，斷不作於三代以上，殆周、秦間人所述，而後來好異者又附益之歟？觀《楚詞·天問》，多與相符，使古無是言，屈原何由杜撰。朱子《楚詞辨證》謂：『其反因〈天問〉而作。』似乎不然。至王應麟〈王會補傳〉引朱子之言謂：『《山海經》記諸異物飛走之類，多云東向，或東首，疑本因圖畫而述之。古有此學，如〈九歌〉、〈天問〉皆其類。』云云，則得其實矣。郭璞註是書，見於《晉書》本傳。《隋》、《唐》二〈志〉皆云二十三卷。今本乃少五卷，疑後人併其卷帙，以就劉秀奏中一十八篇之數，非闕佚也。〈隋〉、〈唐志〉又有郭璞《山海經圖讚》二卷，今其《讚》猶載璞《集》中。其《圖》則〈宋志〉已不著錄，知久佚矣。舊本所載劉秀奏中稱其書凡十八篇，與〈漢志〉稱十三篇者不合。《七略》即秀所定，不應自相牴牾，疑其贗託。然璞〈序〉已引其文，相傳既久，今仍併錄焉。書中序述山水，多參以神怪，故《道藏》收入〈太元部競字號〉，究其本旨，實非黃老之言。然道里山川，率難考據，案以耳目所及，百不一眞。諸家並以爲地理書之冠，亦爲未允，核實定名，實則小說之最古者爾。」《四庫全書總目》考述，以此書爲「小說之最古者」，精確翔實，足資參證，惟所考多不同於《解題》。

## 水經三卷、水經注四十卷

《水經》三卷、《水經注》四十卷，桑欽撰，後魏御史中尉范陽酈道元善長注。桑欽，不知何人。《邯鄲書目》以為漢人。晁公武曰成帝時人。當有所據。案〈唐志〉注或云郭璞撰。又杜氏《通典》案：「《水經》，晉郭璞注，二卷。後魏酈道元注，四十卷。皆不詳所撰者名氏，亦不知何代之書。佑謂二子博贍，解釋固應精當。然其《經》云：『濟水過壽張。』則前漢壽良縣，光武更名；又云：『東北過臨濟。』則前漢狄縣，安帝更名；又云：『菏水過湖陸。』則前漢湖陵縣，章帝更名；又云：『汾水過河東郡永安。』則前漢彘縣，順帝更名。故知順帝以後纂序也。詳《水經》所作，殊為詭誕，全無憑據。案《後漢·郡國志》：『濟水，王莽末因旱渠塞，不復截河南過。』統順帝時所撰，都不詳悉，其餘可知。景純注解又甚疎略，亦為迂怪，以其僻書，人多不睹，謂其審正未之精也。」<sub>館臣案：「成帝時人」以下原本俱脫漏，今據《文獻通考》所引陳氏之言補入。</sub>

廣棪案：《郡齋讀書志》卷第八〈地理類〉著錄：「《水經》四十卷，右漢桑欽撰。欽，成帝時人。《水經注》，後魏酈道元注。道元，範之子，為政嚴酷，蕭寶夤叛，死之。史稱道元好學，歷覽奇書，撰注《水經》，行於世。」《解題》即據《郡齋讀書志》謂桑欽為漢成帝時人。然此事頗生聚訟。《四庫全書總目》卷六十九〈史部〉二十五〈地理類〉二「《水經注》四十卷」條曰：「又《水經》作者，《唐書》題曰桑欽。然班固嘗引欽說，與此經文異。道元注亦引欽所作《地理志》，不曰《水經》。觀其『涪水』條中稱廣漢已為廣魏，則決非漢時。『鍾水』條中稱晉寧仍曰魏寧，則未及晉代。推尋文句，大抵三國時人。今既得道元〈原序〉，知並無桑欽之文。則據以削去舊題，亦庶幾闕疑之義云爾。」則《四庫全書總目》固不以欽為成帝時人，並不以此書為欽撰。然余嘉錫《四庫提要辨證》卷七〈史部〉五〈地理類〉二「《水經注》四十卷」條則辨之，曰：「嘉錫案：錢大昕《三史拾遺》卷三《漢書地理志》『研吳山在西古文以為汧山』條下云：『案〈志〉稱古文者十一，汧山、終南、惇物在扶風，外方在潁川，內方、倍尾在江夏，嶧陽在東海，震澤在會稽，傅淺原在豫章，豬壄澤在武威，流沙在張掖，皆《古文尚書》家說，與《水經》所載〈禹貢〉山澤所在，無不吻合。相傳《水經》出於桑欽，欽即傳《古文尚書》者，則《水經》為欽所作信矣。戴東原以《水經》有廣魏縣，斷為魏人所作。大昕謂《水經》郡縣，間有與西漢互異者，乃後人附益改竄，猶《爾

雅》周公作，而有張仲孝友之語；《史記》司馬遷作，而有揚雄之語也。然則
〈志〉何以別有桑欽，說曰，〈禹貢〉山水澤地所在一篇，本古文家相傳之學，
而欽引以附《水經》之末，《水經》則欽自出新意爲之，故不可合而爲一。』
案《水經》，實戴震徵入《四庫》館後奉敕所校，戴以此負盛名，結主知，奉
旨賞進士，一體殿試。及以勞卒於官，高宗尙使太監持所校《水經》，詢其人
所在，既知已卒，爲之太息，此見之於《漢學師承記》及諸家所作戴氏傳誌
者也。武英殿聚珍板印行《水經》注篇末，署銜尙題纂修官庶吉士臣戴震。
故錢氏引《提要》此篇，直稱之爲戴東原謂云云，錢氏所引《爾雅》周公作，
而有張仲孝友之語者，本之《顏氏家訓·書證篇》論《山海經》云爾也。但
《爾雅》是否爲周公所作，昔賢頗有異論，自當存疑，不似《史記》司馬遷
作，而有揚雄之語，明出後人附益改竄，毫無可疑也。其實周密《齊東野語》
已言之，錢氏用其語耳。至於《水經注》之作者，自當仍屬之桑欽，戴氏雖
以是書名家，其說未有確據，徒以一二地名之疑似，遽翻前人之存案，未可
從也。」則余氏據錢大昕說，仍以《水經》爲欽撰。至欽究爲何時代人，今
人孫猛《郡齋讀書志校證》則謂：「按《書錄解題》卷八云：『桑欽，不知何
人，《邯鄲書目》以爲漢人，晁公武曰成帝時人，當有所據。』公武謂欽爲漢
成帝時人，蓋據《漢書·儒林傳》。歐陽玄《圭齋集·補正水經序略》云：『西
漢〈儒林傳〉言塗惲授河南桑欽君長。晁氏言欽成帝時人，使古有兩桑欽則
可，審爲成帝時欽，則是書不當見遺於《漢·藝文志》也。』同據此〈儒林
傳〉，姚振宗《隋書經籍志考證》卷二十一則云：『欽蓋爲孔氏第六傳弟子，
王莽時與其師塗惲並貴顯，晁氏以爲成帝時人，亦相去不甚遠。』」是孫書所
引歐陽玄〈序〉疑古有兩桑欽，而姚振宗《考證》則以欽師塗惲，惲與王莽
並時貴顯，仍以欽爲成帝時人。綜上各家之說，則以欽爲成帝時人，殆合乎
事實。又《解題》引〈唐志〉謂此書郭璞注，或云璞撰；又引杜佑《通典》，
對此書及郭、酈二家《注》，頗有苛評。全祖望〈水經注五校本題辭〉於上述
問題，旁徵博引，考釋至詳。祖望曰：「《水經》在唐世，尙未有指其撰人者，
其以爲桑氏，蓋自《唐六典》始也。而杜岐公以爲東京和、順二帝以後人之
作，樂永言從之，〈舊唐志〉始以爲郭氏，〈新唐志〉兼採桑、郭而未敢定，
鄭漁仲、晁公武始定以爲桑氏，蔡正甫則定以爲郭氏，以〈圭齋序〉語而知之。
王厚齋則謂道元疑有所附益，近世胡東樵則以爲東漢人創之，魏晉以後人繼
成之，而閻潛邱謂有出於道元以後妄增者，是亦考古者之所難忽置也。〈濟水
篇〉之壽張，光武所名，臨濟則安帝，湖陸則章帝，〈汾水篇〉之永安則順帝，

是岐公之說所自出也。〈沔水篇〉之諸葛武侯壘暨魏興，則三國時，〈河水篇〉之改信都爲長樂，則晉太康時，若薄骨律城，則赫連時，是厚齋之說所自出也。歐陽原功謂：『江北地名多出曹魏，江南地名多出孫吳。』蓋若以經注相溷之誤本悉數之，則岐公、厚齋所指原有未盡，而〈漾水篇〉之江津則隋置也。是潛邱之說所自出也。正甫則引宇文虛中之說，以爲經文中蓋有經注相淆者也，然經之用東漢地名，則隴西、河關、中山、曲陽、京兆、上洛之文可據也。是必不出桑氏之手則亦明矣。且諸公亦但於地名間求之，而未及乎其大者，遮害口之道，則以王莽河爲故瀆矣。〈淇水〉、〈洹水〉諸篇，則及於曹氏所過之白溝矣，濁漳水由清漳入河，而至是盡改其舊，是豈可盡以爲經注之相淆哉？然則書始於東京，尙有成於建安以後者，而何有於桑氏，則善長亦不應直呼其名，<sub>胡東樵語。</sub>是尤了然易曉者，固無以議爲也。正甫欲以爲郭氏，則既不應以一人而爲之經，又爲之注；且郭氏，晉人也，不用晉人州郡之名，而一一取之漢代，非體也；又況其三江之說，則亦顯與是經不合乎？若夫經之用建安以後地名者，間有二三條，不過魏初而止，其餘如〈漳水篇〉之涉，如〈聖水篇〉之長鄉，皆是傳寫之誤文，至如諸葛壘、薄骨律鎮、平魯、平齊諸城，則固皆注之溷於經者也，厚齋亦稍失攷耳。吾故曰：東京初人爲之，曹魏初年人續成之，是不易之論也。蓋觀於漢陽之尙稱天水，與河內隆慮之文，則固明、章間人語矣，而續之者亦不過在曹魏文、明時之水道，是予審定經注分明之後而知之者也。若道元之後所妄增，則在經如〈漾水篇〉江津之文，如直斥猗盧之名，又引吳均詩，皆不可芟者。夫六朝以前之書，得存於今有幾？而是四十卷者，經注皆非完璧，讀者群疑滿腹而莫之質也，其亦可慨也夫！杜岐公曰：『《水經》，郭、酈二家注，皆不詳所撰者名氏，亦不知何代之書。詳《水經》所作，殊爲詭誕，全無憑據，景純注解又甚疎略，亦多迂怪，酈道元都不詳正。按〈禹本紀〉、《山海經》不知何代之書？其怪誕不經，疑夫子芟書以後，尙奇者所作，或先有其書，如詭誕之言，必後人所加也，若古《周書》、《吳越春秋》、《越絕書》、諸緯候之流是已，而後代纂錄者務廣異聞，如范曄敘蠻夷君槃瓠之類是也，輒以愚管所窺，宜皆不足爲據。然夫聖久遠，雜說紛紜，非夫宣尼復生，重爲刪筆，則何由詳正。縱有精鑑達識之士，抗辨古釋今之論，或未能振頹波、遏橫流矣。而撰《水經注》者亦同蔚宗之旨趣，冀來哲之見知。』按岐公謂是書全無憑據，都不詳正，其言過當，蓋岐公所指〈河〉、〈濟〉二篇之謬，頗不盡中是書之失，昔人嘗辨之矣。若其力攻所採雜文逸書之詭誕，則至言也。善長是書之累正在此，

反掩其經緯川瀆之實學，斯李衛公所以刪之，僅存十卷，則其言蓋無不粹者矣，惜乎其不傳也！予嘗謂岐公、衛公畢竟是宰相才，所以讀書有翦割，不類詞章下劣之子，沾沾自喜，撫拾一二詞類以爲巾箱作料，反置大節目於不問者。雖然俗士不可以莊語，善長之書所以得流傳至今，不爲詞章輩所庋閣者，正以此怪誕之力。不然，且無復津逮者矣，可爲軒渠者也。合天下之川瀆以成一編，即令皆車轍馬迹之所及經，而纏絡支煩，條貫手夥，有以知其易舛也，況生於分裂之代，有未能遍歷者；則其據史志而記之，從傳聞而審之，固多狐疑難信者矣。故其〈原序〉已曰：『粗綴津緒，又闕旁通』，蓋眞寸心得失之語。故予謂善長之書，當諒其闕失而補救之，杜岐公、陳直齋之責備，固不可以爲非，然亦未容苛求也。須知自班〈志〉後，《續漢書》於水道即極草草，若非善長此書，誰爲綜覈漢晉以來之水道，存其崖略者乎？是予平心之論也。」是祖望以此書爲東漢初人爲之，曹魏初年人續成，不必爲桑欽所撰；又道元之《注》，審正雖未精詳，宜諒其闕失而補救之，亦未容苛求也。

### 唐十道圖一卷

《唐十道圖》一卷，唐宰相趙郡李吉甫宏憲撰。首載州縣總數、文武官員數、俸料。〈唐志〉分十卷，今不分卷。

廣棪案：《新唐書》卷五十八〈志〉第四十八〈藝文〉二〈地理類〉著錄：「李吉甫《元和郡縣圖誌》五十四卷，又《十道圖》十卷。」是此書本分十卷，至宋時直齋所得者爲一卷本。書已佚。吉甫字宏憲，趙郡人。《舊唐書》卷一百四十八〈列傳〉第九十八有傳，《新唐書》卷一百四十六〈列傳〉第七十一附其父〈李棲筠〉。《舊唐書》本傳載：「吉甫嘗討論〈易象〉異義，附於《一行集注》之下；及綴錄東漢、魏、晉、周、隋故事，訖其成敗損益大端，目爲《六代略》，凡三十卷；分天下諸鎭，紀其山川險易故事，各寫其圖於篇首，爲五十四卷，號爲《元和郡國圖》；又與史官等錄當時戶賦、兵籍，號爲《國計簿》，凡十卷；纂六典諸職，爲《百司舉要》一卷。皆奏上之，行於代。」而無此書。至唐之十道，《新唐書》卷三十七〈志〉第二十七〈地理〉一載：「唐興，高祖改郡爲州，太守爲刺史，又置都督府以治之。然天下初定，權置州郡頗多。太宗元年，始命併省，又因山川形便，分天下爲十道：一曰關內，二曰河南，三曰河東，四曰河北，五曰山南，六曰隴右，七曰淮南，八曰江南，九曰劍南，十曰嶺南。」

可知唐太宗時分天下為十道之情況。

## 元和郡縣志四十卷

《元和郡縣志》四十卷，<sub>館臣案：《新唐書‧藝文志》：「李吉甫《元和郡縣圖誌》五十</sub>
<sub>四卷。」</sub>　廣棪案：盧校注：「吉甫〈自序〉亦止四十卷。《新唐書‧藝文志》作五十四卷，
然程大昌、洪邁所見，其卷數皆與此同。今所傳抄者又缺六卷。」**李吉甫撰。自京北至**
**隴右，凡四十七鎮。篇首有圖，今不存。**廣棪案：盧校本作「篇首皆有圖，今圖不
存」。

　　廣棪案：此書有吉甫〈自序〉曰：「謹上《元和郡縣圖志》，起京北府，盡隴右
　　道，凡四十七鎮，成四十卷。每鎮皆圖在篇首，冠于敘事之前，並〈目錄〉兩
　　卷，總四十二卷。」《解題》所著錄不計〈目錄〉兩卷，又以其圖不存，故書名
　　亦刪去「圖」字，此實非吉甫書之本名也。然《舊唐書》本傳謂吉甫「分天下
　　諸鎮，紀其山川險易故事，各寫其圖於篇首，為五十四卷，號為《元和郡國圖》」；
　　《新唐書》卷五十八〈志〉第四十八〈藝文〉二〈地理類〉亦著錄：「李吉甫《元
　　和郡縣圖誌》五十四卷。」則與〈自序〉所記異。未知何故？此書有程大昌〈序〉，
　　亦謂：「圖今亡矣，獨《志》存焉耳。」則此書之圖，南宋時已散佚。此書今存
　　三十四卷，國立中央圖書館藏清范品金手鈔本，原缺卷十九、二十、二十三、
　　二十四、三十五、三十六，凡六卷。

## 唐十道四蕃志十卷

《唐十道四蕃志》十卷，<sub>館臣案：《文獻通考》作十三卷。</sub>**唐太府少卿梁載言撰。**
**其書廣記備言，頗可觀。載言不見於史，**廣棪案：盧校注：「不見於史」下，《通考》
作「未定為何朝人」。**此書有大和以後沿革，當是唐末人。與此不同。**

　　廣棪案：《郡齋讀書志》卷第八〈地理類〉著錄：「《十道志》十三卷，右唐梁載
　　言撰。唐分天下為十道。所載頗詳博，其書多稱咸通中沿革。載言，蓋唐末人
　　也。」《玉海》卷第十五〈地理‧地理書〉「《十道志》」條載：「《中興書目》：『唐
　　太府少卿梁載言《十道四蕃志》十卷，以十道為本，而以州縣圖志附列其下。』」
　　可與《解題》相參證。惟宋代公私書目著錄此書卷數甚參差，孫猛《郡齋讀書
　　志校證》嘗考之曰：「《十道志》十三卷，按〈新唐志〉卷二作十六卷，《崇文總
　　目》卷二同原本，《書錄解題》卷八、《玉海》卷十五引《中興書目》作《十道

四蕃志》十卷，〈宋志〉卷三作《十道四蕃志》十五卷，《祕續目・地理類》、《通志・藝文略》卷四又作《十道四蕃志》三卷，卷數參差如此。今王謨《重訂漢唐地理書鈔》所收輯本止二卷，王仁俊《經籍佚文》中另有《十道志》佚文一卷。」是則此書現僅存者爲二王之輯佚本。至梁載言，直齋謂「不見於史」。其實《舊唐書》卷一百九十〈列傳〉第一百四十中〈文苑〉中〈劉憲〉附載之，曰：「梁載言，博州聊城人。歷鳳閣舍人，專知制誥。撰《具員故事》十卷、《十道志》十六卷，並傳於時。中宗時爲懷州刺史。」又曰：「初則天時，敕吏部糊名考選人判，以求才彥，憲與王適、司馬鍠、梁載言相次判入第二等。」《新唐書》卷二百二〈列傳〉第一百二十七〈文苑〉中〈劉憲〉所載略同。是載言事迹非「不見於史」，其所處朝代乃則天及中宗時，《解題》均有所欠考。

又有《具員故事》，題「鳳閣舍人」，及《梁四公紀》，亦皆載言所錄。

案：《解題》卷六〈職官類〉著錄：「《具員故事》十卷，唐鳳閣舍人梁載言撰。以唐官具員附之歷代事迹。蓋後人《職林》、《職官分紀》之類所從始也。或稱職總聯珠，《崇文總目》又作《具員事迹》。《中興書目》惟有七卷，三卷闕。」又《解題》卷七〈傳記類〉著錄：「《梁四公記》一卷，唐張說撰。案《館閣書目》稱梁載言纂。〈唐志〉作盧詵，注云一作梁載言。《邯鄲書目》云：『載言得之臨淄田通，又云別本題張說，或爲盧詵。』今按此書卷末所云田通事迹，信然，而首題張說，不可曉也。其所記多誕妄，而四公名姓尤怪異無稽，不足深辨。載言，上元二年進士也。」是其證。上元，唐高宗年號。

## 太平寰宇記二百卷

《太平寰宇記》二百卷，廣棪案：盧校注：「今不全。」太常博士直史館宜黃樂史子正撰。起自河南，周於海外。當太宗朝上之。廣棪案：《文獻通考》闕末句。

廣棪案：《郡齋讀書志》卷第八〈地理類〉著錄：「《太平寰宇志》二百卷，右皇朝樂史等撰。太平興國中，盡平諸國，天下一統。史悉取自古山經、地志，考正謬誤，纂成此書，上之於朝。」《玉海》卷第十五〈地理・地理書〉「《太平寰宇記》」條載：「《書目》：『直史館樂史撰。凡二百卷，載天下州郡國志所著古今事迹。太平興國中，天下一統，史取自古山經、地志，考正訛謬，纂成此書，上之。始於河南道，終於四夷。』」可與《解題》相參證。此書上太宗時有〈序〉，曰：「臣聞四海同風，九州其貫。若非聖人握機蹈杓，織成天下，何以逮此。自

唐之季，率土纏兵，裂水界山，窺王盜帝。至於五代，環五十年，雖奄有中原，而未家六合，不有所廢，其何以興？祖龍爲炎漢之梯，獨夫啓成周之路，皇天駿命，開我宋朝。太祖以握斗步天，掃荊蠻而幹吳蜀；陛下以呵雷叱電，蕩閩越而縛并汾。自是五帝之封區、三皇之文軌，重歸正朔，不亦盛乎！有以見皇王之道，全開闢之功大，其如圖籍之府，未修郡縣之書，何以頌萬國之一君，表千年之一聖。眷言闕典，過在史官。雖則賈耽有《十道述》，元和有《郡國志》，不獨編修太簡，抑且朝代不同；加以從梁至周，郡國割據，更名易地，暮四朝三。臣今沿波討源，窮本知末，不量淺學，撰成《太平寰宇記》二百卷，並〈目錄〉二卷。自河南周于海外，至若賈耽之漏落、吉甫之闕遺，此盡收焉。萬里山河，四方險阻，攻守利害，沿襲根源，伸紙未窮，森然在目。不下堂而知五土，不出戶而觀萬邦，圖籍機權，莫先於此。臣職居館殿，志在坤輿，輒撰此書，冀聞天聽。誠慚淺略，仰冒宸嚴。謹上。朝奉郎、太常博士、直史館、賜緋魚袋，臣樂史。」可知此書梗概，及樂史撰作宗旨。史，《宋史》卷三百六〈列傳〉第六十五附其子〈樂黃目〉。史載：「史久在洛，因卜居，有亭榭之勝，優游自得。未幾卒，年七十八。所撰又有《太平寰宇記》二百卷，《總記傳》百三十卷，《坐知天下記》四十卷，《商顏雜錄》、《廣卓異記》各二十卷，《諸仙傳》二十五卷，《宋齊丘文傳》十三卷，《杏園集》、《李白別集》、《神仙宮殿窟宅記》各十卷，《掌上華夷圖》一卷。又編己所著爲《仙洞集》百卷。」則史之著述固富贍也。

## 元豐九域志十卷

《元豐九域志》十卷，知制誥丹陽王存正仲、集賢校理南豐曾肇子開、官制所檢討邯鄲李德芻等刪定，總二十三路、四京、十府、二百四十二州、三十七軍、四監、一千一百三十五縣。

廣棪案：《郡齋讀書志》卷第八〈地理類〉著錄：「《九域志》十卷。右皇朝王存被旨刪定，總二十三路，京府四，次府十，州二百四十二，軍三十七，監四，縣一千一百三十五。」《玉海》卷第十五〈地理・地理書〉「熙寧《九域志》」條載：「（熙寧）四年二月甲戌，命趙彥若考圖籍，畫天下地圖。六年十月甲午，一云戊戌。上〈十八路圖〉二，及《圖副》二十卷。八年七月十一日辛丑，詔三館、祕閣刪定《九域圖》，以都官員外郎劉師旦言：『今《九域圖》自大中祥符六年修定至今，涉六十餘年，州縣有廢置，名號有改易，等第有升降，所載

古跡有出於俚俗不經者，乞選有地理學者重修。』乃命集賢校理趙彥若、館閣校勘曾肇充刪定官。彥若辭，復命光祿丞李德芻刪定，而知制誥王存審其事。既而上言以舊書不繪地形，難以稱圖，更賜名《九域志》。壤地之離合、戶版之登耗、名號之升降、鎮戍城堡之名、山澤虞衡之利，皆著於書。始四京，終化外州。道里廣輪之數，昔人罕得其詳，今一州之內，首敘州封，次及旁郡，彼此互舉，弗相混淆。總二十三路、京府四、次府十、次州十、州二百四十二、軍二十七、監四、縣一千一百三十五，爲十卷。《曲阜集》有〈進表〉。《會要》：『元豐三年閏九月，延和殿進呈。六年閏三月，詔鐫。八年八日，頒行十卷。』」《郡齋讀書志》所載較略，《玉海》所載，多補《解題》所未及。惟此書異名頗夥，孫猛《郡齋讀書志校證》曰：「《九域志》十卷，按此書，《書錄解題》卷八作《元豐九域志》，《遂初堂書目・地理類》作《皇朝九域志》，《玉海》卷十五又題作《熙寧九域志》，〈宋志〉卷三、《通志・藝文略》卷四題同《讀書志》。今《四庫總目》卷六十八題從《書錄解題》、卷七十二又有《新定九域志》十卷，云：『惟府州軍監縣下多出〈古蹟〉一門，詳略失宜，視原書頗爲蕪雜，蓋即晁公武《讀書志》所云新本。』《讀書志》謂《九域志》有新、舊二本者，語見本卷〈職方機要〉條。」是其證。王存、曾肇，《宋史》有傳。李德芻，不見《四十七種宋代傳記綜合引得》，惟蘇頌《蘇魏公文集》卷三十三〈制〉有〈大理評事李德芻可光祿寺丞制〉，又劉攽《彭城集》卷二十〈制〉有〈秘省校書郎李德芻可集賢校理依舊充校書郎制〉，據是猶可略悉德芻任官升調梗概。另《宋會要輯稿》亦有德芻資料，不徵引。


## 輿地廣記三十八卷

《輿地廣記》三十八卷，廬陵歐陽忞撰。政和中作。其前三卷，以今之郡縣系於前代郡國之下。其〈序〉曰：「以今州縣求於漢，則爲郡；以漢郡縣求於三代，則爲州。三代之九州，有散而爲漢之六十餘郡，又分而爲今之三百餘州，雖或離或合不可討究，而吾胸中則已了然矣。」漢郡國一百三，今云六十餘郡，不可曉也。忞爲文忠族孫，行名皆連「心」字。

廣棪案：《郡齋讀書志》卷第八〈地理類〉著錄：「《輿地廣記》三十八卷，右皇朝歐陽忞纂。自堯舜以來，至於五代地理沿革離合，皆繫以今郡縣名。或云無所謂歐陽忞者，特假名以行其書耳。」《玉海》卷第十五〈地理・地理書〉「《輿地廣記》」條載：「《輿地廣記》三十八卷，政和中歐陽忞撰。考摭史傳

及山經地志，爲三十八篇。」是公武謂「或云無所謂歐陽忞者，特假名以行其書耳」，其說至不可信，故《四庫全書總目》卷六十八〈史部〉二十四〈地理類〉辨之，並論此書曰：「《輿地廣記》三十八卷，浙江鮑士恭家藏本。宋歐陽忞撰。晁公武《讀書志》謂實無其人，乃著書者所假託。陳振孫《書錄解題》則以爲其書成於政和中，忞，歐陽修從孫，以行名皆連心字爲據。按此書非觸時忌，何必隱名，疑振孫之說爲是。……其書前四卷，先敘歷代疆域，提其綱要。五卷以後，乃列宋郡縣名，體例特爲清析。其前代州邑宋不能有，如燕雲十六州之類者，亦附各道之末，名之曰化外州，亦足資考證。雖其時土宇狹隘，不足括輿地之全；而端委詳明，較易尋覽，亦輿記中之佳本也。」孫猛《郡齋讀書志校證》亦曰：「按孫星衍《平津館鑒藏記書籍補遺》云：『忞爲歐陽修從孫，《宋史·藝文志》有歐陽忞《巨鼇記》五卷，晁氏《讀書志》謂實無其人，乃著書者所假託，非也。』謂忞爲修從孫，乃據《書錄解題》卷八，《巨鼇記》五卷載〈宋志〉卷三〈地理類〉，《通志·藝文略》卷四、《國史經籍志》卷三〈史類〉俱作六卷，未著撰人。」則公武說之不能成立，固爲定讞。此書忞有〈自序〉，曰：「古者風俗醇厚，士大夫安於所習，而無外慕不足之心，故其藝必專，兌之戈，和之弓，僚之於圓，秋之於奕，皆以此終其身而名後世，而人亦未有能加之者。及至後世，日益奢靡，未始不欲以其一身擅天下之能事，而終無所至。嗚呼！此後之君子所以有媿於占歟？地理之書雖非有深遠難見之事，然自歷世以來，更張改作，先王之制無一在者，自非專門名家而從事於此者，其孰能知之。予不佞，自少讀書，私嘗留意於此，嘗自堯、舜以來至於今，爲書凡三十八篇，命之曰《輿地廣記》。凡自昔史官之作，與夫山經、地誌，旁見雜出，莫不入於其中，庶幾可以成一家之言，備職方之考，而非口傳耳受嘗試之說者也。傳曰：『執璿璣以觀大運，則天地之動未足怪也；據會要以觀方來，則六合輻湊未足多也。』統之有宗，會之有源，則繁而不能亂，眾而不能惑。地理之書紛雜殽亂，卒然視之，漫不可省，雖深識博聞之君子，亦且以爲病，而又安知是非之所在，其所以處之，將必有道矣。夫以今之州縣而求於漢則爲郡，以漢之郡縣而求於三代則爲州；三代之九州散而爲漢之六十餘郡，漢之六十餘郡分而爲今之三百餘州，雖其間或離或合，不可討究，而吾胸中蓋已了然矣。譬如三十幅之車，制之以轂，二篇之策，統之以乾坤，豈不約而易操乎？是以願廣其書於世，必有能辨之者，世之君子其試以是觀之。政和□年三月日，廬陵歐陽忞序。」則此書乃忞撰於神宗政和年間。至忞〈自序〉謂「漢之六十餘郡」，惟《漢書·

地理志》明載：「凡郡國一百三。」是宓不免有所疎失，故直齋譏評之，且曰
「不可曉也」。

## 地理指掌圖一卷

**《地理指掌圖》一卷，蜀人稅安禮撰。元符中欲上之朝，未及而卒。書肆所刊皆不著名氏，亦頗闕不備。此蜀本，有涪右任慥〈序〉，言之頗詳。**

廣棪案：黃虞稷、倪燦合撰、盧文弨訂正《宋史藝文志補・史部・地理類》著錄：「稅安禮《地理指掌圖》一卷，蜀人。或云東坡者，誤。」是此書有云蘇軾撰者。《四庫全書總目》卷七十二〈史部〉二十八〈地理類存目〉一著錄：「《歷代地理指掌圖》一卷，兩淮鹽政採進本。舊本題宋蘇軾撰。始自帝嚳，迄於宋代，為圖凡四十有四。前有〈序〉，後有〈總論〉。其〈序〉云：『據《元豐九域志》。』然書中乃有建炎二年改江寧為建康府，紹興三十二年升淇州為隆興府諸語。案費袞《梁谿漫志》曰：『今世所傳《地理指掌圖》，不知何人所作。其考究精詳，詮次有法，上下數千百年，一覽而盡。非博學洽聞者不能為，自足以傳遠。然必託之東坡，其〈序〉亦云東坡所為。觀其文淺陋，乃舉子對策手段，東坡安有此語。最後有〈本朝陞改廢置州郡〉一圖，乃有崇寧以後迄於建炎、紹興所廢置者，此豈出於東坡之手哉！』云云。則此書之偽，南宋人固已言之，而流傳刊本仍題軾名。刊胡安國《春秋傳》者，皆摘其〈列國〉一圖為冠，亦仍題曰東坡，謬之甚矣。其書雖簡明，而疎略殊甚。費袞所稱殊為過當，亦不足據也。」是《四庫全書總目》亦疑此書非東坡撰。今人王重民《中國善本書提要》〈史部〉十〈地理類・總志〉著錄有《歷代地理指掌圖不分卷》一書，考論此書之作者尤詳，其文曰：「全書不分卷，圖與說明相間，共一百二十六葉。前四葉為〈敘錄〉，末署蘇軾名，而不著年月。凡為圖四十有四，〈古今華夷總括圖〉第一，〈宋朝升改廢置州郡圖〉第四十四。始帝嚳，迄宋元豐間。考《玉海》卷十四：『蘇軾為《指掌圖》，始帝嚳，迄聖朝，為圖凡四十有四。其〈序〉曰：『昔蘇秦按此以說諸侯，而知六國有十倍之勢；蕭何藏此以相高祖，而知天下阨塞之所在。聚米為象，馬援以度隗囂；建樓以畫，德裕以服南詔。蕃鎮彊梁於河北，而險要詳於吉甫；先零跋扈於隴西，而地形上於充國。規制華夷，靡不憑此。』所引與此本均相合，應麟所見，正是此書。然蘇軾名係偽託，宋人已有辨之者。《朱子語類》卷一百三十八謂：『《指掌圖》非東坡所為。』費袞《梁谿漫志》卷六：『今世所傳《地理指掌圖》，不知何人所作。其考究精詳，詮次有

法，上下數千百年，一覽而盡，非博學洽聞者不能爲，自足以傳遠。然必託之東坡，其〈序〉亦云東坡所爲。觀其文淺陋，乃舉子綴緝對策手段，東坡安有此語？最後有〈本朝升改廢置州郡〉一圖，乃有崇甯以後迄於建炎、紹興所廢置者，此豈出於東坡之手哉？』按書中最晚年月爲紹興三十二年，上距東坡之卒已六十有一年。今雖不敢遽定紹興三十二年爲編纂成書之年，刻本流行已三十年，疑裒所見者即紹興刻本。然當時並行者，別有不著撰人名氏之本。《玉海》卷十四引《書目》云：『《指掌圖》二卷，不知作者，始自帝嚳，迄於皇朝，圖其疆域，著其因革，刊其同異。』《書目》即《中興館閣書目》，上於淳熙五年，後於紹興三十二年者十六年，蓋是時僞託蘇軾之本，尚未入內府也。《直齋書錄解題》又有《地理指掌圖》一卷，稱：『蜀人稅安禮撰。元符中欲上之朝，未及而卒。書肆所刊皆不著名氏，亦頗闕不備。此蜀本有涪右任慥〈序〉，言之頗詳。』稅安禮、任慥並無考，以『元符中欲上之朝，未及而卒』推之，安禮之卒，應先蘇軾一、二年或二、三年。振孫宦蜀久，故能得其本。是蜀本題名又與其他兩本異。從紹興刻本至振孫宦蜀，約八十年間，有此三本流傳，其原委如何，無系統紀載。今以意推之，圖蓋北宋時稅安禮所撰，坊本或不題安禮名。蓋初刻於蜀，流行於蜀，後遂輾轉託之蘇軾。今日本猶存宋刻，〈序〉著『眉山蘇軾』，末葉末行題『西川成都府市西俞家印』者，是其證也。』是重民確認此書爲安禮撰，其後乃輾轉託之東坡。所考甚當。然其謂「振孫宦蜀」則誤，蓋振孫未嘗宦蜀，拙著《陳振孫之生平及其著述研究》一書考之詳矣。稅安禮、任慥事迹，不見於《四十七種宋代傳記綜合引得》。考《宋會要輯稿》第一百二十冊〈選舉〉三四之一七載：「（乾道元年）十一月十九日詔：『左朝奉大夫任慥除直秘閣、潼川府路轉運判官。』」可知任慥乃宋孝宗時人，歷任左朝奉大夫、直秘閣、潼川府路轉運判官等職。稅安禮事迹則不可考。

## 歷代疆域志十卷

《歷代疆域志》十卷，臨川布衣吳澥撰。

廣棪案：《玉海》卷第十五〈地理・地理書〉「紹興《歷代疆域志》」條載：「（紹興）十六年九月六日，撫州布衣吳澥上《宇內辯》、《歷代疆域志》各十卷，詔免解。」惟此書已佚。《宋元學案補遺》卷四十五載：「吳澥，字德深，撫州崇仁人，沆弟。隆興元年進士。以薦召對，除太學錄，改西外宗教授。有《宇內辨》、《疆域志》等書。」撫州即臨川。澥兄沆，《宋史翼》卷三十六〈列傳〉第

三十六〈隱逸〉有傳。惟中云：「政和間與弟瀚各獻書於朝。」考政和與隆興，兩者相隔五十年，《宋史翼》與《宋元學案補遺》所記，其中必有一誤。據《玉海》所記，紹興十六年上書之時，瀚猶稱布衣，則其第進士在隆興元年，時序上較爲合理。故疑《宋史翼》「政和間獻書」之說爲誤也。或「政和」乃「紹興」之訛。案：沆〈傳〉謂沆「紹興中舉，不求聞達」，似亦不應有政和間獻書事。

## 輿地紀勝二百卷

《輿地紀勝》二百卷，知江寧縣金華王象之撰。蓋以諸郡圖經節其要略，而山川景物、碑刻詩詠初無所遺，行在宮闕、官寺實冠其首，關河版圖之未復者猶不與焉。

廣棪案：《宋史藝文志補・史部・地理類》著錄：「王象之《輿地紀勝》二百卷。」錢曾《錢遵王讀書敏求記》卷二之下著錄：「王象之《輿地紀勝》二百卷。紀勝者，凡山川人物、碑刻題詠無不蒐集。首臨安，以尊行在。而幅員之版圖未復者不與焉，亦祝穆之例也。」錢大昕《十駕齋養新錄》卷第十四「《輿地紀勝》」條曰：「王象之《輿地紀勝》二百卷，予求之四十年未得；近始於錢唐何夢華齋中見影宋鈔本，亟假歸，讀兩月而終篇。每府、州、軍、監分子目十二，曰府州沿革，若有監司軍將駐節者，別敘沿革於州沿革之後。曰縣沿革，曰風俗形勝，曰景物上，曰景物下，曰古蹟，曰官吏，曰人物，曰仙釋，曰碑記，曰詩，曰四六。今世所傳輿地碑記目者，蓋其一門。不知何人鈔出，想是明時金石家爲之也。此書所載皆南宋疆域，非汴京一統之舊。然史志於南渡事多闕略，此所載寶慶以前沿革，詳贍分明，裨益於史事者不少。前有嘉定辛巳孟夏〈自序〉，及寶慶丁亥季秋李埴〈序〉，及曾口鳳〈箚子〉。象之字儀父，金華人，嘗知江寧縣，不審終於何官。其〈自序〉云：『少侍先君宦游四方，江、淮、荊、閩，靡國不到。』又云：『仲兄行父，西至錦城；叔兄中甫，北趨武興，南渡渝、瀘。』而陳直齋亦稱其兄觀之爲夔路漕，則中甫疑即觀之字。予又記一書，稱王益之字行甫，金華人，蓋即儀父之仲兄。而其父之名，則無從考矣。此書體裁勝於祝氏《方輿勝覽》，而流傳極少，又失三十二卷，想海內不復有完本也。」阮元《四庫未收書目提要》卷五著錄：「《輿地紀勝》二百卷，宋王象之撰。《四庫》未著錄，惟有《輿地碑記》四卷，云：『象之，金華人，嘗知江甯縣，所著有《輿地紀勝》二百卷，今未見傳本。此即其中之四卷。』今於江南得影宋鈔本二百卷，前有象之〈自序〉。象之，東陽人，略云：『余披括天下地理之書，參訂會

粹，每郡自爲一編，以郡之因革見之編首；而諸邑次之，以及山川人物，詩章文翰皆附見焉。東南十六路，則倣范蔚宗〈郡國志〉條例，以在所爲首；而西北諸郡，亦次第編集。』今考其成書之年，在南宋嘉定十四年，故其所指在所，以臨安府爲首，而一切沿革亦準是時。又『宮闕殿門壽康宮』下，引《朝野雜記》云：『甯宗始受禪』云云，則是作〈序〉在嘉定，全書之成，又在理宗時矣。是書自卷一行在所起，至劍門軍訖，共府廿五，軍卅四，州一百零六，監一，共府、軍、州、監一百六十六。內或有一府一軍，而分爲上下二卷，故與總數不合。其卷數全闕者，自十三至十六，又自五十至五十四，又自一百卅六至一百四十四，又自一百六十八至一百七十三，又自一百九十三至二百，共闕三十一卷。至其餘各卷內之有闕葉，又皆注明於目錄卷數之下。」張金吾《愛日精廬藏書志》卷十五〈史部・地理類〉著錄：「《輿地紀勝》二百卷，影寫宋刊本，從錢塘何氏藏宋刊本影寫。宋東陽王象之編。是書敘述詳核，採摭繁富，凡沿革、風俗、形勝、景物、古蹟、官吏、人物、仙釋、碑記、詩文，分門臚載，上可作考證地理之資，下可爲登臨題詠之助，其所引書如《國朝會要》、《中興會要》、《高宗聖政》、《孝宗聖政》、《中興遺史》等書，皆傳本久絕，藉此得考見崖略。」上述所引，皆足與《解題》相參證。王象之，《宋史》無傳。鄭柏《金華賢達傳》卷九載：「王象之，字肖父，一作儀父。金華人，師古子。慶元二年進士，嘗官長寧軍文學，知分寧縣，又知臣寧縣。博學多識，著有《輿地紀勝》二百卷。《紀勝》逐州爲卷，圖逐路爲卷，其搜求亦勤矣，至西蜀諸郡尤詳。」可藉知象之生平宦歷及其著述概況。

## 眉山李說齋季允爲之〈序〉。

案：季允名壿，號說齋。李燾子。《宋史翼》卷二十五〈列傳〉第二十五〈儒林〉三有傳。其所撰〈序〉曰：「東陽王象之儀父著《輿地紀勝》一書，甚鉅。書成，丐余爲序，且曰：『吾書收拾天下郡縣山川之精華，使人於一寓目之頃，而山川俱若效奇於左右，以助其筆端，取之無禁、用之不竭。』余告之曰：『昔昌黎韓公南遷過韶州，先從張使君借《圖經》。其詩曰：「曲江山水聞來久，恐不知名訪倍難。願借《圖經》將入界，亦逢佳處便開看。」然則天下郡縣山川之精華，是真名人志士汲汲所欲知也。然所在《圖經》，類多疏略舛訛，失之鄙野多矣。必得學者參伍考正而勒爲成書，然後可據也。本朝真宗時，翰林學士李宗諤等承詔譔《諸道圖經》，凡一千五百六十六卷，今其書存者止十之三四，甚可惜也。然四方一郡一邑，隨所至，亦各有好學之士收掇，記識甚備，其目一一見於冊

府纂錄。最可稱者，如唐麗正殿直學士韋述《東西兩京新記》，及本朝龍圖閣直學士宋公敏求《長安》、《河南》二志，尤爲該贍精密。今儀父所著，余雖未睹其全，第得首卷所紀行在所以下觀之，則知其論次積日而成，致力非淺淺者。蓋其書比李氏《圖經》則加詳，比韋、宋所著《記》、《志》庶幾班焉，使人一讀便如身到其地，其土俗、人才、城郭、民人，與夫風景之美麗、名物之繁縟，歷代方言之詭異、故老傳記之放紛，不出戶庭皆坐而得之。嗚呼！儀父之用心可謂廑矣。』然余又嘗語儀父曰：『古人讀書往往止用資以爲詩，今儀父著書又秖資它人爲詩，不亦如羅隱所謂「徒自苦而爲它人作甘乎」？』儀父笑而不答，余以是知儀父前所與余言者特寓言耳，其意豈止此哉？夫昌黎，大儒也，固嘗云：『土地之書未嘗一得門戶。』且謂：『古之人未有不通此而爲大賢，君子方欲退而往學焉，意其學也，必也窮探力究，洞貫本劖，非若近世膚末昧陋爲口耳之習，姑以眩人夸俗而已。』是則昌黎道術文章之盛，所以名當代而傳後世者，非以此乎？蓋聞之，凡爲士者，學必貴於博，非博則無以至於約，然其大歸必貴於有用，則始爲不徒學也。蕭何從沛公入關，先收秦府圖書，故因以知天下阨塞、戶口多少之處，漢之得天下，此亦其大助。東方朔、劉向皆以多識博極，獲備天子訪問，爲國家辨疑祛惑，豈曰小補，其事今見《山海經》首。本朝劉侍讀原父奉使契丹，能知古北口、松亭、柳河道里之迂直，以詰虜人，虜相與驚顧羞惡，卒吐實以告。士君子多識博極至此，豈不足以外折四夷之姦心，表中國之有人哉！是則地理之書，至此始爲有用之學。至若許敬宗之對唐高宗，第能明帝丘得名所自，遂過眩其長，以矜伐於人，此則爲士者之所笑而不道者也。然則余之所望於儀父者，固以朔、向及劉侍讀之事，豈但以資它人爲詩而已乎？前言姑戲耳。寶慶丁亥季秋三日，眉山李壴序。」是壴於此書固推崇備至，並樂觀其成矣。

## 輿地圖十六卷

《輿地圖》十六卷，王象之撰。《紀勝》逐州爲卷，《圖》逐路爲卷，其搜求亦勤矣。至西蜀諸郡尤詳，其兄觀之漕夔門時所得也。

廣棪案：《宋史藝文志補·史部·地理類》著錄：「王觀之《輿地圖》十六卷。」是黃虞稷、倪燦以此書爲觀之撰，蓋未考《解題》而致誤也。王象之撰《輿地紀勝》與《輿地圖》，其過程於〈自序〉中曾詳細言之。其〈序〉曰：「余少侍先君宦遊四方，江、淮、荊、閩，靡國不到，獨恨未能執簡操牘以紀其勝。及仲兄行

甫西至錦城，而叔兄中甫北趨武興，南渡渝、瀘，歸來道梁、益事，皆衮衮可聽。然求《西州圖記》於篋中，藏未能一二，雖口以傳授，而猶恐異時無所據依也。余因暇日，搜括天下地理之書及《諸郡圖經》，參訂會萃，每郡自爲一編，以郡之因革見之編首，而諸邑次之，郡之風俗又次之，其他如山川之英華、人物之奇傑、吏治之循良、方言之異聞，故老之傳記，與夫詩章文翰之關於風土者，皆附見焉。東南十六路則傚范蔚宗〈郡國志〉條例，以〔行〕在所爲首，而西北諸郡亦次第編集。第書品浩繁，非一家所有，隨假隨閱，故編次之序，未能盡歸律度，然而一郡名物亦庶幾開卷而盡得之，則回視諸書似未爲贅也。」是象之逐州爲卷以撰就《紀勝》，又就東南十六路逐路爲卷以成《輿地圖》也。有關象之兄觀之，《四十七種宋代傳記綜合引得》無其資料，錢大昕《十駕齋養新錄》卷第十四「《輿地紀勝》」條則嘗考象之家世，曰：「象之字儀父，金華人，曾知江寧縣事，不審終於何官。其〈自序〉云：『少侍先君宦游四方，江淮荊閩，靡國不到。』又云：『仲兄行父，西至錦城；叔兄中父，北趨武興，南渡渝、瀘。』而陳直齋亦稱：『其兄觀之爲夔路漕。』則中父疑即觀之字。予又記一書，稱王益之字行甫，金華人，蓋即儀父仲兄。而其父之名，則無從考矣。」陸心源《儀顧堂續跋》卷第八「〈影宋鈔輿地紀勝跋〉」條亦曰：「案王象之父名師古，字唐卿，金華人，紹興甲戌進士，嘗爲南劍州學教諭，刊《龜山遺書》；知九江，建拙堂於濂溪祠側，官至廣東提刑，著有《資治通鑑集義》八十卷。子謙之、益之、觀之、象之、有之、澳之、節之。謙之字吉父，淳熙甲辰進士；益之字行父，淳熙丁未進士，官至大理司直，著有《職源》五十卷；觀之字中甫；象之字肖父，慶元丙辰進士。皆見《敬鄉錄》。」是則觀之字中父，官夔州路漕。今可知者僅此矣。

### 皇朝方域志二百卷

《皇朝方域志》二百卷，東陽布衣王希先撰。凡前代謂之〈譜〉，十六〈譜〉為八十卷；本朝謂之〈志〉，為一百二十卷。〈譜〉敘當時事實，而注以今之郡縣；〈志〉述今日疆理，而系於古之州國。古今參考，〈譜〉、〈志〉互見，地理學之詳明者，無以過此矣。嘉熙二年上于朝，得永免文解。其父玲，本建寧人，己未進士，試詞科不中，頗該洽。希先述其遺稿，以成此書。

廣棪案：希先及此書均不可考。其父王玲，亦不見《四十七種宋代傳記綜合引得》。《解題》謂玲「己未進士」，據此以推，則玲之第進士乃在寧宗五年（1199）己未歲。《宋史》卷三十七〈本紀〉第三十七〈寧宗〉一載：「（五年夏五月）戊

戌，賜禮部進士曾從龍以下四百十有二人及第、出身。」即記此事。嘉熙，理宗年號；二年（1238），歲次戊戌。是希先此時以此書上於朝，已距玲之登第幾四十載，其時玲已歿，故《解題》謂「希先述其遺稿，以成此書」。

### 東京記三卷

《東京記》三卷，龍圖閣直學士宋敏求次道撰。上卷為宮城，周五里，唐時宣武節度使治所，建隆三年廣城之北隅，用洛陽宮殿之制修之；中卷為舊城，周二十一里、一百五十步，唐汴州城也，號「闕城」，亦曰「裏城」；下卷為新城，周四十八里、二百三十三步，周世宗所築羅城也，號曰「國城」，又曰「外城」。三城之內，宮殿、官府、坊巷、第宅、寺觀、營房次第記之。

廣棪案：《郡齋讀書志》卷第八〈地理類〉著錄：「《東京記》三卷，右皇朝宋敏求編開封坊巷、寺觀、官廨、私第所在及諸故實，極為精博。」《宋史》卷二百四〈志〉第一百五十七〈藝文〉三〈地理類〉著錄：「宋敏求《長安志》一十卷，又《東京記》二卷、《河南志》二十卷。」〈宋志〉著錄此書作「二卷」，應為「三卷」。考宋敏求字次道，賜進士及第，為館閣校勘，除史館修撰、集賢院學士，加龍圖閣直學士。元豐二年卒，年六十一。特贈禮部侍郎。《宋史》卷二百九十一〈列傳〉第五十附〈宋綬〉。其〈傳〉謂：「敏求家藏書三萬卷，皆略誦習，熟於朝廷典故，士大夫疑議，必就正焉。補唐武宗以下《六世實錄》百四十八卷，它所著書甚多，學者多咨之。」惜此書已佚。

### 河南志二十卷

《河南志》二十卷，宋敏求撰。司馬溫公序之，時元豐六年，次道歿矣。

廣棪案：《郡齋讀書志》卷第八〈地理類〉著錄：「《河南志》二十卷，右皇朝宋敏求以唐韋述《兩京記》為未備，演之為《長安》、《河南志》。司馬光為之〈序〉。」《玉海》卷第十五〈地理·地理書〉「唐《兩京新記》」條載：「《書目》：『《新記》，韋術開元中撰。《西京》始於開皇，《東都》起於大業。皇朝宋敏求演之為《長安志》十卷、《河南志》二十卷。」又曰：「唐韋術為《兩京記》，宋敏求演之為《河南》、《長安志》。凡其廢興、遷徙及宮室、城郭、坊市、茅舍、縣鎮、鄉里、山川、津梁、亭驛、廟寺、陵墓之名數，與古先之遺迹、人物之俊秀、守令之良能、花卉之殊尤，靡不備載。考之韋《記》，其詳十餘倍，真博物之書也。《長

安志》二十卷，熙寧九年二月五日趙彥若序。《河南志》二十卷，元豐六年二月戊辰司馬光序。《東京記》三卷。」所述均較《解題》爲詳，足資參證。孫猛《郡齋讀書志校證》曰：「《河南志》二十卷，按此書《四庫總目》未收，以原書久佚，然元修《河南志》，實多錄宋敏求此書，元《河南志》，《永樂大典》頗引之，徐松編《全唐文》時嘗輯得之，爲四卷，繆荃孫刊入《藕香零拾》，其〈跋〉見《藝風堂文續集》卷六。後張國淦又補輯五條。沈垚《落帆樓文集》卷四〈與徐星伯中書論《河南志》書〉云：『是《志》實出元人之手，而宮殿、坊市，則直錄宋敏求之書，間加改竄。』是此書猶可藉元《河南志》窺其大略。考《藝風藏書記》卷三〈地理〉第四著錄：「《河南志》殘本四卷，撰人無考。傳鈔本首京城，次周城古蹟，次後漢城闕古蹟，次魏城闕古蹟，次晉城闕古蹟，次後魏城闕古蹟，次隋城闕古蹟，次唐城闕古蹟，次宋城闕古蹟，蓋首冊也。徐星伯先生從《大典》錄出。開卷云：『河南府路羅城。』知爲元人所撰。而宮殿、坊市，直錄宋敏求之書，間加改竄。星伯先生撰《唐兩京城市》，考東京即此書爲底本，雖斷珪零璧，亦當寶貴矣。」是則《永樂大典》中，清世時尚有敏求《河南志》殘存資料。徐星伯即徐松，所輯《河南志》，北京中華書局一九九四年六月點校印行，刊入《中國古代都城資料選刊》中。至司馬光之〈序〉，載《溫國文正司馬公集》卷六十五，略曰：「唐麗正殿直學士韋述爲《兩京記》，近宋君敏求字次道演之爲《河南》、《長安志》，凡其廢興遷徙，及宮室、城郭、坊市、第舍、縣鎮、鄉里、山川、津梁、亭驛、廟寺、陵墓之名數，與古先之遺迹、人物之俊秀、守令之良能、花卉之殊尤，無不備載。開編粲然，如指諸掌，其博物之書也。太尉潞公留守西京，其子慶曾願因公刻印以廣之，使後世聞今日洛都之盛者，得之如身逢目睹。潞公命光爲之〈序〉，光于次道，友人也，不敢辭。」前引《玉海》之文，實多據此〈序〉也。溫公作〈序〉爲元豐六年，敏求已於元豐二年歿矣。

## 長安志二十卷

《長安志》二十卷，宋敏求撰・趙彥若元考爲之〈序〉。二書凡例微不同，然漢、唐舊都遺事詳矣。

廣棪案：《中興館閣書目・史部・地理類》著錄：「《長安志》十卷。《玉海》十五。」趙士煒輯考本。惟檢《玉海》所著錄乃作二十卷，恐趙士煒輯考有誤。《郡齋讀書志》卷第八〈地理類〉著錄：「《長安志》十卷。右皇朝宋敏求撰。敏求

因韋氏所記，搜采群書，有遺佚，二紀而成。凡府縣之政、官尹之職、河渠關
塞之類，至於風俗物產、宮室道術，無不詳備，世稱其博。趙彥若爲之〈序〉。」
《讀書附志》卷上〈地理類〉著錄：「《長安志》二十卷，右龍圖閣直學士、右
諫議大夫、修國史常山宋敏求所撰也。熙寧九年二月五日，太常博士，充集賢
校理、崇文院檢討、同知宗正丞事趙彥若序。敏求亦嘗爲《河南志》，時以朝奉
郎守太常丞、充集賢校理，編修《唐書》官，通判西京留守司兼畿內勸農事、
飛騎尉署銜。元豐六年二月戊辰，端明殿學士兼翰林侍讀學士司馬光序。《讀書
志》中有《河南志》，而無《長安志》云。」其實《郡齋讀書志》有著錄《長安
志》，《讀書附志》誤。《玉海》卷第十五〈地理・地理書〉「唐《兩京新記》」條
載：「《長安志》二十卷，熙寧九年二月五日，趙彥若序。」《宋史》卷二百四〈志〉
第一百五十七〈藝文〉三〈地理類〉著錄：「宋敏求《長安志》一十卷。」上述
所記，均足與《解題》相參證。惟《郡齋讀書志》及〈宋志〉著錄此書作十卷，
疑爲二十卷之誤。《四庫全書總目》亦著錄作二十卷。其書卷七十〈史部〉二十
六〈地理類〉三著錄：「《長安志》二十卷，兩淮馬裕家藏本。宋宋敏求撰。敏求
有《唐大詔令》，已著錄。是編皆考訂長安古蹟，以唐韋述《西京記》疎略不備，
因更博採群籍，參校成書。凡城郭、官府、山川、道里、津梁、郵驛，以至風
俗、物產、宮室、寺院，纖悉畢具。其坊市曲折，及唐盛時士大夫第宅所在，
皆一一能舉其處，粲然如指諸掌。司馬光嘗以爲考之韋《記》，其詳不啻十倍。
今韋氏之書久已亡佚，而此《志》精博宏贍，舊都遺事藉以獲傳，實非他地志
所能及。程大昌《雍錄》稱其『引類相從，最爲明晰』。然細校之，亦不免時有
駁複。如曲臺既入未央，而又入之三雍，是分一爲二矣。長門宮在都城之外長
門亭畔，而列諸長信宮內，則失其位置矣。況宮殿園囿又多空存其名，不著事
迹，則亦無可尋繹矣云云。其說雖不爲無見，實則凌雲之材，不以寸折爲病也。
敏求尚有《河南志》，與此凡例稍異，而並稱贍博，今已不存。又楊愼《丹鉛錄》
謂：『杜常〈華清宮詩〉見《長安志》，詩中曉風乃作曉星。』檢今常實無此詩。
蓋愼喜僞託古書，不足爲據，非此《志》有所殘闕。惟晁公武《讀書志》載有
趙彥若〈序〉，今本無之，則當屬傳寫佚脫耳。」所考更爲詳悉。至趙彥若之〈序〉，
陸心源《皕宋樓藏書志》卷三十三〈史部・地理類〉五載之，曰：「雍之爲都，
涉三代，歷漢唐之全盛，世統屢更，累起相襲，神靈所儲，事變叢巨，宜其較
然有明冊大典，暴天下耳目，而圖牒殘脫，宿老無傳，求諸故志，唯韋氏所記
爲一時見書，遺文古事悉散入他說，班班梗概，不可復完，非好學深思，博物
善作，孰能盡收其佚而追成之。《長安志》者，今史官諫議大夫、龍圖閣直學士、

常山公所定著也。公以文章世家，爲朝廷名臣，器業之餘，紀述自命，蓋考論都邑，網羅舊聞，詞人所銳精，而載筆之尤務也。近代建國率由西遷，崤函之區，陶冶後洛，實上游要會最重之地，而阤毀零落，寖就堙沒，將無以自振，校之本末，先後二京已錄，固不得獨缺於此。前在河南，旁接三輔，嘗有意於搜采矣。然猶未遑暇，又踰二紀，乃創屬體緒，續次其言，窮傳記、諸子、鈔類之語，絕編斷簡，靡不總萃，隱括而究極之，上下浹通，爲二十卷，用備舊都古今之制，俾其風壞光塵有以奮於永久。故夫府縣有政，官尹有職，河渠關塞有利病，皆幹於治而施於用，取諸地記，集而讀之，而後見其法敘列往躅。遠者謹嚴而簡，近者周審而詳，各有所因，布規模，猶親處其世；畫里陌，同經行之熟，而後見其功。自本而推，始終大略，其所昭發，又不特如是而已。竊嘗望丹鳳門故址，勢侔碣石，疑非人力所爲，自想當時，直偉觀也。及驗未央建章殿，當宮闕之俊，則其繁夥宏廓，氣象飛動，過大明遠甚，以漢室之隆，兼制夷夏，非壯麗無以重威，亦可信也。復上觀於周，唯有鎬京靈臺、辟雍、明堂、豐宮，《詩》所謂『經始勿亟，庶民子來』。又稱：『自西自東，自南自北，無思不服。』昔之與眾同樂，遂物之性，所以致之之效，乃能至於此乎！察其故，專尚簡衣儉約，曾不言形勝強富，益知仁義之尊、道德之貴，彼阻固雄豪，皆生於不足；漢唐之迹，更爲可羞。烏乎盛夫！若然得以貢於明朝，監千載餘弊，修豐鎬故事以澤吾人，豈曰小補哉！熙寧九年二月五日謹序。」是則趙〈序〉猶存，惜館臣未之見也。彥若，《宋史翼》卷三〈列傳〉第三有傳，不具錄。

## 關中記一卷

《關中記》一卷，晉葛洪稚川撰。所載殊簡略。

　　廣棪案：《玉海》卷第十五〈地理・地理書〉「晉《關中記》」條載：「《中興書目》：『《關中記》一卷，晉葛洪撰。載長安山川及宮殿、陵廟。』〈唐志〉：『潘岳撰，《文選》注引之。』」《崇文總目》卷二〈地理類〉著錄：「《關中記》一卷，潘岳撰。繹按：《書錄解題》、〈宋志〉並葛洪撰。」錢東垣輯釋本。是則此書，《解題》、〈宋志〉作葛洪撰；《崇文總目》、〈新唐志〉作潘岳撰。又考潘岳所撰之書，《文選》注有十一處徵引。故疑葛、潘二人各自爲書，未必《解題》著錄撰人有誤也。

## 三輔黃圖二卷

《三輔黃圖》二卷，不著名氏。案〈唐志〉一卷，今分上、下卷。載秦、漢間宮室、苑囿甚詳，多引用應劭《漢書解》，而如淳、顏師古復引此書為據，意漢、魏間人所作。然《中興書目》以為《崇文總目》及《國史志》不載，疑非本書也。程氏《雍錄》辨之尤悉。

廣棪案：此書有撰人〈自序〉，曰：「《易》曰：『上古穴居而野處，後世聖人易之以宮室，上棟下宇，以待風雨，蓋取諸〈大壯〉。』三代盛時未聞宮室過制。秦穆公居西秦，以境地多良材，始大宮觀，戎使由余適秦，穆公示以宮觀。由余曰：『使鬼為之，則勞神矣；使人為之，則苦人矣。』是則穆公時，秦之宮室已壯大矣。惠文王初都咸陽，取岐、雍巨材，新作宮室，南臨渭，北踰涇，至於離宮三百，復起阿房，未成而亡。始皇並滅六國，憑藉富強，益為驕侈，殫天下財力，以事營繕。項羽入關，燒秦宮闕，三月火不滅。漢高祖有天下，始都長安，寔曰西京，欲其子孫長安都於此也。長安本秦之鄉名，高祖作都。至孝武皇帝，承文、景菲薄之餘，恃邦國阜繁之資，土木之役，倍秦越舊；斤斧之聲，畚插之勞，歲月不息，蓋騁其邪心以誇天下也。昔孔子作《春秋》，築一臺，新一門，必書於《經》，謹其廢農時，奪民力也。今裒採秦漢以來宮殿、門闕、樓觀、池苑在關輔者，著於篇，曰《三輔黃圖》云，東都不與焉。」《解題》所述，有與〈自序〉略同者。此書既不著名氏，直齋考之，「意漢、魏間人所作」，與晁公武所考不同。《郡齋讀書志》卷第八〈地理類〉著錄：「《三輔黃圖》三卷。右按〈經籍志〉有《黃圖》一卷，記三輔宮觀、陵廟，明堂、辟雍、郊畤等，即此書也。不著撰人姓氏。其間頗引劉昭《漢志》，然則出於梁、陳間也。」是公武以此書為梁、陳間人撰，蓋劉昭於梁世任剡縣令，曾補注《後漢志》。《玉海》卷第十四〈地理‧地理圖〉「漢《三輔黃圖》」條亦載此書，曰：「〈隋志〉：『一卷，記三輔宮觀、陵廟、明堂、辟雍、郊畤等事。』〈唐志〉：『一卷。地理六十三家，此為之首。〈序〉云：『孔子作《春秋》，築一臺、新一門，必書于《經》。今裒秦漢以來宮殿、門闕、樓觀、池苑在關輔者，著於篇。東都不與焉。』不著作者姓名，始於三輔治所，終於雜錄一帙，凡二十九條。《書目》云：『其間多用應劭《集解》，如淳、顏師古注，援引亦有同者，疑非當日本書。』《崇文目》不載。程大昌曰：『晉灼所引，謂為黃圖者，多今書所無。今書亦明引《舊圖》，如漸臺、彪池、高廟元始、祭社稷儀，皆言祖本《舊圖》。又有引顏師古語為據者。又命槐里為興平，興平乃唐至德中改，蓋唐人增續成之。思子宮在

湖，萬歲宮在汾陰，皆以其宮隸甘泉，與正史不合。《續志》注：「南北郊，隋宇文愷議明堂。今本無之。」』』則《玉海》所引「程大昌曰」，認爲此書乃唐人增續成之者。《四庫全書總目》於此書及其撰人均有考證，其書卷六十八〈史部〉二十四〈地理類〉一著錄：「《三輔黃圖》六卷，編修勵守謙家藏本。不著撰人名氏。晁公武《讀書志》據所引劉昭《續漢志註》，定爲梁、陳間人作。程大昌《雍錄》則謂晉灼所引《黃圖》，多不見於今本，而今本漸臺、彪池、高廟元始、祭社稷儀，皆明引《舊圖》，知非晉灼之所見。又據改槐里爲興平，事在至德二載，知爲唐肅宗以後人作。其說較公武爲有據。此本惟『高廟』一條不引《舊圖》，『滄池』一條引《舊圖》，而大昌未及，其餘三條並同。蓋即大昌所見之本，偶誤滄池爲高廟也。其書皆記長安古蹟，間及周代靈臺、靈囿諸事。然以漢爲主，亦間及河間日華宮、梁曜華宮諸事，而以京師爲主。故稱《三輔黃圖》。三輔者，顏師古《漢書註》謂：『長安以東爲京兆，以北爲左馮翊，渭城以西爲右扶風也。』所紀宮殿、苑囿之制，條分縷析，至爲詳備，考古者恆所取資。惟兼採《西京雜記》、《漢武故事》諸僞書，《洞冥記》、《拾遺記》諸雜說，愛博嗜奇，轉失精核，不免爲白璧微瑕耳。」《四庫全書總目》據程氏《雍錄》，亦以此書爲唐肅宗以後人作。《雍錄》所言，實較《郡齋讀書志》及《解題》爲有據。至此書之卷數，或作一卷，或作二卷，或作三卷，《四庫》本更作六卷，蓋分卷有所不同耳。

## 長安圖記一卷

《長安圖記》一卷，館臣案：呂大防著《長安圖記》，此本作《長安國記》，誤。今改正。丞相汲公呂大防知永興軍，以為正長安故圖，著其說於上。今信安郡有此圖，而別錄其說為一編。

廣棪案：《中興館閣書目・史部・地理類》著錄：「《長安圖記》一卷，呂大防。《玉海》十五。」趙士煒輯考本。與《解題》同。大防字微仲，其先汲郡人。元祐元年，拜尚書右丞，進中書侍郎，封汲郡公。《宋史》卷三百四十〈列傳〉第九十有傳。其知永興軍在神宗元豐初。其〈傳〉載：「元豐初，徙永興。神宗以彗星求言，大防陳三說九宜：曰治本，曰緩末，曰納言。養民、教士、重穀，治本之宜三也。累數千言。時用兵西夏，調度百出，有不便者輒上聞，務在寬民。及兵罷，民力比他路爲饒，供億軍須亦無乏絕。進直學士。居數年，知成都府。」則大防之撰此書乃在「徙永興」時。宋時，永興軍亦曰京兆府，地在

陝西長安以東至華縣一帶。大防寄宦其間，故著其說於長安圖上，而為此《記》。至此條最末二句，疑原非《解題》所有，檢臧勵龢等編之《中國古今地名大辭典》載：「信安郡，隋置端州，改為信安郡。唐復為端州。即今廣東高要縣治。」《宋史》卷九十〈志〉第四十三〈地理〉六載：「肇慶府，望，高要郡，肇慶軍節度。本端州，軍事。元符三年，升興慶軍節度。大觀元年，升下為望。重和元年，賜肇慶府名，仍改軍額。元豐戶二萬五千一百三。貢銀、石硯。縣二：高要，中。有沙利銀場、浮蘆鐵場。四會，中，舊隸廣州，熙寧六年來屬，有金場、銀場。」是則信安郡即端州，亦即高要郡，徽宗重和元年賜名肇慶府，在今廣東省高要縣治。直齋一生仕履未涉粵境，竊疑此二句或隨齋所撰，不知如何屬入《解題》耳。

## 雍錄十卷

《雍錄》十卷，<sub>廣棪案：此條原闕，據《文獻通考》及盧校本補入。</sub>吏部尚書新安程大昌泰之撰。周、秦、漢、隋、唐五代皆都雍，故以名。錄前史及《黃圖》、〈宋志〉異同，往往辨訂。其辨《黃圖》有唐縣名，且晉灼所引《黃圖》皆今書所無，蓋唐人續成之，非見漢事者。

廣棪案：《玉海》卷第十四〈地理・地理圖〉「漢《三輔黃圖》」條載：「程大昌曰：『晉灼所引謂為《黃圖》者，多今書所無；今書亦明引《舊圖》，如漸臺、彪池、高廟元始、祭社稷儀，皆言祖本《舊圖》。又有引顏師古語為據者。又命槐里為興平，興平乃唐至德中改。蓋唐人增續成之。』」《解題》及《玉海》所述，均據程氏《雍錄》。此書《四庫全書總目》卷七十〈史部〉二十六〈地理類〉三著錄：「《雍錄》十卷，<sub>大學士于敏中採進本。</sub>宋程大昌撰。大昌有《古周易占法》，已著錄。是編考訂關中古蹟，以《三輔黃圖》、《唐六典》、宋敏求《長安志》、呂大防《長安圖記》及《紹興祕書省圖》<sub>案書中稱閣圖者，即《祕書省圖》。</sub>諸書互相考證。於宮殿、山水、都邑，皆有圖有說。謂《三輔黃圖》由唐人增續，初非親生漢時，目睹漢事，故隨事立辨，不以其名古而不敢置議。《長安志》最為明晰，然亦時有駁複。呂大防《圖》，凡唐世邑屋，宮苑已自不存。特其山川地望悉是親見，今故本而言之。若與古記不合，亦復訂正，其參校亦可謂勤矣。今考其書，如函谷關參都邑之中，太子宮序職官之次，地圖之後忽列書目數條，都邑之前突出山名一處。驟然尋之，不得端緒，體例稍為叢雜。又《集古》諸錄所列碑刻，自〈獵碣〉以外，罕登紀載。《考古圖》有輦酌宮，亦不著

其名。蓋但憑圖籍，而未考金石之文，故未免於疎漏。然其蒐羅既富，辨證亦詳，在輿記之中固爲最善之本也。明代陝西諸志，皆號有法，其亦以是數書者在前歟！考大昌之時，關中已爲金土，而隔越江表，爲鄰國著書，殊爲無謂。蓋孝宗銳意恢復，有志中原。大昌所作《北邊備對》一書，即隱寓經略西北之意，此書猶此志焉耳。第五卷中特刱〈漢唐用兵攻取守備要地〉一圖。其圖說多舉由蜀入秦之迹，與郭允蹈《蜀鑑》所謂由漢中取關陝者，大旨相合。其微意固可見矣。」可補《解題》所未及。

## 洛陽伽藍記五卷

**《洛陽伽藍記》五卷，後魏撫軍司馬楊衒之撰。專記洛陽城內外寺院。爾朱之亂，城郭邱墟，追述斯記。**

廣棪案：《郡齋讀書志》卷第八〈地理類〉著錄：「《洛陽伽藍記》三卷。右元魏羊衒之撰。後魏遷都洛陽，一時王公大夫多造佛寺，或捨其私第爲之，故僧舍之多，爲天下最。衒之載其本末及事迹甚備。」所述與《解題》略同，惟卷數作三卷則不同。然《宋史》卷二百四〈志〉第一百五十七〈藝文〉三〈地理類〉著錄亦謂：「楊衒之《洛陽伽藍記》三卷。」如非分卷有不同，則疑「三」乃「五」之誤。《四庫全書總目》卷七十〈史部〉二十六〈地理類〉三著錄：「《洛陽伽藍記》五卷，編修勵守謙家藏本。後魏楊衒之撰。劉知幾《史通》作羊衒之，晁公武《讀書志》亦同。然〈隋志〉亦作楊、與今本合，疑《史通》誤也。其里貫未詳，據書中所稱，知嘗官撫軍司馬耳。魏自太和十七年作都洛陽，一時篤崇佛法，刹廟甲於天下。及永熙之亂，城郭邱墟。武定五年，衒之行役洛陽，感念廢興，因捃拾舊聞，追敍故蹟，以成是書。以城內及四門之外分敍五篇。敍次之後先，以東面三門、南面三門、北面三門，各署其新舊之名，以提綱領，體例絕爲明晰。其文穠麗秀逸，煩而不厭，可與酈道元《水經注》肩隨。其兼敍爾朱榮等變亂之事，委曲詳盡，多足與史傳參證。其他古迹藝文，及外國土風道里，採摭繁富，亦足以廣異聞。劉知幾《史通》云：『秦人不死，驗苻生之厚誣；蜀老猶存，知葛亮之多枉。』蜀老事見《魏書‧毛修之傳》，秦人事即用此書『趙逸』一條。知幾引據最不苟，知其說非鑿空也。他如解魏文之〈苗茨碑〉，糾戴延之之〈西征記〉，考據亦皆精審。惟以高陽王雍之樓，爲即〈古詩〉所謂『西北有高樓，上與浮雲齊』者，則未免固於說詩，爲是書之瑕纇耳。據《史通‧補註篇》稱：『除煩則意

有所恌，畢載則言有所妨。遂乃定彼榛楛，列爲子註。若蕭大圜《淮海亂離志》、羊衒之《洛陽伽藍記》是也。』則衒之此《記》，實有自註。世所行本皆無之，不知何時佚脫。然自宋以來，未聞有引用其註者，則其刊落已久，今不可復考矣。」所考多《解題》所未及。衒之，《魏書》、《北史》均無傳。今人范祥雍撰《洛陽伽藍記校注・附編》一有〈楊衒之傳略〉，可參考。

## 洛陽名園記一卷

《洛陽名園記》一卷，禮部員外郎濟南李格非文叔撰。記開國以來卿公廣棪案：盧校本作「公卿」。家園囿之盛；其末言：「天下治亂之候，在洛陽之盛衰；洛陽盛衰之候，在名園之興廢。」使人感慨。格非以不肯與編元祐章奏，入黨籍。《國史・文苑》有傳。世所謂易安居士清照者，其女也。格非苦心爲文，而集不傳，館中亦無有，惟錫山尤氏有之。《文鑑》僅存此〈跋〉，蓋亦未嘗見其全集也。

廣棪案：《郡齋讀書志》卷第八〈地理類〉著錄：「《洛陽名園記》一卷。右皇朝李格非撰。記洛中園囿自富鄭公以下十九所。其論以爲洛陽之盛衰，爲天下治亂之候；園囿之興廢，爲洛陽盛衰之候。則《名園記》之作，豈徒然哉！公卿大夫忘天下之治忽，而欲退享此樂，得乎？唐之末路是也。」與《解題》略同。直齋另有〈洛陽名園記跋〉，見載《佰宋樓藏書志》卷三十三〈史部・地理類〉五。其〈跋〉曰：「晉王右軍聞成都有漢時講堂，秦時城池、門屋、樓觀，慨然遠想，欲一游目。其〈與周益州帖〉，蓋所致意焉。近時呂太史有『宗少文臥游』之語，凡昔人紀載人境之勝爲一編。其奉祠亳社也，自以爲譙沛眞源，恍然在目，視兗之太極、嵩之崇福、華之雲臺，皆將臥遊之。噫嘻！弧矢四方之志，高人達士之懷，古今一也。顧南北分裂，蜀在境內，惟遠，患不往爾，往則至矣。亳、兗、嵩、華，視蜀猶爾封也，欲往，其可得乎！然則太史之情，其可悲也已！予近得此《記》，手爲一通，與《東京記》、《長安》、《河南志》、《夢華錄》諸書並藏而時自覽焉，是亦臥遊之意云爾。」是直齋之撰《解題》及此〈跋〉，哀念時艱，感慨繫之，其情懷與呂太史皆一也。李格非字文叔，濟南人。《宋史》卷四百四十四〈列傳〉第二百三〈文苑〉六有傳。其〈傳〉曰：「以文章受知於蘇軾。嘗著《洛陽名園記》，謂『洛陽之盛衰，天下治亂之候也』。其後洛陽陷於金，人以爲知言。紹聖立局編元祐章奏，以爲檢討，不就，戾執政意，通判廣信軍。……召爲校書郎，遷著作

佐郎、禮部員外郎,提點京東刑獄,黨籍罷。卒,年六十一。」又曰:「格非苦心工於詞章,陵轢直前,無難易可否,筆力不少滯。嘗言:『文不可以苟作,誠不著焉則不能工。且晉人能文者多矣,至劉伯倫〈酒德頌〉、陶淵明〈歸去來辭〉,字字如肺肝出,遂高步晉人之上,其誠著也。』妻王氏,拱辰孫女,亦善文。女清照,詩文尤有稱於時,嫁趙挺之之子明誠,自號易安居士。」與《解題》所記合。

## 鄴中記一卷

《鄴中記》一卷,館臣案:《唐書·藝文志》有陸翽《鄴中記》二卷,疑即是書。 廣棪案:盧校注:「陸翽在唐以前,而此書引及蕭、代人,安得云即是書?此案可刪。」不著名氏。記自魏而下,及僭偽都鄴者六家宮殿事迹。案〈唐志〉有《鄴都故事》二卷,蕭、代時馬溫所作。今書多引之。

廣棪案:《解題》謂此書不著名氏,又謂其書多引馬溫所作之《鄴都故事》。則此書之寫成時代當在唐肅宗、代宗之後。《四庫》館臣竟疑此書即陸翽《鄴中記》,惟《隋書》卷三十三〈志〉第二十八〈經籍〉二〈地理類〉明載:「《鄴中記》二卷,晉國子助教陸翽撰。」則翽乃晉人,此書與翽之《鄴中記》應非同爲一書,故盧文弨校注乃謂:《四庫》館臣案語可刪。此書《四庫全書總目》有著錄。《四庫全書總目》卷六十六〈史部〉二十二〈載記類〉載:「《鄴中記》一卷,《永樂大典》本。謹按《鄴中記》舊有二本。其一本二卷,見《隋書·經籍志》,稱晉國子助教陸翽撰。其一本一卷,見陳振孫《書錄解題》,稱不知撰人名氏,又稱〈唐志〉有《鄴都故事》二卷,蕭、代時馬溫撰,今書多引之。是以爲蕭、代後人作矣。今考是書所記,有北齊高歡、高洋二事,上距東晉之末已一百三四十年。又『寒食』一條,引隋杜臺卿《玉燭寶典》,時代尤不相蒙。陳氏不以爲翽書,似乎可據。然唐歐陽詢《藝文類聚》作於太宗貞觀時,徐堅《初學記》作於元宗開元時,所引闕書,皆一一與今本合。又《鄴都故事》,〈唐志〉雖稱蕭、代時人,而《史通·書志篇》曰:『遠則漢有《三輔典》,近則隋有《東都記》,南則有《宋南徐州記》、《晉宮闕名》,北則有《洛陽伽藍記》、《鄴都故事》。』則《鄴都故事》在劉知幾之前,〈唐志〉所言,亦不足爲證。以理推之,殆翽書二卷惟記石虎之事。後人稍摭《鄴都故事》以補之,併爲一卷。猶之神農《本草》,郡列秦名;漢氏《黃圖》,里標唐號;輾轉附益,漸失本眞,而要其實則一書。觀『高歡』、『高洋』二條,

與全書不類，而與郭茂倩《樂府詩集》所引《鄴都故事》文體相同。則此二條爲後人攙入闕書明矣。不得以小小舛異，盡舉而歸之唐以後也。原書久佚，陶宗儀《說郛》所載，寥寥數頁，亦非完本。今以散見《永樂大典》者蒐羅薈稡，以諸書互證，刪除重複，其得七十二條。排比成編，仍爲一卷，以石虎諸事爲闕本書；其續入諸條亦唐以前人所紀，棄之可惜，則殿居卷末，別以附錄名焉。是書雖篇帙無多，而敘述典核，頗資考證。如王維〈和賈至早朝大明宮詩〉『朝罷須裁五色詔』句，李頎鄭〈櫻桃歌〉『官軍女騎一千匹』及『百尺金梯倚銀漢』句，不得此書，皆無從而訓詁也。六朝舊籍，世遠逾稀，斷璧殘璣，彌足爲寶，佚而復存，是亦罕覯之祕笈矣。」《四庫全書總目》考證贍博，並解此書撰人問題之疑，足資參證。

## 晉陽事跡雜記十卷

《晉陽事跡雜記》十卷，唐河東節度使李璋纂。〈序〉言四十卷，<sub>廣棪案：《文獻通考》作「十四卷」，是。〈新唐志〉正作「十四卷」。</sub>〈唐志〉亦同，今刪爲十卷。蓋治平中太原府所刻本也，從莆田李氏借錄。自南渡以來，關河阻絕，圖志泯亡，得見一二僅存者，猶足以發傷今思古之歎。然唐并州治晉陽、太原二縣，國初克復，徙治陽曲，而墟<sub>廣棪案：《文獻通考》作「虛」。</sub>其故。<sub>廣棪案：盧校本作「而墟其故城」。</sub>二縣後皆併省，則唐之故跡，皆不復存矣。

廣棪案：此書已佚。《新唐書》卷五十八〈志〉第四十八〈地理類〉著錄：「李璋《太原事跡記》十四卷。」即此書，書名不同。此書直齋借錄自莆田李氏。考莆田李氏，乃唐江王李元祥之後，余嘗考之詳矣，請參拙著《陳振孫之生平及其著述研究》第四章第三節。李璋字重禮，《舊唐書》卷一百六十四〈列傳〉第一百一十四、《新唐書》卷一百五十二〈列傳〉第七十七附其父〈李絳〉。《新唐書》載：「子璋，字重禮。大中初擢進士第，辟盧鈞太原幕府。遷監察御史，奏太廟祫享，復用宰相攝事。進起居郎。舊制，設次郊丘，太僕盤車載樂，召群臣臨觀，璋奏罷之。咸通中，累官尙書右丞、湖南宣歙觀察使。」可知其生平。然史傳未載璋曾任河東節度使，《解題》所記足補正史所未備。至入宋後，晉陽、太原之變遷，《宋史》卷八十六〈志〉第三十九〈地理〉二載：「太原府，太原郡，河東節度。太平興國四年，平劉繼元，降爲緊州，軍事；毀其城，移治於楡次縣。又廢太原縣，以平定、樂平二縣屬平定軍，交城屬大通監。七年，移治唐明監。舊領河東路經略、安撫使。元豐爲次府，大觀元年升大都督府。

崇寧戶一十五萬五千二百六十三，口一百二十四萬一千七百六十八。貢大銅鑑、甘草、人參、石。縣十：陽曲，次赤。有百井、陽興二砦。太谷，次畿。榆次，次畿。壽陽，次畿。盂，次畿。交城，次畿。寶元三年，自大通監來隸。文水，次畿。祁，次畿。清源，次畿。平晉，中，熙寧三年，廢入陽曲。政和五年復。監二：大通，永利。」所記雖語焉未詳，猶可與《解題》相參證。

## 燕吳行役記二卷

《燕吳行役記》二卷，不著名氏。大中九年崔鉉鎮淮南，諸鎮畢賀，為此《記》者，燕帥所遣僚佐，道中紀所經行郡縣道里及事迹也。其曰我府張公者，時張允中方帥燕也。〈唐志〉稱張氏宣宗時人，失其名。「張」者，其帥之姓爾。未審何以知使者之亦為張氏也。

廣棪案：《新唐書》卷五十八〈志〉第四十八〈藝文〉二〈地理類〉著錄：「張氏《燕吳行役記》二卷。宣宗時人，失名。」《解題》謂：「未審何以知使者之為張氏」，殆據此而提問。考崔鉉字台碩，《舊唐書》卷一百六十三〈列傳〉第一百一十三、《新唐書》卷一百六十〈列傳〉第八十五附〈崔元略〉。《舊唐書》本傳載：「（大中）九年，檢校司徒、揚州大都督長史，進封魏國公、淮南節度使。宣宗於太液亭賦詩宴餞，有『七載秉鈞調四序』之句，儒者榮之。」《舊唐書》卷十八下〈本紀〉第十八下〈宣宗〉亦載：「（大中九年）八月，以門下侍郎、守尚書右僕射、監修國史，博陵縣開國伯，食邑一千戶崔鉉檢校司空、同平章事，兼揚州大都督府長史，充淮南節度副大使，知節度使事。宣宗宴餞，賦詩以賜之。」均記崔鉉鎮淮南事。至《解題》所言「時張允中方帥燕」，考之兩《唐書》，《解題》之允中實允伸之誤。《舊唐書·宣宗紀》載：「（大中三年十一月）幽州軍亂，逐其留後張直方，軍人推其衙將周綝為留後。（四年十一月）幽州節度使周琳卒，軍人立其牙將張允伸為留後。」又《新唐書》卷八〈本紀〉第八〈宣宗〉載：「（大中三年四月）癸巳，幽州盧龍軍節度使張仲武卒，其子直方自稱留後。……（四年）八月，幽州盧龍軍亂，逐其節度使張直方，衙將張允伸自稱留後。」兩《唐書》所記幽州軍變事及其年月雖稍有異同，惟大中四年張允伸之為留後則必為史實。意允伸由留後進而為幽州節度使，亦即《解題》所謂燕帥，必在大中九年，其時適崔鉉鎮淮南，知節度使事，「諸鎮畢賀」，故允伸亦遣僚佐前往。所惜直齋失慎，誤以允伸作允中，否則乃其所據《燕吳行役記》亦有筆誤也。

### 江行錄一卷

《江行錄》一卷，廣棪案：此條據盧校本補入。真州教授句穎紹聖三年所序云：「太守張公所修也。」張不著名。自真而上直抵荊南，自岳而分，旁徽衡、永，自湖口而別，則東入鄱陽，南至廬陵，程期岸次，風雲占候，時日吉凶，與夫港派灘磧磯，莫不具載，江行者賴之。

　　廣棪案：此書已佚。太守張公既不著名，即直齋亦不知其爲誰。句穎，《四十七種宋代傳記綜合引得》無其資料，據此條知曾任眞州教授。考《宋史》卷二百六〈志〉第一百五十九〈藝文〉五〈小說家類〉著錄有「句穎《坐右書》一卷」，此乃僅可知悉之句穎其他資料。又此書既序於紹聖三年，則乃哲宗時著作也。《宋史》卷二百四〈志〉第一百五十七〈藝文〉三〈地理類〉著錄：「《江行圖志》一卷，沈該訂正，不知作者。」《江行圖志》不知與此書關係爲如何？該，《南宋制撫年表》卷上載：「（紹興）十四年，沈該，〈志〉，十月初五，以左朝散大夫、直祕閣、兩浙轉運判官知（溫州）。」則《江行圖志》或該任兩浙轉運判官時所訂正也。

### 臨安志十五卷

《臨安志》十五卷，府帥吳興周淙彥廣撰。首卷為行在所，於宮闕殿閣全不記載，籍曰廣棪案：盧校注：「當是『藉口』」。禁省嚴祕，不敢明著。其視宋次道《東京記》，何其大不侔。其他沿革，亦多疏略。

　　廣棪案：淙，《宋史》卷三百九十〈列傳〉第一百四十九有傳。此書卷三〈牧守政績附〉亦載：「周淙再任，乾道三年五月二十六日，以右朝請大夫、直龍圖閣、兩浙轉運副使知臨安府。先是紹興二十五年嘗通判府事。至乾道五年二月十五日，以職事修舉，除祕閣修撰。乾道四年十一月十四日磨勘，轉右朝議大夫。五年七月初四日，除右文殿修撰，再任。」是則此書乃淙於乾道五年七月再任後所撰。此書原十五卷，《宋史》卷二百四〈志〉第一百五十七〈藝文〉三〈地理類〉亦著錄：「周淙《臨安志》十五卷。」惟今傳者僅三卷。《四庫全書總目》卷六十八〈史部〉二十四〈地理類〉一著錄：「《乾道臨安志》三卷，浙江孫仰曾家藏本。宋周淙撰。淙字彥廣，湖州長興人。乾道五年以右文殿修撰知臨安府，創爲此《志》。原本凡十五卷，見《宋史‧藝文志》。其後淳祐間施鍔、咸淳間潛說友歷事編纂，皆有成書。今惟潛《志》尙存鈔帙。周、施二《志》

世已無傳。此本爲杭州孫仰曾家所藏宋槧本。卷首但題作《臨安志》。而中間稱高宗爲光堯太上皇帝，稱孝宗爲今上，紀牧守至淙而止，其爲《乾道志》無疑。惟自第四卷以下，俱已闕佚，所存者僅什之一二爲可惜耳。第一卷紀宮闕官署，題曰行在所，以別於郡志，體例最善，後潛《志》實遵用之。二卷分沿革、星野、風俗、州境、城社、戶口、廨舍、學校、科舉、軍營、坊市、界分、橋梁、物產、土貢、稅賦、倉場、館驛等諸子目，而以亭臺、樓觀、閣軒附其後。敘錄簡括，深有體要。三卷紀自吳至宋乾道中諸牧守，詳略皆極得宜。淙尹京時，撩湖浚渠，頗留心於地利，故所著述亦具有條理。今其書雖殘闕不完，而於南宋地志中爲最古之本。考武林掌故者，要必以是書稱首焉。」則此書今殘存首三卷，四卷以下已散佚，吉光片羽，至可珍惜。清人杭世駿、厲鶚均有〈跋〉，迻錄如下。杭〈跋〉曰：「長興周淙彥廣撰《臨安志》十五卷，《直齋書錄》譏其首卷爲行在所，於宮闕、殿閣全不記載，其他沿革亦多疏略。此書世所罕傳，萬歷中，吾郡陳布政善修府志時已不得見。孫君晴崖得宋槧本於京師故家，只一卷至三卷，所載園亭、坊巷及職官姓氏，爲潛君高《咸淳志》藍本，其他惜無從更覓。然斷珪殘璧，爲此邦文獻計，已不啻寶如圖球。《志》稱：『乾道三年五月二十六日以右朝請大夫、直龍圖閣、兩浙轉運副使知臨安府，先是紹興五年嘗通判府事。』《宋史》本傳但言：『宣和間，以父任爲郎，歷官至通判建康府。』《志》稱：『乾道四年十月十四日磨勘，轉右朝議大夫。五年七月初四日，除右文殿修撰再任。』本傳但言：『進右文殿修撰，提舉江州太平興國宮以歸。』無再任臨安事，此可以補史之闕。《咸淳志》載淙浚湖撩草諸善政，孝宗手敕獎諭。本傳但言其開河一事，亦似過略。董浦杭世駿跋。」厲〈跋〉曰：「《乾道臨安志》十五卷，宋臨安府尹吳興周淙彥廣所修也。此宋槧本僅一卷至三卷，無序目可稽。觀其稱孝宗爲今上，紀職官至淙而訖，其爲《乾道志》無疑。吾郡志乘之有名者，北宋《圖經》久已無考。至南渡建爲行都，則此《志》居首，繼之以施鍔《淳祐志》、潛說友《咸淳志》，皆爲宋人排纂。余所見者，只有《咸淳志》百卷，向在花山馬氏、吳君尺鳧鈔藏，尚缺七卷，趙君谷林復購得宋槧本之半，固已珍爲球璧。今孫君晴崖從都下獲此《志》，雖僅十之一二，當時宮闕、官署、城中橋梁、坊巷具存，職官始末，更爲詳晰，諸家儲藏著錄，未有及此者。淙尹京時，撩湖浚渠，綽有政績，載在《宋史》，其書更可寶也。亟錄副本而歸之。樊榭厲鶚跋。」杭、厲二〈跋〉均足與《解題》所述相參證。

然淙有才具，其尹京開湖濬河，皆有成緒。今城中河道通利，民戶為腳船以濟行旅者，蓋自此始。

案：《宋史》淙〈傳〉載：「臨安駐蹕歲久，居民日增，河流湫隘，舟楫病之。淙請疏浚，工畢，除秘閣修撰，進右文殿修撰，提舉江州太平興國宮以歸。」即記此事，與《解題》合。


## 吳興統記十卷

《吳興統記》十卷，攝湖州長史左文質撰。分門別類，古事頗詳。〈序〉稱甲辰歲者，本朝景德元年也。

廣棪案：《宋史》卷二百四〈志〉第一百五十七〈藝文〉三〈地理類〉著錄：「左文質《吳興統記》十卷。」與此同。《祕書省續編到四庫闕書目》卷一〈史類·地理〉著錄：「《吳興統記》十卷。輝按：〈宋志〉、陳《錄》云：『左文質撰。』本書後〈小說類〉有左文質《吳興統記》一卷。」葉德輝考證本。同書卷二〈子類·小說〉著錄：「左文質《吳興統記》一卷。輝按：見前〈史部·地理類〉作十卷，無撰人。〈宋志〉、陳《錄》入〈史部·地理類〉，作十卷。」葉德輝考證本。是《祕書省續編到四庫闕書目》著錄此書凡二次，一在〈史類·地理〉，作十卷，與《解題》同；另一在〈子類·小說〉，作一卷。惟《吳興統記》明屬地理書，作小說著錄實誤；又作一卷，疑一乃十之訛，蓋《解題》、〈宋志〉及此書〈史類·地理〉皆著錄為十卷。左文質，《宋史》無傳。《吳興掌故集》卷一及卷十四載：「左文質，景德七年攝湖州長，嘗著《吳興統記》十卷。」劉兆祐《宋史藝文志史部佚籍考》下編〈已佚而有輯本者〉（十二）〈地理類〉著錄：「《吳興統記》一〇卷，宋左文質撰。文質，景德元年（1004）攝湖州長史，事迹見《吳興掌故集》。按：此書〈序〉稱甲辰歲，景德元年（1004）也。此書，《輿地紀勝》頗引之，清范鍇輯有一卷本，道光中范氏輯刊《范白舫所刊書》收之。」是則此書雖佚，尚有輯本一卷。


## 吳興志二十卷

《吳興志》二十卷，樞密院編修郡人談鑰元特撰。館臣案：《文獻通考》作談鑰撰。原本誤作「論」，今改正。嘉泰元年也。其為書草率，未得為盡善。

廣棪案：鑰，《宋史》無傳。明人徐獻忠所撰《吳興掌故集》卷二載：「談鑰，

吳興人，爲樞密院編修官。撰《吳興志》二十卷。」所述取材於《解題》。陸心源《皕宋樓藏書志》卷三十〈史部‧地理類〉二著錄有「《吳興志》二十卷。舊抄本。」附有傅兆〈序〉。其〈序〉云：「唐人權載之序《正元十道錄》，謂言地理者獨魏公，且因許其經濟遠大之業。及觀魏公所論六典地域之差次、四方貢賦之名物，與夫州郡廢置、山川險阻，無一不備。然後知載之不妄許可。今州縣之編，雖與並載寰宇者不類，條目纖悉亦豈易爲，苟非其人，則詳略勿當，是非雜糅，何以信後。吳興，東南最盛處，於今爲股肱郡，山水清遠，人物賢貴，宜有大手筆以志其寔。左文質《統記》，或謂失之猥，並李宗諤所上《圖經》，盼於此者，又未免簡脫之病。顧方欲請於郡，一日太守李公郎中偶自言及是，且謂郡有博物君子談君監簿，慨然以此自任。今書成，以鋟木之資屬歸安周令。未幾，李公詔還，富公寺正來繼，又捐金以竟之，甚盛事也。兆於談君乃同年進士，喜是編出其手。因從周令借觀，始知郎中除日已屬意乎此。大概本舊志，參正史，補遺訂誤，無一不滿人意，列二十卷，卷各有目，數千百年間事了然不疑。《三輔黃圖》，殆不是過。蓋嘗謂人之筆力根於天性，充於學問，猶運舟挽鈞，力有分量，弗可強勉。紹興以來，亦有好事者續《圖經》，續編志，非不盡力，如震州荻塘之辨，卒亦聽訛而止。嗚呼！談君誠良史才，奚可多得，會將推平素學，獻華夷編，經理中原，如指諸掌。兆淺學寡聞，非敢自齒於權載之列。談君事業，當超出乎唐魏公之上。於以見是編，更數君子而後定，歷二賢守而後傳，是豈無待而然哉！嘉泰改元臘月，郡丞廣信傅兆敬序。」是知鑰嘗爲監簿，與傅兆同年，其書乃歸安縣令周氏及李、富二公相助捐金鋟木刊成。兆於鑰之人之書，備極推崇，並謂此書「超出乎唐魏公之上」，與《解題》所評，優劣迥異。陸心源亦評曰：「《書錄解題》：『《吳興志》二十卷，樞密院編修，郡人談鑰元時撰，嘉泰元年也。其爲書草率，未能盡善。』案談鑰字元時，歸安人。淳熙八年進士。《新湖州府志》有傳。原本久佚，此從《永樂大典》錄出，中間有明志竄入。陳直齋雖譏其未能盡善，然宋以前遺文逸事，爲勞鉞、王珣、張鐸、栗祁諸志所未收者甚多，足爲考古者之助。」見《皕宋樓藏書志》卷三十〈史部‧地理類〉二「《吳興志》二十卷」條。所論似較持平也。


## 蘇州圖經六卷

《蘇州圖經》六卷，翰林學士饒陽李宗諤昌武等撰。景德四年，詔以四方郡

縣所上《圖經》，刊修校定為一千五百六十六卷。以大中祥符四年頒下，今皆散亡，館中僅存九十八卷。余家所有惟蘇、越、黃三州刻本耳。

廣棪案：宗諤，李昉子，字昌武，第進士，授校書郎。景德二年，召爲翰林學士。《宋史》卷二百六十五〈列傳〉第二十四附〈李昉〉。〈傳〉謂：「宗諤工隸書。有《文集》六十卷、《內外制》三十卷。嘗預修《續通典》、《大中祥符封禪汾陰記》、《諸路圖經》，又作《家傳》、《談錄》，並行於世。」此書即《諸路圖經》之一種。至眞宗景德、大中祥符修頒《圖經》事，《玉海》卷第十四〈地理‧地理圖〉「《祥符州縣圖經》」條載：「景德四年二月乙亥，命學士邢昺、呂祐之、杜鎬、戚綸、陳彭年編集車駕所經古迹。庚辰，十三日，一云十四日敕。眞宗因覽《西京圖經》有所未備，詔諸路、州、府、軍、監以《圖經》校勘，編入古迹；選文學之官纂修校正，補其闕略來上。及諸路以《圖經》獻，詔知制誥孫僅，待制戚綸，直集賢院王隨，評事宋綬、邵煥校定。僅等以其體製不一，遂加例重修。命翰學李宗諤、知制誥王曾領其事。又增張知白、晏殊，又擇選人李垂、韓羲等六人參其事。祥符元年四月戊午，龍圖待制戚綸請令修圖經官先修東封所過州縣《圖經》進內，仍賜中書、密院、崇文院各一本，以備檢閱。從之。三年十二月丁巳書成，凡一千五百六十六卷，《目錄》二卷。宗諤等上之，詔嘉獎，賜器幣，命宗諤爲〈序〉。又詔重修定大小《圖經》，令職方牒諸州謹其藏，每閏依本錄進。景祐四年二月甲子賜御史臺。《中興書目》：『今存九十八卷。兗州至利州，或附以近事云。』〈序〉曰：『夏載弼成於五服，職方周知於數要。其後地志起於史官，郡記出於風土。昔漢蕭何先收圖籍，趙充國圖上方略，光武按司空輿地圖封諸子，李恂使幽州，圖山川，並變定封域，章施丹采。今閏年諸州上地圖，亦其比也。圖則作繪之名，經則載言之別。景德丁未歲，展孝山園，循功鼎邑。覽山河之形勝，酌方志之前聞。敕土訓而夾車，校地官之著籍，亟詔方州精加綜輯，曾未半載，悉上送官。毛舉百代，派引九流。舉《春秋》筆削之規，遵史臣廣備之法。立言之本，勸戒爲宗。守令循良，罔不採尋。畯良攸產，往牒備傳。自餘經界之疆畔、道理之邐迤，版賦耗登，軌迹昭晦，土毛良苦，氣俗剛柔，具有差品，無相奪倫。』凡京府二、次府八、州三百五十二、軍四十五、監十四、縣千二百五十三。祥符四年八月十八日，中書門下牒別寫錄，頒下《諸道圖經》新本，共三百四十二本。」所記尤詳，足與《解題》相參證。至直齋謂其家有此書蘇、越、黃三州刻本，則其書已佚，不可考矣。

## 吳郡圖經續記三卷

《吳郡圖經續記》三卷，秘書省正字郡人朱長文伯原撰。記祥符以後事，亦頗補前志之闕遺。長文，吳中名士，病廢不仕，自號樂圃，卒於元符元年。

廣棪案：《宋史》卷四百四十四〈列傳〉第二百三〈文苑〉六載：「朱長文字伯原，蘇州吳人。年未冠，舉進士乙科，以病足不肯試吏，築室樂圃坊，著書閱古，吳人化其賢。長吏至，莫不先造請，謀政所急；士大夫過者，以不到樂圃為恥，名動京師，公卿薦以自代者眾。元祐中，起教授於鄉，召為太學博士，遷秘書省正字。元符初，卒，哲宗知其清，賻絹百。」與《解題》所記同而略詳。此書《四庫全書總目》卷六十八〈史部〉二十四〈地理類〉一著錄曰：「《吳郡圖經續記》三卷，江蘇巡撫採進本。宋朱長文撰。長文字伯原，蘇州人。未冠，登進士乙科，以足疾不仕。後以蘇軾薦，充本州教授。召為太常博士，遷祕書省正字，樞密院編修。書成於元豐七年。上卷分封域、城邑、戶口、坊市、物產、風俗、門名、學校、州宅、南園、倉務、海道、亭館、牧守、人物十五門。中卷分橋梁、祠廟、宮觀、寺院、山水六門。下卷分治水、往迹、園第、冢墓、碑碣、事志、雜錄七門。徵引博而敘述簡，文章爾雅，猶有古人之風。首有長文〈自序〉一篇。末有〈後序〉四篇，一為元祐元年常安民作，一為元祐七年林處作，一為元符二年祝安上作，一為紹興四年孫佑作。州郡志書，五代以前無聞；北宋以來，未有古於《長安志》及是《記》者矣。朱彝尊〈跋咸淳臨安志〉，歷數南北宋地志，不及是《記》，知彝尊未見其書，為希覯之本也。長文〈自序〉稱古今文章，別為《吳門總集》。書中亦屢言某文見《總集》，今其書已不傳，是《記》亦幸而僅存耳。」是此《記》以朱彝尊之博聞，猶未得見，誠可珍也。又丁丙《善本書室藏書志》卷十一〈史部〉十一上亦著錄此書，曰：「《吳郡圖經續記》三卷，舊鈔本。朱長文撰。南北宋以來，地志此為最古，朱竹垞未之見也。吳郡先有大中祥符間官撰《圖經》，長文續於元豐中。上卷為封域、城邑、戶口、坊市、物產、風俗、門名、學校、州宅、南園、倉務、海道、亭館、牧守、人物。中卷為橋梁、祠廟、宮觀、寺院、山水。下卷為治水、往迹、園第、冢墓、碑碣、事志、雜錄。凡二十八門，徵引博，敘述簡。前有〈自序〉，後有元祐元年常安民、元祐七年林處、元符二年祝安上、紹興四年孫佑四〈序〉。又蘇軾〈薦長文箚子〉。長文字伯原，蘇州人，未冠登進士乙科，官祕書省正字，樞密院編修。」則此書乃長文續祥符間官撰《吳郡圖經》而作者。

## 吳地記一卷

《吳地記》一卷，唐陸廣微撰。郡人也。多記吳國事。唐末有秀州，天禧中始割嘉興縣置，故此《記》合二郡為一。

廣棪案：《宋史》卷二百四〈志〉第一百五十七〈藝文〉三〈地理類〉著錄：「陸廣微《吳地記》一卷。」與此同。此書《四庫全書總目》卷七十〈史部〉二十六〈地理類〉三著錄，曰：「《吳地記》一卷，附《後集》一卷，江蘇巡撫採進本。舊本題唐陸廣微撰。《宋史・藝文志》作一卷，與今本合。書中稱周敬王六年丁亥，至今唐乾符三年庚申，凡一千八百九十五年，則廣微當為僖宗時人。然書『虎中嘹』一條，稱唐諱虎，錢氏諱鏐，改為澣瀆。考《五代史・吳越世家》，乾符二年，董昌始表錢鏐為偏將。光啓三年，始拜鏐左衛大將軍、杭州刺史。景福二年，始拜鏐為鎮海軍節度使、潤州刺史。乾寧元年，始加鏐同中書門下平章事。二年，始封鏐為彭城郡王。天祐元年，封吳王。至朱溫篡立，始封鏐為吳越王。安得於乾符三年以董昌一偏將能使人諱其嫌名？且乾符三年亦安得預稱吳越？至錢俶於宋太平興國三年始納土入朝，當其有國之時，蘇州正其所隸，豈敢斥之曰錢氏？尤顯為宋人之辭。則此書不出廣微，更無疑義。王士禎《香祖筆記》嘗摘其『語兒亭』、『馮驩宅』、『公孫挺陳開疆顧冶子墓』三條，又摘其『琴高宅』一條，於地理事實，皆為舛謬。又案乾符三年，歲在丙申，實非庚申。上距周敬王丁亥，僅一千三百九十年，實非一千八百九十五年，於年數亦復差誤。觀其卷末稱纂成圖畫，以俟後來者添修。而此本無圖，前列吳、長洲、嘉興、崑山、常熟、華亭、海鹽七縣，而後列吳縣、長洲縣事為多。殆原書散佚，後人採掇成編，又竄入他說以足卷帙，故訛異若是耶？以今世所行別無善刻，故姑仍吳琯此本錄之，以存梗概，而附訂其牴牾如右。」是則此書疑非廣微撰，乃後人就陸書散佚之餘，採掇成編，又竄入他說以足卷帙者。此書錢大昕亦有〈題記〉，曰：「陸廣微事迹無可考，據其書云：『自周敬王六年，至今唐乾符三年。』則是唐僖宗朝人，而《唐書・藝文志》不載是書，至〈宋志〉始著於錄。若夫吳江一縣置於吳越有國之日，卷內有續添『吳江縣』云云，殆後人屬入耳。壬子春二月庚子朔，錢大昕記。」據《標點善本題跋集錄・史部・地理類》：「《吳地記》一卷一冊」條過錄。是則大昕亦謂此書有「後人屬入」者。廣微，兩《唐書》無傳，生平無可考。

## 吳郡志五十卷

《吳郡志》五十卷，參政郡人范成大至能撰。書始成未行，而石湖沒。有求附見某事而弗得者，譁曰：「此非石湖筆也。」太守不能決，藏其書學官。然周益公為范墓碑，述所著書目有焉。及紹定初，桐川李壽朋儔老為守，始取而刻之。而書止於紹熙，館臣案：《文獻通考》作「其書止於紹興」。其後事實俾寮屬用褚少孫《史記》例補成之。趙南塘履常作〈序〉，訂其為石湖書不疑。且謂郡士龔頤正、館臣案：《宋史·藝文志》作「龔頤正」，此本誤作「順正」，今改正。滕茂、周南皆嘗薦所聞於公者，而龔尤多。

廣桉案：錢曾《錢遵王讀書敏求記》卷二之下〈地理輿圖〉著錄：「范成大《吳郡志》五十卷，石湖著。《吳郡志》成，郡守具木欲刻時，有求附某事於籍而弗得者，譁曰：『非公之筆。』刻遂中止，書藏學官。紹定初元，李壽朋以尚書郎出守，始增所缺遺，訂其脫誤而刊行之。宋槧本書籍注中有注者，惟此及高誘《戰國策》，他則未之及也。」《四庫全書總目》卷六十八〈史部〉二十四〈地理類〉一亦著錄：「《吳郡志》五十卷，兵部侍郎紀昀家藏本。宋范成大撰。成大有《驂鸞錄》，已著錄。是書為成大末年所作。郡人龔頤（正）、滕茂、周南相與贊成之。時有求附於籍不得者，會成大歿，乃騰謗謂不出於成大手，遂寢不行。故至元〈嘉禾志序〉謂《吳郡志》以妄議，不得刊也。紹定初，廣德李壽朋始為鋟版，趙汝談為之〈序〉。以周必大所撰〈成大墓誌〉，定是書實所自為。並申明龔頤（正）三人者，常為成大蒐訪，故謗有自來。其論乃定。壽朋又以是書止紹興三年，其後諸大建置，如白萬倉、嘉定新邑、許浦水軍、顧涇移屯，皆未及載，復令校官汪泰亨補之，自謂仿褚少孫補《史記》例。然少孫補《史記》雖為妄陋，猶不混本書。泰亨所續，當時不別署為續志，遂與本書淆亂，體例殊乖。其書凡分三十九門，徵引浩博，而敘述簡核，為地志中之善本。刊版久佚，此本猶紹定舊槧，往往於夾註之中又有夾註。考成大以前，惟姚宏補註《戰國策》嘗有此例，而不及此書之多，亦可云著書之刱體矣。」均足與《解題》相參證。阮元此條「龔頤正」作「龔頤」，蓋避清雍正胤禛諱，故闕「正」字。此書有趙汝談〈序〉，其〈序〉曰：「初，石湖范公為《吳郡志》成，守具木欲刻矣，時有求附某事於籍而弗得者，因譁曰：『是書非石湖筆也。』守憚莫敢辨，亦弗敢刻，遂以書藏學官。愚按風土必志，尚矣。吳郡自闔廬以霸，更千數百年，號稱雖數易，常為東南大都會。當中興，其地視漢扶馮，人物魁偉，井賦蕃溢，談者至與杭等，蓋益盛矣。而《舊圖經》蕪漫失考，朱公長文雖重作亦

略，是豈非大缺者？何幸此筆屬公，條章粲然，成一郡鉅典，辭與事稱矣。而流俗乃復揜阨使不得行，豈不使人甚太息哉！紹定初元多，廣德李侯壽朋以尚書郎出守，其先度支公嘉言，石湖客也，是以侯習知之，及謁學問故，驚曰：『是書猶未刊邪？』他日，拜石湖祠，退從其家求遺書，得數種，而斯《志》與焉，校學本無少異。侯曰：『噫！信是已，吾何敢不力。』而書止紹熙三年，其後大建置如百萬倉、嘉定新邑、許浦水軍、顧逕移屯等類，皆未載，法當補。於是會校官汪泰亨與文學士雜議，用褚少孫例，增所缺遺，訂其脫訛，書用大備，而不自別爲續焉。侯喜曰：『是不沒公美矣，亦吾先人志也。』書來，屬汝談序，余病謝弗果。侯重請曰：『吾以是石湖書也，故敢懇子，而子亦辭乎？』余不得已，勉諾。客有問余曰：『或疑是書不盡出石湖筆，子亦信乎？』余笑曰：『是固前譁者云也。昔八公徒著道術數萬言，書標《淮南》；《通典》亦出眾力，而特表杜佑。自古如《呂氏春秋》、《大》、《小戴禮》，曷嘗盡出一手哉？顧提綱何人耳。余聞石湖在時，與郡士龔頤（正）、滕茂、周南厚。三人者，博雅善道古，皆州之雋民也，故公數咨焉，而龔薦所聞於公尤多，異論由是作，子盍亦觀益公碑公墓乎？載所爲書篇目可考，子不信碑而信誕乎？且公蚤以文名四方、位二府，余鄙，何所繫重。余特嘉夫侯之不忘其先，能畢力是書以卒公志，而不自表顯焉，是其賢非余言莫明也。抑余所感，則又有大此者焉！方公書始出也，疑謗橫集，士至莫敢伸喙以白，曾未四十年，而向之風波，息滅漸盡，至是無一存者，書乃竟賴侯以傳，是不有時數哉？然則世論是非曷嘗不待久而後定乎？此余所以重感也。余誠不足序公，姑以是寄意焉，其亦可乎，否也？』疑者唯服。侯父子世儒，有聞，其治吳未期，百墜交舉，既上此職方氏，將復刊《石湖集》，與《白氏長慶》並行，而改命漕湖北矣。余故併《志》以申後覬焉。紹定二年十一月朔，汴人趙汝談序。」〈序〉中述此書撰作經過及訂定其爲成大書，可與直齋所言相印證，《解題》所記，殆全據此〈序〉撮述。至成大，字致能，吳郡人。《宋史》卷三百八十六〈列傳〉第一百四十五有傳。周必大《周文忠公集》卷六十一有〈資政殿大學士贈銀青光祿大夫范公成大神道碑〉，曰：「公天資俊明，輔以博學，文素贍麗清逸，自成一家。尤工詩，大篇短章，傳播四方。初傚王筠一官一集，後自衰次爲《石湖集》一百三十六卷；別著《吳郡志》五十卷；使北，有《攬轡錄》；入粵，有《驂鸞錄》、《桂海虞衡志》；出蜀，有《吳船錄》各一卷。」是據必大所撰〈神道碑〉，知成大所著書有《吳郡志》五十卷。

### 鎮江志三十卷

《鎮江志》三十卷，教授天台盧憲子章撰。

　　廣校案：阮元《揅經室外集》卷一〈四庫未收書提要〉載：「《嘉定鎮江志》二十二卷，宋盧憲撰。《宋史・藝文志》有熊克《鎮江志》十卷，而無憲此書。《書錄解題》云：『《鎮江志》三十卷，教授天台盧憲子章撰。』《文獻通考》亦著錄之。此書中稱憲者四條，稱盧憲者一條，故知是憲之書。書中所載事迹，惟史彌堅最詳，趙善湘次之。考彌堅以嘉定六年九月守鎮江，八年九月請祠。善湘以嘉定十四年十二月守鎮江，十七年召還，寶慶二年再任。案元《至順鎮江志・學校門》載教官盧憲嘉定癸酉謁廟事。癸酉爲嘉定六年，正彌堅守郡之日，書堂成於此時也。此書不見於近代藏書家著錄，所存卷數與《書錄解題》不同。中間脫文錯簡，往往而是。案其目錄，似於體例間有未協。蓋由原本已多訛脫，經後人重爲編次，小有牴牾，固所不免。然宋人地志之存於今者十不得一，而鎮江自六朝以後，遞爲重地，南渡以前之遺文墜典，如唐孫處元《圖經》、《祥符圖經》、《潤州集類》、《京口集》之類，世無傳本，藉此以存涯略，零圭碎璧，尤可寶惜。今從舊鈔本校正繕寫之。」張金吾《愛日精廬藏書志》卷十六〈史部・地理類〉著錄：「《嘉定鎮江志》二十二卷，抄本。從陳君子準藏本傳錄。宋盧憲撰。原書不著撰人名氏。案《直齋書錄解題》載盧憲《鎮江志》三十卷。是書卷五〈寬賦〉有『憲謹釋曰』云云，卷二十一〈雜錄〉有『憲竊謂』云云，卷二十二〈人物雜記〉有『盧憲論曰』云云，則是書爲憲所撰無疑。卷十〈學校〉載：『嘉定癸酉，教官盧憲謁廟事。』則《志》當成於此時。若卷五〈常賦〉載及嘉熙、寶祐、景定、德祐時事，蓋後人所增入者。首〈敘郡〉，終〈拾遺〉，凡七十三門，而以〈郡縣表〉冠首，體例謹嚴，採摭繁富，所附案語，鉤稽考核，亦極精密，兩宋遺文所載尤夥，考京口文獻者，要必以是書稱首焉。」則此書實憲所撰，清時阮元、張金吾所得之本雖或有所殘缺，然零圭碎璧，亦足珍惜。憲，《四十七種宋代傳記綜合引得》無其資料。

### 新定志八卷

《新定志》八卷，郡守東平董弅令升撰。紹興己未也。淳熙甲辰，武義陳公亮重修。

　　廣校案：此書又名《嚴州圖經》。《宋史》卷二百四〈志〉第一百五十七〈藝文〉

三〈地理類〉著錄:「董棻《嚴州圖經》八卷。」即此書也。惟〈宋志〉「弇」作「棻」,應以〈宋志〉爲合。董棻撰此《志》後,宋理宗景定間,方仁榮、鄭瑤嘗合撰《新定續志》十卷,黃丕烈、錢大昕均有〈題記〉。丕烈〈題記〉曰:「至於編纂,爲浙漕進士州學學錄方仁榮、迪功郎差充嚴州州學教授兼釣臺書院山長鄭瑤,目錄後及卷十終皆兩載之,亦可以得其始末矣。書凡十卷,目錄完好,惟〈序〉闕三葉,前或別有序,皆不可知,顧余獨有奇焉者,〈序〉第五葉末餘紙,有字迹反印者,當是水濕所致,驗之爲《前志》所載〈太宗皇帝詔敕文〉,爰憶曩所見《嚴州圖經》中有之,且版刻楮墨與《圖經》無二者,或二書本藏一處,相爲比附而行,不知何時散佚,令人區而二之,留此以待他日延平之合。蓋《嚴州圖經》僅載於《宋史・藝文志》,謂是董棻撰,八卷,《解題》及《通考》皆云:『《新定志》八卷,董棻令升撰,紹興己未也,淳熙甲辰,武義陳公亮重修』。不知宋之志〈藝文〉者,何以稱爲《嚴州圖經》,而不云《新定志》,抑或淳熙重修,故改是名歟?」大昕〈題記〉則曰:「此《志》刱於董弇,本題《嚴州圖經》,陳公亮重修,亦仍其舊。而直齋《書錄》、馬氏《文獻通考》皆作《新定志》,即志所載書籍,亦但有《新定志》,初無《圖經》之目,蓋宋人州志,多以郡名標題,不妨一書兼有二名,此所續者,即董、陳兩家之《志》耳。《志》成於錢可則蒞郡之日,當在景定間,而卷首載〈咸淳元年升建德府省劄〉,其知州題名,可則後續列郭自中等八人,此後來次第增入,宋時志乘大率如此。庚申中伏,大昕書於紫陽寓館。」是黃、錢二人均悉《新定志》與《嚴州圖經》爲同一書,然何以又名《新定志》,則二氏均未得確解。劉兆祐《宋史藝文志史部佚籍考》上編〈已佚而無輯本者〉(十二)〈地理類〉「《嚴州圖經》八卷」條則有新說,兆祐按:「據《宋史・地理志》,宋睦州新定郡,又改嚴州遂安軍,故陳《錄》題《新定志》也。」兆祐所考較黃、錢爲得其眞。此書董棻有〈序〉,曰:「漢得秦圖書,具知天下阨塞戶口多少彊弱處。光武中興,按司空〈輿地圖〉以封諸子。至唐立制,凡地圖,命郡府三年一造,與版籍偕上省,國朝定令,閏年諸州上地圖。大中祥符四年,詔儒臣修纂《圖經》,頒下州縣,俾遵承之,距今百二十有八年矣,其間州名有更易,軍制有升降,戶口有登耗,賦稅有增損,既皆不同,而又艱難以來,州縣唯科斂是急,趣具目前,閏年之制,寖以不舉,蓋職方之職廢也。紹興七年,棻來承乏,嘗訪求歷代沿革,國朝典章,前賢遺範,牽汗漫莫可取正。詢之故老,則曰:『是邦當宣和庚子之後,圖籍散亡,視它州尤難稽考。』乃喟然曰:『惟嚴爲州,山水清絕,有高賢之遯躅,久以輯睦得名,今因嚴陵紀號,自唐爲軍事州。藝祖開基,

首命太宗爲睦州防禦使，先帝政和中悉褒錄祖宗潛藩之地，詔升其軍爲節度，既而出節少府以授今上，嘗以親王遙臨鎮焉。其後繼世以有天下，實似太宗，蓋是鄉兩爲眞主興王之地，其視少康之倫，漢文之代，有不足道，則地望顧不重哉！而汎歷代以來，文人才士間出於其地，偉賢鉅公來爲牧守者相望也，庸可以勿紀乎？』於是因通判軍州事孫傅有請，乃屬僚屬知建德縣事熊遹、州學教授朱良弼、主建德縣簿汪勃、主桐廬縣簿賈廷佐，及郡人前漢陽軍教授喻彥先，相與檢訂事實，各以類從。因《舊經》而補緝，廣新聞而附見。凡是邦之遺事略具矣，豈特備異日職方舉閏年之制，抑使爲政者究知風俗利病，師範先賢懿績；而承學晚生覽之，可以輯睦而還舊俗；宦達名流玩之，可以全高風而勵名節，豈小補也哉！至於紀錄尚或未盡，則以俟後之君子。紹興己未春正月壬午，知軍州事董棻序。」據是，則此書之撰，伊始於紹興七年丁巳，而成於紹興九年己未，時棻正知嚴州遂安軍州事。棻，董逌子，字令升，其事迹詳見《宋史翼》卷二十七〈列傳〉第二十七〈文苑〉二附〈董逌〉。至陳公亮，《宋史》無傳，樓鑰《攻媿集》卷三十八〈制〉有〈陳公亮除江西運副制〉，陳傅良《止齋集》卷十七〈制〉有〈陳公亮除福建轉運副使制〉，略悉其宦歷。考《宋會要輯稿》第一百六十三冊〈食貨〉七〇之一三三載：「紹熙二年十月一日詔：『令福建轉運司行下漳州，將經界事件權行住罷。』先是，福建路諸司奏相度條具漳、泉、汀三州經界，得旨先將漳州措置委本路運判陳公亮專一提督，候打量畢，開具已行事件，及打畫圖本申尚書省。既而漳州士民進狀，言其不便於民，故有是命。」同書第一百二冊〈職官〉七三之六七載：「（慶元二年十一月）十二日，福建運副陳公亮、提舉蔡幼學並放罷。以臣僚言公亮素無廉聲，昨漕江西，聞政福漕，席卷公用，郡人駭之。幼學早爲僞學，巧取倫魁，持節閩部，全不事事。」是公亮先任江西運副，後任福建運副，而以「席卷公用」被罷。

## 嘉禾志五卷、故事一卷

《嘉禾志》五卷、《故事》一卷，郡守毗陵張元成撰。為書極草草。

　　廣棪案：《宋史》卷二百四〈志〉第一百五十七〈藝文〉三〈地理類〉著錄：「張元成《嘉禾志》四卷。」所載卷數與《解題》不同。此書已佚，元人徐碩另撰有《嘉禾志》三十二卷，郭晦爲之〈序〉。郭〈序〉有云：「眞宗景德四年，嘗詔諸道修《圖經》，僅得《海鹽》一志而已。淳熙甲午，郡守張元成

始延聞人伯紀爲郡志，此作古也。前乎伯紀，所謂《舊經》，雖博覽之士無所見，其簡略可知；後乎伯紀，郡守丘珂嘗命關表卿重修，且遍檄諸邑搜訪古迹，可謂勞於用力。書未成而倦翁改調，上而無紀錄之冊可參，次而無老成之士可質，又次而無賢子弟可詢其家世，其欲正訛補闕，豈不難哉？」讀之可藉悉景德四年以還修《嘉禾志》之梗概。此《志》蓋伯紀修於淳熙元年甲午，書僅成五卷。另《故事》一卷，乃不免直齋「草草」之評。至元成之事迹，《四十七種宋代傳記綜合引得》無其資料。考《宋會要輯稿》第一百五十六冊〈食貨〉六四之一〇二載：「淳熙二年二月五日詔：『知秀州張元成、通判黃師中各降一官。』以憲司言經總制錢，比諸州虧額爲多故也。」秀州即嘉禾。同書第一百一冊〈職官〉七二之四〇載：「（淳熙十一年九月十六日）知吉州張元成放罷，以州兵作鬧不能彈壓。本路安撫按奏，故皆罷之。」是知元成嘗知秀州，遭降職，後知古州，又被罷也。


## 毗陵志十二卷

《毗陵志》十二卷，教授三山鄒補之撰。

　　廣棪案：《宋史》卷二百四〈志〉第一百五十七〈藝文〉三〈地理類〉著錄：「鄒補之《毗陵志》十二卷。」著錄與此同。補之，陸心源《宋詩紀事補遺》卷之五十五載：「鄒補之，字公袞，衢州開化人。受業朱、呂之門，第進士。淳熙十二年以從政郎充常州學教授。慶元中，知休寧縣，新學校，修祠宇。嘉泰元年，通判江寧府。尋致仕。著有《毗陵志》、《春秋語孟註》、《兵書解》、《宋朝職略》。」考毗陵即常州，《解題》謂補之任教授，亦即任常州學教授。由此可推知此書之撰就，當在淳熙十二年後之若干年。至補之隸籍之三山，即三衢山，衢州以此山而得名。故《解題》稱補之爲三山人，《宋詩紀事補遺》稱衢州開化人，其實一也。


## 越州圖經九卷

《越州圖經》九卷，李宗諤祥符所上也。末有祕閣校理李垂、邵煥修<sup>館臣案：</sup>《宋史·藝文志》作邵煥修，此本作「撰修」，誤，今改正。及覆修名銜。然則書成於眾手，而宗諤特提總其凡耳。

　　廣棪案：《宋史》卷二百四〈志〉第一百五十七〈藝文〉三〈地理類〉著錄：「李

宗諤《圖經》九十八卷，又《圖經》七十七卷，《越州圖經》九卷，《陽明洞天圖經》十五卷。」是宗諤領銜修撰之《圖經》頗多，此書僅其一耳。至李垂字舜工，聊城人。咸平中，登進士第。自湖州錄事參軍，召爲崇文校勘，累遷著作郎、館閣校理。《宋史》卷二百九十九〈列傳〉第五十八有傳。邵煥，《宋史》無傳。《宋人傳記資料索引》載：「邵煥，淳安人。咸平中，以神童召赴闕，眞宗令賦〈春雨詩〉，立就，時年十歲。除正字，令於祕閣讀書。帝嘗引入宮，命賦〈睡宮娥詩〉，爲時人所傳誦。累官至金部員外郎。」是李、邵二人均嘗任職祕閣也。

## 會稽志二十卷

《會稽志》二十卷，通判吳興施宿武子、郡人馮景中、陸子虛、<small>廣棪案：《嘉泰會稽志》作「虞」，是。</small>朱鼎、王度等撰。

　　廣棪案：《宋史》卷二百四〈志〉第一百五十七〈藝文〉三〈地理類〉著錄：「陸游《會稽志》二十卷。」此蓋〈宋志〉誤以作〈序〉者爲撰人。此書《四庫全書總目》卷六十八〈史部〉二十四〈地理類〉一亦著錄，曰：「《嘉泰會稽志》二十卷、《寶慶續志》八卷，<small>浙江范懋柱家天一閣藏本。</small>《會稽志》二十卷，宋施宿等撰。宿字武子，湖州人，司諫元之子。嘗知餘姚縣，遷紹興府通判。……宋南渡以後，升越州爲紹興府，其牧守每以宰執重臣領之，稱爲大藩，而圖志未備，直龍圖閣沈作賓爲守，始謀纂輯。寶文閣待制趙不迹、寶文閣學士袁說友等，相繼編訂，而宿一人實始終其事。書成於嘉泰元年，陸游爲之〈序〉。其不稱《紹興府志》而稱《會稽志》者，用《長安》、《河南》、《成都》、《相臺》諸志例也。……所分門類，不用以綱統目之例，但各以細目標題。《前志》爲目一百十七，《續志》爲目五十，不漏不支，敘次有法。如『姓氏』、『送迎』、『古第宅』、『古器物』、『求遺書藏書』諸條，皆他《志》所弗詳。宿獨能蒐採輯比，使條理秩然；淏所續亦簡核不苟，皆地志中之有體要者。」可知此書梗概。宿字武子，長興人。紹熙四年進士。《宋史翼》卷二十九〈列傳〉第二十九〈文苑〉四有傳。其〈傳〉載：「沈作賓守會稽，時宿通判軍事，與撰《會稽志》，積勞累月乃成。」子虛，陸游子，山陰人。據葉適《水心文集》卷九〈六安縣新學記〉，僅知虛紹熙中爲六安令。度，《宋元學案》卷五十五〈水心學案〉下有「學博王先生度」條，曰：「王度，字君玉，會稽人也。學于水心，以太學上舍入對，問同舍時事所宜言，則皆搖首

曰：『草茅諸生，何預時事乎？』曰：『不然！罷賢良，策進士，當世要務，無不畢陳，自熙寧行之矣，且更待何日？』於是暢所欲言，而竟以此失上第。教授舒州，戶外之屨恆滿。侍從薦之，用爲太社令，遷太學博士，將召對，益欲發舒，以疾卒。」至馮景中與朱鼎二人，事迹無可考。

陸放翁爲之〈序〉。首稱：『禹會諸侯，而以思陵巡狩，陛府配之。』氣壯文雅，蓋奇作也。嘉泰辛酉，陸年已七十七矣。未幾，始落致仕爲史官，至八十五歲乃終。其筆力老而不衰，於此〈序〉見之。

案：丁丙《善本書室藏書志》卷十一〈史部〉十一上著錄此書及陸游〈序〉，曰：「《會稽志》二十卷、《續志》八卷，明正德刊宋本，葉氏菉竹堂藏。《嘉泰志》施宿等撰。……宿字武子，湖州人。嘗知餘姚縣，遷紹興府通判。……宿《志》終於嘉泰元年辛酉。……前有陸游〈序〉曰：『昔夏禹會諸侯於會稽，歷三千歲；而我高宗復禹迹，定中興，用唐幸梁州故事，陞州爲府。大駕既西幸，而府遂爲近藩。又永祐以來，四陵欑殿相望，天下鉅鎭，惟金陵與會稽耳。則山川圖牒，宜其廣備，顧未暇及者數十年。直龍圖閣沈公作賓來爲守，慨爲己任，而通判府事施君宿發其端，安撫司幹辦公事李君，兼韓君茂卿爲之助，郡士馮景中、陸子虞、王度、朱鼎，永嘉邵持正等相與上參〈禹貢〉，下考《太史公》及歷代史藏、《爾雅》、《本草》、道釋之書、稗官野史之所藏、秦漢晉唐之金石，靡有遺者。沈公去，趙公不迹、袁公說友繼爲守，亦力成之。而始終其事者，施君也。』放翁序時年七十七矣，子虞即其子也。後有刻字八行云：『紹興府今刊《會稽志》一部，二十卷，用印書紙八百幅、古經紙一十幅、副葉紙二十幅、背古經紙平表一十幅、工墨八百文。每冊裝背口口文，右具如前。嘉泰二年五月日手分俞澄、王思忠具安撫使司校正書籍傳梓。』又一行題『皇明正德五年龍集庚午九月初吉重刊』。有『葉氏菉竹堂藏書印』，『北山典籍，子孫永保』諸圖記。」是則此書撰成於寧宗嘉泰元年辛酉，嘉泰二年壬戌五月由安撫使司校正傳梓。至明武宗正德間有刊宋本，葉氏菉竹堂所藏即正德本也。游字務觀，人譏其頹放，自號放翁。《宋史》卷三百九十五〈列傳〉第一百五十四有傳。其〈傳〉載：「嘉定二年卒，年八十五。」與《解題》所記同。

## 會稽續志八卷

《會稽續志》八卷，梁國張淏撰。續記辛酉後事，而亦補前《志》之遺。前

《志》無進士題名，此其尤不可遺者也。

　　廣棪案：《宋史藝文志補・史部・地理類》著錄：「張淏《會稽續志》八卷。」此書有淏〈自序〉曰：「《會稽志》作於嘉泰辛酉，距今二十有五年。夫物有變遷，事有沿革，今昔不可同日語也。況城府內外，嶄然一新，則越又非曩之越矣。苟不隨時紀錄，後將何所考。昔虞翻、朱育答郡太守問會稽古今事，應對如流，纖悉弗遺，當時但嘆其殫洽，殊不知二公皆人望也，其習熟有非一日。淏雖世本中原，僑寓是邦蓋有年矣。山川風土之詳、人材物產之富，與夫事物之沿革變遷，曩嘗訪問，茲又目擊，於越事亦粗稔。懼其久而遺忘，輒裒輯而彙次之，總爲一編，曰《會稽續志》。所書固辛酉以後事，而前《志》一時偶有遺逸者，因追補之；疎略者，因增廣之；訛誤者，因是正之。異時有問我以越事，敢執此以謝。寶慶元年三月旦日，梁國張淏序。」是此書蓋成於理宗寶慶元年乙酉三月。瞿鏞《鐵琴銅劍樓藏書目錄》卷第十一〈史部〉四〈地理類〉著錄：「《會稽續志》八卷，明刊本。宋張淏撰並序。續記嘉泰辛酉以後事，兼補前《志》之遺，如『進士題名』之類，皆其所增。書成於寶慶元年，宋刻久佚，明正德間，郡守石某屬邑人王綖訪舊本校刻之。卷末有『正德五年龍集庚午九月初吉重刊』一行。」與《解題》同。淏，《宋人傳記資料索引》載：「張淏字清源，號雲谷，武義人。慶元二年預鄉試選，尋用蔭補官。累官主管吏部架閣文字，積階奉議郎，官太社令致仕。撰有《寶慶會稽續志》、《艮嶽記》、《雲谷雜記》。」猶可藉悉其生平概況。

## 赤城志四十卷

《赤城志》四十卷，國子司業郡人陳耆卿壽老撰。其前爲圖十有三。

　　廣棪案：《宋史》卷二百四〈志〉第一百五十七〈藝文〉三〈地理類〉著錄：「《赤城志》四十卷，陳耆卿序。」惟此書實耆卿所撰，並爲之〈序〉，〈宋志〉略誤。《四庫全書總目》卷六十八〈史部〉二十四〈地理類〉一著錄：「《嘉定赤城志》四十卷，兩淮馬裕家藏本。宋陳耆卿撰。耆卿字壽老，號篔窗，台州臨海人。登嘉定七年進士，官至國子司業。其事蹟不見《宋史》。惟謝鐸《赤城志》稍著其仕履，而亦不詳。今以所著《篔窗集》考之，則嘉定十一年嘗爲青田縣主簿。嘉定十三年爲慶元府府學教授。又趙希弁《讀書附志》稱耆卿《集》中沂邸箋表爲多。案《宋史》，孝宗孫吳興郡王柄，追封沂王。其嗣子希瞿，寧宗嘗立爲皇子，即濟王竑。耆卿必嘗爲其府記室，而希弁略其文也。此爲所撰《台州總

志》，以所屬臨海、黃巖、天台、仙居、寧海五縣，條分件繫，分十五門。其曰赤城者，《文選》孫綽〈天台山賦〉稱：『赤城霞起以建標。』李善注引支遁〈天台山銘序〉曰：『往天台嘗由赤城山爲道徑。』又引孔靈符〈會稽記〉曰：『赤城，山名，色皆赤，狀似雲霞。』又引〈天台山圖〉曰：『赤城山，天台之南門也。梁始置赤城郡，蓋因山爲名。』耆卿此《志》即用梁郡名耳。耆卿受學於葉適，文章法度，具有師承，故敘述咸中體裁。明謝鐸嘗續其書，去之遠甚。舊與耆卿書合編，今析出別存其目。陳振孫《書錄解題》載此《志》之前有圖十三。此本乃無一圖。殆傳寫者艱於繪畫，久而佚之矣。」所考雖甚詳備，然於耆卿事迹仍有遺漏，余嘉錫《四庫提要辨證》卷七〈史部〉五〈地理類〉一「《嘉定赤城志》四十卷」條續考之曰：「嘉錫案：《南宋館閣續錄》：陳耆卿，嘉定七年袁甫榜進士出身，治《書》。寶慶二年，召試館職，二月除正字；十一月爲校書郎。紹定元年十二月爲秘書郎；三年十二月爲著作佐郎；六年十二月爲著作郎。端平元年二月兼國史院編修官、實錄院檢討官；二年四月爲軍器少監。以上分見《續錄》卷八、卷九。方回《桐江集》卷三〈讀箟牕《荊溪集》荊溪，吳子良集名。跋〉云：『箟牕生於淳熙七年庚子，少水心三十年。開禧三年，水心罷江淮制置閑居；七年，箟牕年三十五，登甲戌袁榜，爲青田尉，時以書見水心，一見許之爲晁、張。荊溪祠天台六先賢於學，箟牕亦與，謂陳公之滯於三館也，鄉人囑以〈祠記〉諂權相，謂史彌遠也。則謝不爲；相所親啖以兩制，而索其文，則拒不與；此事亦見《林下偶談》卷二。〈陛對失人心〉一疏，則觸忌諱不顧；端平用兵之議，則眾辨之不隨也。箟牕仕至國子司業，直舍人院，端平三年卒，年五十七。』回此〈跋〉敘耆卿與葉適之淵源甚悉，詳見〈詩文評類〉一，荊溪《林下偶談》條下。陸心源《宋史翼》卷二十九爲耆卿作補傳，僅取材於《臨海縣志》，他皆不知也。」余氏所考，足補《四庫全書總目》之未及。丁丙《善本書室藏書志》卷十一〈史部〉十一上亦著錄此書，曰：「《赤城志》四十卷，明弘治刊本。宋陳耆卿撰。耆卿字壽老，號箟牕，台州臨海人。嘉定七年進士，嘗爲青田縣主簿，慶元府學教授，又爲濟王府記室，國子監司業。前有嘉定癸未耆卿〈自序〉云：『台爲名邦，綿涉千載，更數百守，而圖牒闕亡。昔守如尤公袤、唐公仲友、李公兼，類軼掌不克就，最後黃公𥌓辱以命余偕陳維等纂輯焉。會黃去，束其稿十年矣，更久非惟不備，並與僅就者失之。今青社齊公碩復以命余，於是郡博士姜君容總權之，邑大夫蔡君範以下分訂之，又再屬陳維及林表民採益之。《志》分十五門，郡守齊碩跋其後。』陳氏《書錄解題》稱『《志》前有十三圖』，此本已佚。末有弘治丁巳郡人謝鐸重刻識語。」

觀耆卿〈自序〉，則此書固非其一人之力所成也。

## 赤城續志八卷

《赤城續志》八卷，郡人吳子良拾其所遺續載之。

廣棪案：《宋史翼》卷二十九〈列傳〉第二十九〈文苑〉四有〈吳子良〉。其〈傳〉
曰：「吳子良，字明輔，號荊溪，台州臨海人。寶慶二年進士，官至湖南運使、
太府少卿。幼從陳蓍窗遊。年二十四，登葉水心之門，水心稱其文意特新，語特
工，韻趣特高遠，雖昔之妙齡秀質，終以文名世者不過若是，何止超越流輩而已
哉！及卒，車玉峰挽以詩，有云：『江右文章今四葉，水心氣脈近三台。』所著
有《荊溪集》。《臨海縣志》。」惟不及此書。子良所撰者乃〈赤城續志序〉，署年
爲淳祐八年。直齋不愼，誤以子良亦爲此書之撰者。余前撰《陳振孫之生平及其
著述研究》於此事辨之詳矣。見該書第四章〈陳振孫之戚友與交游〉，頁二九九。

## 赤城三志四卷

《赤城三志》四卷，郡人林表民逢吉撰。紹定己丑，水壞城，修治興築，本
末詳焉。

廣棪案：表民，《宋史》無傳。《宋元學案補遺》卷五十五「林先生表民父詠道」
條曰：「林表民，字逢吉，台州人。父詠道，好古博雅，儲書甚富。先生承其家
學，而與陳蓍窗耆卿、吳荊谿子良游。嘗同蓍窗修《赤城志》，又自修《續志》
三卷，輯《赤城集》二十八卷。《台州府志》。」案：《宋人傳記資料索引》亦有
表民小傳，曰：「林表民，字逢吉，號玉溪，台州臨海人，師篯子。博物洽聞，
著有《赤城續志》、《三志》、《赤城集》、《玉溪吟草》。」是則表民不惟撰《赤城
三志》，亦撰有《續志》。《解題》上條稱吳子良撰《赤城續志》，實乃表民所撰，
直齋不愼，誤署子良。《赤城三志》已佚，惟《赤城集》卷十八有王象祖〈赤城
三志序〉，曰：「《赤城志》作於太史陳公耆卿，凡例嚴辨，去取精確，諸小序，
凜凜乎馬、班書志之遺筆，莫可尙矣！其友林表民與修焉。而林君又爲《續志》。
紹定己丑，郡陷於水，倉使寶謨仙游，葉公再造是邦，復俾得爲《三志》，博雅
考訂，有源有委，非斯人不可也。」據是，更足證《續志》、《三志》均出表民
手筆。紹定己丑爲宋理宗紹定二年，《三志》當成於此年之後。《三志》之佚，
約在明孝宗弘治十年前，明人謝鐸撰〈赤城志後序〉，文中有「《續志》雖存，

而其所載無大關涉；《三志》則並其本而亡之」之語，謝〈序〉署年為「弘治（十年）丁巳秋八月八日」。

## 四明志二十一卷

《四明志》二十一卷，贛州錄事參軍廬陵羅濬修。時胡榘仲方尚書為守，濬，其鄉人也。

廣棪案：此書臺灣國家圖書館藏有傳鈔宋寶慶間修本，書首有羅濬〈序〉，曰：「四明舊有《圖經》，成於乾道五年，〔蓋直秘閣張〕公津守郡之三祀也。先是大觀初，朝廷置《九域圖志》局，令州郡各編纂以進。明已成書，而厄於兵火，遂逸其傳。三山黃君鼎得所藏以獻張公，乃俾僚屬參稽，釐為七卷，而鋟諸梓。然自明置州，至是四百三十二年，而城治之遷徙、縣邑之沿革，人未有知其約者。唐刺州韓察實移州城，石刻尚存於時，且未之見，他豈暇詳？甚哉！作者之難，固有俟乎後、述於後者也。尚書廬陵胡公，以寶慶二年被命作牧，上距鋟梓之歲，甲子欲周，而竟未有述之者。越明年，政修人和，百廢具興，爰命校官方君萬里，取《舊圖經》與在泮之士重訂之。未幾，方君造朝，事遂輟。又明年，濬調官遲次，來謁鈐齋尚書，俾專任斯責，因得與士友胥講論、胥校讎，且朝夕質諸尚書，由孟夏迄仲秋，成二十一卷。圖少而志繁，故獨揭志名而以圖冠其首，考據之未精，搜訪之未博，淺學其敢辭誚，而百五十日之間，用力亦勞矣。竊嘗謂：道地圖以詔地事，道方志以詔觀事，古人所甚重也，圖志之不詳，在郡國且無以自觀，而何有於詔王哉？欲知政化之先後，必觀學校之廢興；欲知用度之贏縮，必觀財貨之源流。觀風俗之盛衰，則思謹身率先；觀山川之流峙，則思為民興利。事事觀之，事事有益，所謂不出戶而知天下者也。今有司類窘簿書期會，問以圖志之事，率曰：『是非所急。』尚得謂之知務乎？尚書召還孔邇，執六典八則之要，按九賦九式之目，以佐聖天子經緯四海，則收圖書固相業之一。天下之大，一邦之推爾！注意拳拳，有以也夫。從〔政〕郎、新贛州錄事參軍廬陵羅濬序。」是此書約成於寶慶四年後。〈序〉首言及之張津《圖經》，《宋史》卷二百四〈志〉第一百五十七〈藝文〉三〈地理類〉著錄，作「張津《四明圖經》十二卷」。濬，《四十七種宋代傳記綜合引得》無其資料，據此〈序〉知其以從政郎於寶慶四年出任新贛州錄事參軍。至胡榘，《宋人傳記資料索引》載：「胡榘字仲方，廬陵人，銓孫。淳熙間監慶元府比較務，嘗攝象山縣。入為樞密院編修

官，累官工部尙書，改兵部，出知福州。寶慶二年除煥章閣學士，知慶元府，兼沿海制置使，以龍圖閣直學士致仕。」蓋榘累官工部尙書，改兵部，故《解題》稱其「尙書」。又讀羅〈序〉，則知榘號鈐齋也。

## 永嘉譜二十四卷

《永嘉譜》二十四卷，禮部侍郎郡人曹叔遠器遠撰。曰〈年譜〉、〈地譜〉、〈名譜〉、〈人譜〉。時紹熙三年，太守宛陵孫枀屬器遠裒集，創爲義例如此。器遠，庚戌進士，蓋初第時也。

廣棪案：《宋史》卷二百四〈志〉第一百五十七〈藝文〉三〈地理類〉著錄：「曹叔達《永嘉志》二十四卷。」〈宋志〉字作叔達誤。又考此書分〈年譜〉、〈地譜〉、〈名譜〉、〈人譜〉，則書名應稱《永嘉譜》，〈宋志〉作《永嘉志》，又誤。叔遠，《宋史》卷四百一十六〈列傳〉第一百七十五有傳。其〈傳〉曰：「曹叔遠字器遠，溫州瑞安人。少學于陳傅良，登紹熙元年進士第。久之，李壁薦爲國子學錄，迕韓侂冑，罷。通判涪州，後守遂寧，營卒莫簡苦總領所侵刻，相率稱亂，勢張甚，入遂寧境，輒戢其徒無肆暴，曰：『此江南好官員也。』入朝，爲工部郎，出知袁州。以太常少卿召，權禮部侍郎，遇事獻替，多所裨益。終徽猷閣待制，諡文肅。嘗編《永嘉譜》，識者謂其有史才。」是叔遠，紹熙元年庚戌進士，三年撰成此書。孫枀，《宋人傳記資料索引》載：「孫枀字德操，太平人。紹興二十四年進士，歷判池、眞、穎三州，所至以興學節財爲務。累遷知溫州，朱熹稱其愛立而教明，爲古良吏。紹熙四年，以直龍圖閣知溫州。後韓侂冑用事，謝官歸隱。」葉適撰〈醉樂亭記〉，中云：「朝議大夫、直龍圖閣、宣城孫公爲郡之初，訪民俗之所安，而知其故。至清明節始罷榷弛禁，縱民自飲。又明年，宅西山之中，作新亭以休邀者。名曰『醉樂』，取昔人醉能同其樂之義。孫公性不喜飲，其政不專爲寬，蓋通民之願，而務得其情如此。亭成，而民歌樂之。當是時，四鄰水旱不常，而永嘉獨屢熟，殆天亦以其人之和者應之歟？古之善政者，能防民之佚遊，使從其教；節民之醉飽，使歸于德。何者？上無所利以病民也。及其後也，因民之自遊而爲之釁，招民以極醉而盡其利，民猶有不得遊且醉，則其賴于生者日已薄，而人之類可哀也已。故余記公之事，既以賢于今之所謂病民者，而推公之志，又將進于古之所謂治民者也。紹熙五年五月。」觀是，則枀之守永州，既能撰《譜》以志其郡，又能作亭以樂其民，朱子稱爲良吏，不亦宜乎！永嘉即溫州，枀之守此郡在紹熙三年，屬

叔遠撰《譜》亦為此年，《宋人傳記資料索引》作紹熙四年知溫州，其間有一年之差誤。至《解題》謂此書「曰〈年譜〉、〈地譜〉、〈名譜〉、〈人譜〉」，孫詒讓《溫州經籍志》卷十〈史部·地理類〉上「曹氏叔遠《永嘉譜》二十四卷」條嘗考之，曰：「案曹文肅《永嘉譜》區分四目，在古地志中寔為刱例。其所謂〈年譜〉者，蓋以志建置沿革諸大事，並編年紀之；其所謂〈地譜〉者，蓋以志山川、疆域、名勝、古蹟；其所謂〈人譜〉者，蓋以志官師除罷、選舉人物；惟〈名譜〉不得其義，不知所志何事也。其書明《文淵閣書目》有十冊。周天錫《慎江詩類》一錄〈謝靈運北亭往松陽始發至三州〉，《讀書齋詩》下附邵少文邵建章字。云：『右三詩見宋《永嘉譜》，《康樂集》中不載。近馮惟訥《詩紀》亦遺之。』是此書明末尚存，則不可復得矣。」是此書明後散佚。《溫州經籍志》此條另附：吳仁傑《離騷草木疏》四：「《永嘉譜》有慈竹、石竹、綿箽、竹茅、竹函、築竹、竹、亶竹、木亶竹、□□竹、粘翠竹、苦油竹、蘆栖竹、大篋竹、一曰竹。公孫竹、方竹、紫竹、江南竹、班竹、湘江竹。」斯則此書之佚文矣。


## 永寧編十五卷

《永寧編》十五卷，待制郡人陳謙益之撰。漢分章安之東甌鄉為永寧，今永嘉四邑是也，故以名編。時嘉定九年，留元剛茂潛為太守。

廣棪案：《讀書附志》卷上〈地理類〉著錄「《永寧編》十五卷，溫州。右嘉定中守留元剛序，陳謙所述也。〈敘州〉，〈敘縣〉，〈敘山〉，〈敘水〉，〈敘賦〉，〈敘役〉，〈敘兵〉，〈敘人〉，〈敘產〉，〈敘祠〉，〈敘遺〉，凡十一類。」《宋史》卷二百四〈志〉第一百五十七〈藝文〉三〈地理類〉著錄：「陳謙《永寧編》十五卷。」均足與《解題》相參證。《溫州經籍志》卷十〈史部·地理類〉上「陳氏謙《永寧編》十五卷」條載：「案陳易菴《永寧編》成於嘉定九年，即易菴卒年也。易菴卒於嘉定九年八月，年七十三。見《水心集》二十五〈朝請大夫提舉江州太平興國宮陳公墓誌銘〉。其目見《讀書附志》者，始〈敘州〉，終〈敘遺〉，凡十一門。《方輿勝覽》九『瑞安府山川雁蕩山』下引〈敘山〉云云，蓋即此書〈敘山篇〉文也。」《溫州經籍志》此條又引：「王象之《輿地碑目》一：『《永寧編》，陳謙所述。留元剛〈序〉云：「是編非取夫搜摭新故，誇詡形勝而已。事變之會、風俗之趨，蓋將有考焉。觀〈敘州〉，自晉以來守凡幾人，孰賢孰否；觀〈敘人〉，自國朝以來，作者幾人，孰先孰後，熙寧而後，所易兵制，善於古否？建炎而

後，所增賦稅，鈔本《碑目》作稅賦，從車氏刊本。安於民否？水利何爲而便？役法何爲而病？是非得失之迹、興廢鈔本《碑目》作廢興。沿革之由，安危理亂於是乎在。一言去取，萬世取信。』案非全文。」是留元剛〈序〉今可考知者僅此。謙字益之，溫州永嘉人。乾道八年進士，官至寶謨閣待制，副宣撫，《宋史》卷三百九十六〈列傳〉第一百五十五有傳。元剛字茂潛，福建永春人。開禧元年以博學宏詞科應選。服闋，起知溫州，勤恤民隱，發奸摘伏，人推精敏。《宋史翼》卷二十九〈列傳〉第二十九〈文苑〉四有傳。

## 東陽志十卷

《東陽志》十卷，樞密鄱陽洪遵景嚴撰。紹興二十四年館臣案：《文獻通考》作紹興二十四年，此本作三十四年，誤。紹興止有三十二年也。今改正。爲通判時所作。

　　廣校案：《宋史》卷二百四〈志〉第一百五十七〈藝文〉三〈地理類〉著錄：「洪遵《東陽志》十卷。」遵字景嚴，鄱陽人，洪皓仲子。《宋史》卷三百七十三〈列傳〉第一百三十二附〈洪皓〉。其〈傳〉謂：「皓南還，與朝論異，出守。遵遂乞外，通判常、婺、越三州。紹興二十五年，湯思退薦之，復入爲正字。」則此書乃遵通判婺州時作，正紹興二十四年也。〈傳〉又載：「（遵）知隆興元年貢舉，拜同知樞密院事。」故《解題》稱「樞密」。劉兆祐《宋史藝文志史部佚籍考》上編〈已佚而無輯本者〉（十二）〈地理類〉「《東陽卷》一〇卷」條載：「考《輿地紀勝》（卷一二八）〈福州碑記〉條『烏石宣威感應王廟碑銘用契丹年號』句下，引《東陽志》一條。嘉定《赤城志》（卷四〇）『辨誤門』條『蓋竹山』句下，引《東陽志》一條。《康熙金華府志·舊序》載洪遵〈序〉，云：『東陽爲郡，自吳之寶鼎，迄今八百八十有九年矣。於天文上直婺女，重以三洞雙溪之勝，隱然爲東浙大都。遵通守于茲，樂其風媺而俗淳。竊意方經輿志，粲然有紀，可以周知古今之故。閒日取視，茫然不可讀，思有以釐正之；則訪之七邑，其習俗所由、區產所宜，生齒之登降、穀帛之夥渺，山川之所以名、觀寺之所以始，以至官府、亭傳、橋梁之屬，悉提要領，又稽諸史氏，旁逮稗官小說，凡及吾婺者毋不載，稍加整比，引類相從。爲卷者十，目曰《東陽志》。後之君子，其亦有取於此乎？』按：明《文淵閣書目》（卷一九）〈舊志〉著錄《東陽志》三冊，蓋即此編。又按：張國淦《中國古方志考》有《大典》輯本，收錄九條。」是此書雖佚，猶得見遵之〈自序〉及若干佚文。

## 括蒼志七卷

《括蒼志》七卷，教授曾賁撰。乾道六年，太守四明樓璩叔韞序。鑰之父也。

　　廣棪案：《宋史》卷二百四〈志〉第一百五十七〈藝文〉三〈地理類〉著錄：
　　「曾賁《括蒼志》十卷。」〈宋志〉著錄較《解題》多三卷。賁，《宋史》無
　　傳，《宋人傳記資料索引》載：「曾賁字子文，福州閩縣人。年二十，中紹興
　　十八年四甲第三名進士。」璩，《宋史》亦無傳。《宋人傳記資料索引》載：「樓
　　璩（？～1182），鄞縣人，異子。以軍器監丞攝工部郎官，以忠厚廉平著稱於
　　朝。出知處州，通判明州，為沿海制置司參議，終朝議大夫。淳熙九年卒。」
　　劉兆祐《宋史藝文志史部佚籍考》上編〈已佚而無輯本者〉（十二）〈地理類〉
　　「《括蒼志》一〇卷」條載：「按：璩，乾道間知處州。此書〈宋志〉云十卷，
　　陳《錄》作七卷，振孫所見或非完本。考《嘉靖海寧縣志》載樓淳撰〈潘景
　　夔海昌圖經序〉云：『海昌由今畿縣，令尹右括潘侯景夔下車以來，慈祥臨民，
　　儒雅飾吏。政成暇日，撫《臨安志》全書，增考故牘，命秀士相與訂正之。
　　歷代之沿革、山川之向背，風俗人物、賦役土產，凡一邑之所當問者，會粹
　　滿篇，而以碑碣紀詠次之，將與斯人仰許睢陽之餘烈，挹張無垢之遺風，以
　　庶幾於起敬慕之意。先祖太師岐公（樓璩），頃歲由工部郎知處州，作《括蒼
　　志》，繪郡境及城府為圖，以便觀覽，遂不失《圖經》之旨。後之作者雖或加
　　詳，實本諸此云。時在嘉定三年（1210）立冬之日。』」是此書乃樓璩於乾道
　　六年出知處州時命教授曾賁所撰，而又自為之〈序〉，惜其〈序〉已不可見。
　　至《解題》作七卷，兆祐以為「振孫所見或非完本」，似可據。又《解題》謂
　　璩字叔韞，則足補《宋人傳記資料索引》所未及。

## 括蒼志續一卷

《括蒼志續》廣棪案：《文獻通考》作「《括蒼續志》」。一卷，郡人陳百朋撰。

　　廣棪案：《宋史》卷二百四〈志〉第一百五十七〈藝文〉三〈地理類〉著錄：「陳
　　柏朋《括蒼續志》一卷。」撰人之名與《解題》異，疑誤。劉兆祐《宋史藝文
　　志史部佚籍考》上編〈已佚而無輯本者〉（十二）〈地理類〉著錄：「《括蒼續志》
　　一卷，宋陳百朋撰。百朋，事迹待考。……按：此書蓋多本曾賁《括蒼志》也。
　　又百朋，〈宋志〉作柏朋，誤，今正。」可供參考。

### 信安志十六卷

《信安志》十六卷，教授衛玠撰。太守四明劉垕也。實嘉定己卯。

廣校案：《宋史》卷二百四〈志〉第一百五十七〈藝文〉三〈地理類〉著錄：「毛憲《信安志》十六卷。」〈宋志〉著錄撰人不同。玠，事迹不可考，據《解題》僅知曾任信安郡學教授。垕，《宋史》無傳。《宋元學案》卷七十〈滄洲諸儒學案〉下〈雲莊家學〉「知州劉靜齋先生垕」條載：「劉垕，字伯醇，建陽人，雲莊之子，自號靜齋。補承務郎，知江寧縣，辟制置司幕官。以收李全功，轉朝請大夫，知常州、衡州，移南劍州，以疾不赴，與學徒熊竹谷輩講道終其身。參《姓譜》。」考信安即衢州，故疑《宋元學案》之「衡州」，乃「衢州」字形相近之誤，垕以嘉定十二年己卯任此州太守，乃命教授衛玠撰此《志》。劉兆祐《宋史藝文志史部佚籍考》上編〈已佚而無輯本者〉（十二）〈地理類〉載：「《信安志》一六卷，宋毛憲撰。憲，字孝則，衢州西安人。淳熙二年（1175）進士，溫州知州。開禧元年（1205）以樞密院檢討文字，兼國史院編修官及實錄院檢討官，除右司郎中，仍兼。事迹具《南宋館閣續錄》。《平齋文集》（卷一八）載〈明堂加恩制〉，《後樂集》（卷二）載〈特授行左司諫侍講制〉，可藉考其歷官。……按：此書撰人，〈宋志〉著錄署毛憲，陳《錄》則署衛玠。毛憲，淳熙二年（1175）進士，距嘉定己卯（十二年，1219），實四十五年，卷數相同，未審是否一書？考《輿地紀勝》（卷一二二）『宜州官吏』條『趙抃』下引『《衢州信安志》』一條，《咸淳毗陵志》（卷三〇）『紀遺』條『方允武』下引『《信安志》』一條。又按：張國淦《中國古方志考》著錄此書，以毛、衛二書分別著錄，然亦不敢定為是否一書。」是則毛、衛所撰，顯為二書，毛撰於孝宗時，衛撰於寧宗時，《解題》與〈宋志〉乃各依所據而著錄。張國淦《中國古方志考》分作二書，實事求是，最得其真。

### 信安續志二卷

《信安續志》二卷，教授葉汝明撰。太守四明袁甫廣微。紹定初也。

廣校案：汝明，無可考。據《解題》知曾任信安郡學教授，理宗紹定撰此書。甫字廣微，寶文閣直學士袁燮子。嘉定七年進士第一。《宋史》卷四百五〈列傳〉第一百六十四有傳。其〈傳〉曰：「丁父憂，服除，知衢州。立旬講，務以理義淑士心，歲撥助養士千緡。西安、龍游、常山三邑積窖預借，為代輸三萬五千

緡，蠲放四萬七千緡。郡有義莊，買良田二百畝益之。」是知甫守信安時，政績彪炳，一代良吏，其業績固不止命汝明撰此《續志》而已。


## 建康志十卷

《建康志》十卷，府帥史正志志道撰。時乾道五年。

廣棪案：《讀書附志》卷上〈地理類〉著錄：「《建康志》十卷、《續志》十卷。右帥史正志所修而爲之〈序〉，乾道五年三月也。」《宋史》卷二百四〈志〉第一百五十七〈藝文〉三〈地理類〉著錄：「史正志《建康志》十卷。」均與此同。正志，《宋史》無傳。《宋人傳記資料索引》載：「史正志字志道，號吳門老圃，丹陽人。舉紹興二十一年進士。陳康伯薦於朝，除樞密院編修。引孫權築濡須塢故事，乞築和州壘，及舒、揚防守，荊、襄事勢。高宗視師江上，上《恢復要覽》五篇。車駕駐建康，正志言三國、六朝形勢與今日不同，要當無事則都錢塘，有事則幸建康。詔下集議，從之。後歸姑蘇以終老，號樂閑居士、柳溪釣翁，卒年六十。著有《建康志》、《菊譜》等書。」考以正志於高宗視師江上及駐蹕建康上言事，則正言之修《建康志》，應有所爲而爲，故於此《志》，不應等閒視之。劉兆祐《宋史藝文志史部佚籍考》上編〈已佚而無輯本者〉（十二）〈地理類〉「《建康志》一〇卷」條載：「考《輿地紀勝》（卷一七）『建康府碑』條《建康志》下注云：『史正志序。』『歷代宮苑殿閣制度』條『陪都』句引〈建康志序〉云：『坐鎮江淮，爲民陪都。』『四六』條下復引〈建康志序〉云：『行官萬鑰，禁旅千營。斗星呈祥，金陵表慶。戶納千里，囊括六代。觀埋金鑿淮之舊迹，則知王氣之長存；尋烏衣青溪之故里，則知衣冠之素盛。訪結埼望仙之遺址，然後知淫奢之可戚；驗石頭白下之高壘，然後知備禦之有力。以至愴新亭風景，則見王導有剗復神州之心；登冶城四望，則知謝安有遐想高世之志。』『府沿革』條『建行都，置行宮留守』，『監司軍帥沿革』條『轉運司』、『總領所』、『都統副司』，『歷代宮苑殿閣制度』條『陪都』、『新宮』、『苑倉』、『晉新宮』、『昭明宮』、『永安宮』，『景物』（上）條『青溪』、『南埭』、『舊城』、『攝山』，『景物』（下）條『讀書臺』、『芙蓉堂』、『白蓮菴』、『佳麗亭』、『雨花臺』、『霹靂溝』、『寶乘院』、『石臼湖』、『丹陽湖』、『洗缽池』、『小金山』、『南澗樓』、『青溪七橋』、『九日臺』、『清涼寺』、『華藏寺』、『仙人臺』、『仙几山』、『迷子洲』、『證聖寺』、『法雲寺』、『永慶院』，『古迹』條『孔子巷』、『蔡伯喈讀書堂』、『梁昭明太子讀書堂』、『寶公塔』，『仙釋』條『靜照禪師』等句下，並引《建康志》。

按：慶元六年（1200），吳琚撰《續志》十卷，《輿地紀勝》亦引之，作《慶元建康志》，引史《志》則云《建康志》。又按：張國淦《中國古方志考》著錄此書，張氏復據《景定建康志》、《至正金陵新志》等書所引《乾道舊志》、《乾道志》、《乾道建康志》輯錄多條。復有《大典》輯本。」則此書雖佚，然據《輿地紀勝》卷十七及《景定建康志》、《至正金陵新志》，猶可輯得正志所撰〈序〉及若干佚文也。

## 建康續志十卷

《建康續志》十卷，府帥吳琚居父以郡人朱舜庸所編銓次，與前《志》並行。時慶元六年。

> 廣棪案：《讀書附志》上卷〈地理類〉著錄：「《建康志》十卷、《續志》十卷。右帥史正志所修而爲之〈序〉，乾道五年三月也。慶元六年八月，帥吳琚續之，又爲之〈序〉。」與此同。琚，《宋史》卷四百六十五〈列傳〉第二百二十四〈外戚〉下附其父〈吳益〉。其〈傳〉曰：「益子琚，習吏事，乾道九年，特授添差臨安府通判。其後歷尚書郎、部使者，換資至鎮安軍節度使，復以才選，除知明州兼沿海制置使。寧宗初，乃得祠，奉朝請。尋知鄂州，再知慶元府，位至少師，判建康府兼留守，卒。方孝宗崩，光宗以疾不能執喪，大臣請太后垂簾，冊立寧宗。琚言於后曰：『垂簾可暫不可久。』后遂以翌日徹簾。琚嘗使金，金人嘉其信義。琚死後，宋遣使至金議和，屢不合，金人言南使中惟吳琚言爲可信。」是則此書乃琚「位至少師，判建康府兼留守」時撰也。未幾而琚亦卒，其成書當距慶元六年庚申匪遙。考朱舜庸，《景定建康志》卷四十九有傳，曰：「朱舜康，建康人。好古博雅，嘗編《金陵遺事》，積廿年，自里巷口傳仙佛之書，無不研綜。慶元中，留守吳琚爲之銓次，目曰《續建康志》。」是則琚乃就舜庸所編《金陵遺事》銓次以爲此書。

## 六朝事迹二卷、南朝宮苑記二卷

《六朝事迹》二卷、《南朝宮苑記》二卷，不知何人作。記六朝故都事迹頗詳。

> 廣棪案：《宋史》卷二百三〈志〉第一百五十六〈藝文〉二〈故事類〉著錄：「張養正《六朝事迹》十四卷。」又卷三〈地理類〉著錄：「《南朝宮苑記》一卷，不知作者。」《解題》著錄之《六朝事迹》二卷，謂「不知何人作」，

疑即爲張養正所撰。惟此書〈宋志〉作十四卷，實據養正所撰〈自序〉。養正名敦頤，其書亦稱《六朝事迹編類》，今存明萬曆間新安吳琯校刊《古今逸史》本，爲二卷四冊，敦頤〈序〉曰：「建康，〈禹貢〉揚州之域，斗牛分野，在周爲吳，在春秋末爲越，魯哀公二十二年，越王句踐滅吳。自越之後一百四十年爲楚，周顯王三十六年，楚滅越。自楚之後一百一十年爲秦，楚負秦三年，爲秦所滅，乃周赧王時也。初，楚威王因山立號，置金陵邑，或云以此有王氣，因埋金以鎮之；或云地接金壇之陵；故謂之金陵，今石頭城是也。及秦兼諸侯，分天下爲三十六郡，以金陵屬鄣郡。故鄣爲今吳興郡是也。時望氣者云五百年後有天子氣，始皇東巡，鑿鍾阜、斷長隴以通流，改其地爲秣陵縣。秦秣陵縣在今府城東南六十里，秣陵橋東北故城是也。漢武帝元封初，廢鄣郡，置丹陽郡，而秣陵縣不改。漢初置揚州，治無定所。《輿地志》云：『先理歷陽，後理壽春，其後又徙曲阿。』漢建安十六年，孫權自京口徙治秣陵；明年，石頭城改秣陵爲建業。晉太康初，廢建業復爲秣陵，愍帝諱業，即改爲建康。元帝即位，以建康太守爲丹陽尹。宋、齊而下，咸都於此焉。隋平陳，廢丹陽郡，乃於石頭城置蔣州，併秣陵、建康、同夏三縣入江寧縣。唐武德二年，爲揚州東南道行臺，置尚書省。輔公祐據江東，七年平，又改爲蔣州；八年罷行臺，稱揚州大都督府，領上元、金陵、句容、丹陽、溧水等縣。九年移揚州治江都，改金陵爲白下縣，屬潤州。貞觀七年，復爲揚州，乾元元年改爲昇州，上元二年廢，光啓三年復，仍以上元、句容、溧水、溧陽四縣隸之，置節度使。天祐四年，楊行密據其地，爲金陵府，號曰齊國，封李昇爲齊王，以建康爲西都，以廣陵爲東都，昇潛位，國號唐。皇朝開寶八年，復爲昇州，天禧二年，改江寧府，建炎三年，改建康府，此金陵郡之升降廢置之不常也。余因覽《圖經實錄》，疑所在六朝事迹尚有脫誤，乃取〈吳志〉、《晉書》，及宋、齊而下史傳，與夫當時之碑記，參訂而考之，分門編類，綴爲篇目，凡十有四卷，雖猥陋無益於治道，然展卷三百餘年興衰之迹，若身履乎其間，非徒得之于傳聞而已，同志之士盍補其所未備者而傳之。紹興歲次庚辰八月，左奉議郎、充江南東路安撫司幹辦公事，新安張敦頤序。」是此書乃敦頤紹興三十年庚辰八月所撰成也。此書有韓仲通〈跋〉，曰：「高陽許嵩作《建康實錄》，文多汗漫，參考者疲於省閱。新安張養正裒舊史，而爲《六朝事迹編類》，部居粲然，神江左三百餘年之故實，名布方策，非博雅好古，未易成此書也。余叨守建康，養正適以議郎居幕府，因取其書刊於此邦。養正名敦頤，屢專侯類以文章道養正，學者之所矜式，此特餘事爾。紹興庚辰立冬日，東

魯韓仲通書。」是敦頤字養正之證。《四庫全書總目》卷七十〈史部〉二十六〈地理類〉三著錄：「《六朝事迹編類》二卷，兩江總督採進本。宋張敦頤撰。敦頤字養正，婺源人。紹興八年進士。由南劍州教授歷官知舒、衡二州，致仕。是編前有紹興庚辰〈自序〉，結銜稱左奉議郎、充江南東路安撫司幹辦公事。蓋登第後之二十二年也。其書爲補《金陵圖經》而作。首〈總敘〉，次〈形勢〉，次〈城闕〉，次〈樓臺〉，次〈江河〉，次〈山岡〉，次〈宅舍〉，次〈讖記〉，次〈靈典〉，次〈神仙〉，次〈寺院〉，次〈廟宇〉，次〈墳陵〉，次〈碑刻〉，凡十四門，引據頗爲詳核。而碑刻一門，尤有資於考據。惟書以六朝爲名，而古迹之中，自南唐以逮於北宋，如丁謂、王安石所建，亦具載之，殊失斷限。又〈總敘門〉內『六朝保守』一篇，歷數自吳以來南朝不可北伐，北伐必敗，即倖勝亦不能守。蓋亦南渡之初力主和議之說者，其識見未免卑儒。然核諸情事，其說亦不爲無因。固與《江東十鑑》之虛張形勢者，較爲切實矣。」是此書凡十四門，爲二卷。或敦頤初以每門爲卷，故〈宋志〉著錄十四卷，至直齋所得之本，已併作二卷矣。又《南朝宮苑記》，〈宋志〉作一卷，《宋史藝文志史部佚籍考》上編〈已佚而無輯本者〉（十二）〈地理類〉載：「《南朝宮苑記》一卷，宋不著撰人。……按：此書〈宋志〉作一卷，陳《錄》作二卷。又此書唐以前諸家書目未見，蓋宋時人所爲也。」是《南朝宮苑記》殆宋人書，其書已佚，撰人與分卷實況均無可考。

## 姑孰志五卷

《姑孰志》五卷，教授長樂林栝子長撰。太守楊愿原仲也。寔淳熙五年。

廣棪案：《宋史》卷二百四〈志〉第一百五十七〈藝文〉三〈地理類〉著錄：「林晡《姑孰志》五卷。」〈宋志〉「林栝」作「林晡」，乃因形近而誤。栝，《宋人傳記資料索引》載：「林栝字景實，長溪人，秦熺之壻。紹興二十一年進士，官右司郎中。有《橫堂小集》十卷、《南州集》十卷、《姑孰志》五卷。」是此書確爲栝撰。楊愿字原仲，宣和末，補太學錄。高宗即位，歷新昌縣丞、越州判官。秦檜薦之，召改樞密院編修官。登紹興二年進士第，遷計議官。《宋史》卷三百八十〈列傳〉第一百三十九有傳。其〈傳〉謂：「（紹興）十五年罷，提舉太平觀。又三年，起知宣州。玉牒書成，加資政殿學士，移建康府。二十二年，卒，年五十二。初，愿守宣城，表弟王炎調蘄水令，過之，醉中謂愿曰：『嘗於呂丞相處得公頃歲所通書，其間頗及秦丞相之短，尚記憶否？』愿聞之，色如

死灰，遂留炎，不聽去。會愿移守金陵，宴監司，大合樂，守卒皆怠，炎即青溪，得客舟以行，愿憂撓而卒。」是愿之起知宣州爲紹興十八年（1148）。宣州即姑孰，此書之撰成，應在此年之後不久。《解題》謂「寔淳熙五年」（1178），則相隔愿爲姑孰太守已三十年。故疑淳熙五年乃此書梓行之年，非撰就之年，直齋未及細考。愿守宣州，《宋史》記其遺事，可推知愿亦非甘心爲秦檜黨羽者。

## 新安志十卷

《新安志》十卷，通判贛州郡人羅愿撰。時淳熙二年，太守則趙不悔也。

　　廣棪案：《宋史》卷二百四〈志〉第一百五十七〈藝文〉三〈地理類〉著錄：「羅愿《新安志》十卷。」與此同。此書愿有〈自序〉，曰：「新安在秦漢爲黟、歙二縣，漢末別於丹陽，以自爲郡，其山川風土則已見於中古矣。漸江之水出於鄣山，則章亥之所步，禹之所錄也；桐汭之地爲黟故境，則楚子西子期之所爭，丘明之所記也。至於漢氏兩以疏封骨肉爲諸侯王國，又丹陽都尉之所理，會稽太守之所遁，皆班班著見。至梁蕭幾爲新安太守，愛其山水，始爲之〈記〉，又有王篤〈新安記〉。唐有《歙州圖經》，國朝太平興國中詔編《廣記》，往往摭取之。至大中祥符中，頒李宗諤所修《新圖經》於天下，則由前諸書廢不顯，而官府頃罹睦寇，又失祥符所頒，特抄取計簿，益之以里魁亭父之所隱實者，編以爲冊，餘五六十年矣，私竊悼之。間因閱前史及國典並雜家稗說有及此者，稍稍附著。後得《祥符圖經》於民間，則綱目粗設，益訪故老，求遺事，思輯爲一書，然未果就。會邦君趙侯聞之，勉使卒業。約敕諸曹遇咨輒報，且遍諭屬縣網羅金石之文，使得輔成其說，而書出矣。夫所爲記山川道里者，非以示廣遠也，務知險易不忘戒也；其錄丁口頃畝，非以覽富厚也，務察息耗毋緣奪也；其書賦貢物產，非以給嗜欲也，務裁闊狹同民利也。至於州土沿革、吏治得失、風俗之媺惡，與其人材之眾寡，是皆有微旨，必使涉於學者纂之。自上世九州之志與《三墳》、《五典》，皆號爲帝王遺書，而〈禹貢・職方氏〉，孔子定之以爲經，若直抄取計簿以爲書，則凡吏之善書者足以次之矣。其施於事也亦然，若直據令甲以爲治，則凡吏之毋害者足以聽之矣。蓋世常以此爲無事乎儒，而儒亦卒不可廢於世也，豈特此哉！凡十卷，名曰《新安志》。侯，帝室之冑，父子昆季皆以文學取科第，其爲政廉靖不擾，人亦相與安之。且去，猶惓惓於吾土，思欲表章之，蓋有不可忘者矣。淳熙二年三月癸未，郡人羅愿序。」是愿撰此《志》之用心可

知，而《志》固淳熙二年三月撰就，與《解題》所記同。不悔亦有〈序〉，曰：
「徽爲郡自漢始，至於今久矣。《圖經》紀述其事宜詳也。試考之，則遺闕而
不備，讀者恨焉，此《新安志》所以作也。不悔昔將承乏此州，而吏以《圖
經》先至，見其疎略，即有意於補次。一日，對眾客語之，客言新章貢倅羅
君蓋志存於此者，訪拾編摩，蒐取附益，用心勤且舊矣。僕爲驚喜，因請之
卒業，成一家書，以表見於時，於是《新安志》出焉。上下千載間，博采詳
摭，論正得失，皆有據依，釐爲十卷。凡山川道里之險易、丁口頃畝之息耗、
賦貢物產之闊狹，以至州土吏治、風俗人材，皆條理錯綜，聚見此書，曾無
遺者。嗚呼！可謂盛也。羅君以儒學蚤馳雋聲，惟其博物洽聞，故論載甚廣，
而其敘事又自得立言之法，讀者必能辨之。趙不悔序。」是此《志》固成於
不悔守新安時。愿，《宋史》卷三百八十〈列傳〉第一百三十九附其父〈羅汝
楫〉，其〈傳〉曰：「愿字端良，博學好古。法秦、漢爲詞章，高雅精鍊，朱
熹特稱重之。有《小集》七卷、《爾雅翼》二十卷。知鄂州，有治績，以父故
不敢入岳飛廟。一日，自念吾政善，姑往祠之，甫拜，遽卒于像前。人疑飛
之憾不釋云。」不悔，《新安志》卷九〈牧守〉載：「趙不悔，字敦夫，太宗
六世孫，士蔭子。年二十六，中紹興十八年四甲第九十六名進士。乾道九年
知徽州。」徽州即新安。是不悔乾道九年（1173）到任，淳熙二年（1175）
書成，可云速矣。倘非愿之「博物洽聞」、「自得立言之法」，曷克臻此。此書，
《四庫全書總目》卷六十八〈史部〉二十四〈地理類〉一亦著錄，曰：「《新
安志》十卷，兩江總督採進本。宋羅愿撰。愿有《爾雅翼》，已著錄。初，梁蕭
幾作《新安山水記》，王篤又作《新安記》。唐亦有《歙州圖經》。及宋大中祥
符中，李宗諤撰次《州郡圖經》，頒之天下。於是舊志皆佚。洎經方臘之亂，
新《圖經》亦隨散失。愿嘗雜采諸書，創爲稿本而未就。淳熙二年，趙不悔
爲州守，乃俾愿續成之。其書第一卷爲〈州郡〉，第二卷爲〈物產〉、〈貢賦〉，
第三卷至五卷爲所屬之〈歙〉、〈休寧〉、〈祁門〉、〈婺源〉、〈績溪〉、〈黟〉六
縣，第六卷、七卷爲〈先達〉，第八卷爲〈進士題名〉，凡賢良、明經、賜策、
獻策、特奏名、武舉皆附之，義民、仙釋，亦併在是卷，九卷爲〈牧守〉，十
卷爲〈雜錄〉。敘述簡括，引據亦極典核。於先達皆書其官，別於史傳，較爲
有體。其〈物產〉一門，乃愿專門之學，徵引尤爲該備。其所誌貢物，如乾
薑藥、臘芽茶、細布之類，皆史志所未載。所列先達小傳，具有始末。如汪
藻曾爲符寶郎之類，亦多史傳所遺。趙不悔〈序〉稱其博物洽聞，故論載甚
廣。而其序事簡括不繁，又自得立言之法。愿〈自序〉亦自以爲儒者之書，

具有微旨，不同鈔取記簿，皆不愧也。程敏政《新安文獻志》記愿所作〈胡舜陟墓誌後〉曰：『《鄂州新安志》，於王黼之害王俞，秦檜之殺舜陟，皆略而不書，非杏庭虛谷一白之，則其迹泯矣。然則是書精博雖未易及，至其義類取舍之間，疑有大可議者。姑記二事以驗者』云云。案劉克莊《後村詩話》謂：『舜陟欲爲秦檜父建祠，高登不可，因劾登以媚檜，會舜陟別以他事忤檜，下獄死，登乃得免。』則舜陟之死，乃欲附於檜而反見擠耳。愿之不書，殆非無意，未可遽以爲曲筆也。」《四庫全書總目》所考，頗廣異聞。《解題》於此書內容一無評述，特迻錄之以供參考。

## 秋浦志八卷

《秋浦志》八卷，太守南昌胡兆乾道八年修。

廣棪案：《宋史》卷二百四〈志〉第一百五十七〈藝文〉三〈地理類〉著錄：「胡兆《秋浦志》八卷。」著錄與此同。《宋史藝文志史部佚籍考》上編〈已佚而無輯本者〉（十二）〈地理類〉載：「《秋浦志》八卷，宋胡兆撰。兆，南昌人，乾道間池州太守……按：秋浦縣爲池州治，以其地有秋浦之水得名。考《輿地紀勝》（卷二二）『池州風俗形勝』條『山川風物，清和平曠，有剡縣長沙之想』句，下引胡兆〈秋浦志序〉云：『九華五松，齊山清溪，秋浦玉鏡之潭，水車之嶺，成紀白苟之陂，太白、樂天、牧之讀書，論文，垂釣，問宿，弄水，登高遐矚，隱然在人耳目』云云。『總池州詩』條『昨夜清溪明月裏』句，下注云：『程師孟〈弄水亭詩〉：「昨夜清溪明月裏，想君靈魂未消沈。」《秋浦志》。』明《文淵閣書目》（卷一九）舊志著錄《秋浦志》二冊，又《秋浦志》八冊，是正統年間此書猶存也。」所考頗詳盡。惟胡兆，《宋史》無傳，事迹無可考。

## 秋浦新志十六卷

《秋浦新志》十六卷，三山王伯大幼學以前《志》缺陷重修。時以庚節攝郡事，端平丙申也。

廣棪案：伯大，《宋史》卷四百二十〈列傳〉第一百七十九有傳。其〈傳〉曰：「王伯大字幼學，福州人，嘉定七年進士。歷官主管戶部架閣，遷國子正，知臨江軍。歲饑，振荒有法。遷國子監丞，知信陽軍，改知池州，兼權江東提舉

常平。久之，依舊直祕閣、江東提舉常平，仍兼知池州。端平三年，召至闕下，遷尚右郎官，尋兼權左司郎官，遷右司郎官，試將作監，兼右司郎中，兼提領鎮江、建寧府轉般倉，兼提領平江府百萬倉，兼提領措置官田。進直寶謨閣、樞密副都承旨，兼左司郎中。」是此書正伯大「依舊直祕閣、江東提舉常平，仍兼知池州」時撰。庾節者，提舉常平之謂；端平丙申，即理宗端平三年也。所惜伯大此《新志》已佚，其所補前《志》之缺陷，無可考矣。

### 南康志八卷

《南康志》八卷，郡守朱端章撰。淳熙十二年。

　　廣棪案：《宋史》卷二百四〈志〉第一百五十七〈藝文〉三〈地理類〉著錄：「朱端章《南康記》八卷。」〈宋志〉「記」字應作「志」。《宋元學案補遺》卷四十九載：「朱端章，淳熙十年知南康軍，置白鹿洞學田七百餘畝，以贍四方來學者。」則知端章以淳熙十年上任，而十二年即撰成此《志》。《宋史藝文志史部佚籍考》上編〈已佚而無輯本者〉（十二）〈地理類〉載：「《南康記》八卷，宋朱端章撰。……考《輿地紀勝》（卷二五）『南康軍軍沿革』條『屬江州，太宗時陞南康軍』、『舊隸江南西路，紹興初始隸東路』。『縣沿革』條『都昌縣』，『風俗形勝』條『郡負康廬面彭蠡』，『景物（上）』條『蘇山』，『官吏』條『陳可大』等句下，並引《南康志》。按：據《光緒江西通志》卷一○四，寶慶間，胡存重脩此書。又明《文淵閣書目》（卷一九）舊志著錄《南康志》八冊。是明正統間猶及見此書。」是則此書雖佚，《輿地紀勝》卷二十五中猶存其佚文也。

### 桐汭新志二十卷

《桐汭新志》二十卷，教授錢塘趙子直撰。紹熙五年也。館臣案：《文獻通考》作紹定五年。太守林棐序。

　　廣棪案：此書已佚。《宋人傳記資料索引》載：「趙子直字履道，臨安人。登嘉定十六年蔣重珍榜進士，嘉熙三年以大理正除秘書丞，兼權兵部郎官，改為著作郎。」《宋詩紀事補遺》卷之六十三載：「林棐，浙江平陽人。嘉定元年進士，紹定四年以朝奉郎知廣德軍。為政寬簡，奏蠲兩縣逋租二萬五千餘石。」桐汭即廣德軍。棐知此軍既在紹定四年，則子直撰成此書當為紹定五年。是《文獻通考》不誤，而《四庫》本《解題》作「紹熙五年」反誤也。

## 豫章職方乘三卷、後乘十二卷

《豫章職方乘》三卷、《後乘》十二卷，郡人洪芻駒父宣和己亥撰。乘，取晉《乘》為名。《後乘》，淳熙十一年太守程叔達序。

廣棪案：《讀書附志》上卷〈地理類〉著錄：「《職方乘》三卷、《後集》十四卷。豫章。右洪芻所編也。曰郡縣，曰城宇，曰山，曰水，曰觀寺，曰祠廟，曰冢墓，曰寶瑞，曰妖異，曰牧守，曰仙眞，曰人物，凡十二部。芻，字駒父，自少以詩名取重於時。登進士第，為晉州學官。山谷素稱其才，嘗曰：『甥之文學，他日當大成，但願極加意於忠信孝友之地，甘受和，白受采，不但用文章照映今古，乃所望也。』又嘗作〈釋權〉以遺山谷，山谷答曰：『筆力縱橫，極見日新之功。』芻之名因是益顯。靖康之初，為尙書郎，三遷至諫議大夫。遭變坐事，貶文登。有《老圃集》行於世。續之者，淳熙中帥程叔達也，李大異敘于後。」所考較《解題》為詳。惟「《後集》」應作「《後乘》」，《讀書附志》誤也。洪芻，《宋史》無傳。《宋人傳記資料索引》載：「洪芻字駒父，南昌人，朋弟。紹聖元年進士，放蕩江湖，不求聞達。嘗主晉州州學，靖康中為諫議大夫，坐事貶海上。與兄朋、炎、弟羽俱負才名，芻詩尤工。有《香譜》、《老圃集》。」芻殆以郡人故，乃於宣和元年己亥而撰此乘。《宋史藝文志史部佚籍考》上編〈已佚而無輯本者〉（十二）〈地理類〉載：「《豫章職方乘》三卷，宋洪芻撰。……考《輿地紀勝》（卷二六）『〈隆興府碑記〉』條『《職方乘》』句下注云：『洪芻編。』同書（卷二五）『南康軍古迹』條『昌邑王城』句下引《豫章職方乘》一條。又（卷二六）『隆興府府沿革』條『王莽改曰九江，東漢復為豫章郡，皆屬揚州刺史』、『唐平蕭銑，置洪州總管』、『復為江南西道觀察使』、『南唐國主遷都南昌』、『曰南昌府』、『隆興以來，以孝宗潛藩升隆興府』等句下，『縣沿革』條『奉新縣』、『分寧縣』、『武寧縣』等句下，『風俗形勝』條『襟帶江湖，控引荊越』句下，『景物（下）』條『孺子亭』、『報恩院』等句下，『官吏（上）』條『韋宙』下、『仙釋』條『劉道眞』、『洪崖先生』等句下，並引《職方乘》。張國淦《中國古方志考》有《大典》輯本，收錄三條。」是則此書雖佚，其佚文猶及見《輿地紀勝》與《永樂大典》。至程叔達，《宋史》亦無傳。《宋人傳記資料索引》載：「程叔達（1120～1197），字元誠，黟人，邁從孫。性嗜學，紹興十二年進士。典湖學，教授興國軍。以論時弊，擢監察御史，累官華文閣直學士。慶元三年卒，年七十八，諡壯節（莊節）。有《玉堂集》等書。」又上引《宋史藝文志史部佚籍考》

亦曰：「按：淳熙十一年（1184），程叔達為《豫章後乘》十二卷，今並不見矣。」是叔達及其書可考者如此。

## 潯陽志十二卷

《潯陽志》十二卷，<sub>廣棪案：《文獻通考》作「《尋陽志》」，盧校本同。</sub>迪功郎晁百揆元采撰。淳熙三年，太守開封曹訓為之〈序〉。

> 廣棪案：《宋史》卷二百四〈志〉第一百五十七〈藝文〉三〈地理類〉著錄：「晁百揆《潯陽志》十二卷。」百揆與曹訓，《四十七種宋代傳記綜合引得》均無其資料。惟考《宋會要輯稿》第一百三十四冊〈食貨〉二七之二五載：「（乾道）五年正月七日詔：『高州創置博茂鹽場鹽官一員，作小使臣窠闕，以監高州博茂為名。』以知高州曹訓之請也。」是曹訓任潯陽太守前曾知高州。同書第九十六冊〈職官〉六二之二六載：「（淳熙十二年四月）四日詔：『新知閩州曹訓屢分郡寄，勞效著聞，除直秘閣。』是曹訓淳熙十二年四月以新知閩州改除直秘閣。《宋史藝文志史部佚籍考》上編〈已佚而無輯本者〉（十二）〈地理類〉載：「《潯陽志》一二卷，宋晁百揆撰。百揆，字元采，迪功郎。考《輿地紀勝》（卷三〇）『〈江州碑記〉』條『《潯陽志》』下注云：『曹訓序。』惟〈序〉文未見徵引。『州沿革』條『軍校胡則，據江州不下，曹翰攻拔之，歸于版圖』、『縣沿革』條『瑞昌縣』、『景物（下）』條『東林寺』、『古蹟』條『潯陽縣城』、『上甲縣』、『九江縣』、『盆城縣』、『廣晉縣』等句下，並引《潯陽志》。又『風俗形勝』條『九江一水，而名之曰九江』句下引晁氏《志》云云一條，當亦此書也。《中國古方志考》有張氏《大典》輯本，收錄四條。」則此《志》雖佚，猶可及見其若干佚文。所惜曹訓〈序〉則不之見耳。

## 宜春志十卷

《宜春志》十卷，袁州教授南城童宗說修。太守李觀民也。

> 廣棪案：《讀書附志》卷上〈地理類〉著錄：「《宜春志》十卷、《集》八卷、《續修志》四卷、《集》六卷。右嘉定中守滕強恕修，郡人張嗣古序。《續志》、《集》則嘉熙初守郭正己也。」所著錄書名、卷數均與《解題》同，而撰人則異，恐非同屬一書。童宗說，《宋史》無傳。《宋史藝文志史部佚籍考》上編〈已佚而無輯本者〉（十二）〈地理類〉「《盱江志》一〇卷」條載：「宗說字夢弼，南城人，號

南城先生，紹興二十一年（1151）進士，爲袁州教授。著有《增廣註釋音辯柳集》。」
則此書當修於紹興二十一年後，蓋奉郡守李觀民之命而撰也。觀民，《宋史》無
傳。《宋會要輯稿》第一百八十六冊〈兵〉二九之二九載：「（紹興）十四年七月
十四日，上宣諭輔臣曰：『昨日新知濠州李觀民上殿，朕已戒其不可招集流亡，
恐致生事。若至堂，卿等更宜以此語之。』秦檜曰：『當如聖訓。』」同書第八十
九冊〈職官〉四八之七二載：「（紹興）十四年七月十五日，知濠州李觀民言：『沿
江諸郡間，每遇官員、客旅，或諸色綱運，有不逞之徒恣行劫掠，乞下所屬嚴飭
巡尉，常令更互往來巡捕，及遇諸處綱運入界，即時關報前路官司，仍護送至界，
首首交割，若有疏虞，其所經由去處，並當按治。』詔令逐路提刑司措置施行。」
同書第一百三十八冊〈食貨〉三五之九載：「（紹興）二十一年五月十五日，前權
知舒州李觀民言：『切見民戶納苗稅之類，惟憑米鈔爲照，其間專典鄉司等人作
受納之弊。有已納錢物，不即時銷簿，多端邀阻，致成掛欠，重疊追擾，其害甚
大。臣愚欲乞每遇受納之時，置歷收鈔，具若干鈔數，次日解州。州置歷即時送
縣，縣委主簿當日對鈔銷簿，候納畢日，解簿鈔赴州，州委官點磨，庶革追擾乞
取之弊。』詔令戶部嚴條法行下，委監司守撫察按刻。若監司違戾，令御史彈奏。」
據《宋會要輯稿》所記，李觀民誠良吏也。

## 盱江志十卷、續十卷

《盱江志》<small>廣棪案：盧校本作「盱」。</small>十卷、《續》十卷，郡守胡舜舉紹興戊寅，
俾郡人童宗說、黃敷忠爲之。

    廣棪案：《宋史》卷二百四〈志〉第一百五十七〈藝文〉三〈地理類〉著錄：「童
宗說《盱江志》十卷。」考盱江應爲盱江，在江西境，流經南城，江上有亭曰盱
江亭，南唐制置使陳暉建，韓熙載撰〈記〉。《宋史藝文志史部佚籍考》上編〈已
佚而無輯本者〉（十二）〈地理類〉載：「《盱江志》一〇卷，宋童宗說撰。宗說，
字夢弼，南城人，號南城先生，紹興二十一年（1151）進士，爲袁州教授。著有
《增廣註釋音辯柳集》。《遂初堂書目・地理類》著錄《盱江志》，不著撰人卷數。……
考《輿地紀勝》（卷三五）『〈建昌軍碑記〉』條『《盱江志》』下注云：『胡舜舉序。』
惟未引〈序〉文。同書（卷二九）『撫州州沿革』條『南唐李氏因之，又割南城
縣置建武軍』。又（卷三五）『建昌軍軍沿革』條『於古爲荒服之國』、『春秋時爲
吳南境，戰國屬楚』、『煬帝時改臨川郡，唐平林士宏，復置撫州』、『改建武軍曰
建昌軍』、『縣沿革』條『新城縣』、『廣昌縣』等句下，並引《盱江志》。張國淦

《中國古方志考》著錄此書，張氏云：『建昌府城東有盱江，一名建昌江，此用水名。』又有《大典》輯本：《永樂大典》（卷二六○三）七皆『翻經臺』條下，（卷八○九一）十九庚『南城』、『石城』、『都軍城』、『南豐縣城』、『廢東興縣城』、『廢危全諷土城』條下，（卷九七六六）二十二覃『西巖』條下，共引《盱江志》八條。同書（卷二二六六）六模『龍湖』條下，（卷二六○三）七皆『文殊臺』條下，（卷三一四一）九眞『陳公兖』條下，（卷三五二五）九眞『戟門』、『儀門』條下、（卷八○九一）十九康『石城』、『廢永城縣城』、『建昌府城』條下，（卷一三一三五）一送『夢曾孿』條下，（卷一三一三九）一送『夢豬相謝』條下，共引《盱江前志》九條。按：宋有童宗說《盱江志》，又有陳岐《續志》，故《大典》所引《盱江前志》，當即此書也。又按：《中國古方志考》，此書題宋胡舜舉修，童宗說、黃敷忠纂。」是此書所存佚文尚多也。至胡舜舉，《宋詩紀事補遺》卷之四十載：「胡舜舉字汝士，徽州績溪人。舜陟弟。建炎二年進士。紹興中知建昌軍。治本忠恕，不輕以刑辱加民。著有《盱江志》。」盱江即建昌軍。是書乃紹興二十八年戊寅舜舉知建昌軍時，命童宗說、黃敷忠撰。舜舉且爲之〈序〉，〈序〉已散佚。宗說、敷忠事迹不可考。

**《續志》，慶元五年三山陳岐修，亦郡守也。**

案：《宋史》卷二百四〈志〉第一百五十七〈藝文〉三〈地理類〉著錄：「姜得平又《續志》十卷。」《宋史藝文志史部佚籍考》續載：「(盱江)《續志》一○卷，宋姜得平撰。得平，建昌軍教授。按：《直齋書錄解題》著錄《盱江續志》十卷，云『慶元五年（1199）三山陳岐修，亦郡守也』。……卷數亦與此書同，疑此書雖由岐主修，實由得平所爲。惟《光緒江西通志》（卷一○三）著錄陳、姜二《志》，又似二書，今已無可考。明《文淵閣書目》（卷一九）有《盱江後志》五冊，不著撰人，未審是否即此編。」是則姜得平所撰，與陳岐《續志》是否同爲一書，因書既佚，不可考矣。陳岐，《宋人傳記資料索引》載：「陳岐，三山人。累官朝奉大夫，權發遣建昌軍事。嘗刻陳氏《樂書》，求〈序〉於楊萬里。」今《誠齋集》卷八十二〈序〉即有〈三山陳先生樂書序〉。

### 富川志六卷

《富川志》六卷，軍學教授括蒼潘廷立撰。太守趙善宣，紹熙四年也。軍治永興，本富川縣，故名。

廣棪案：《宋史》卷二百四〈志〉第一百五十七〈藝文〉三〈地理類〉著錄：「潘廷立《富川圖志》六卷。」應與此同。《宋史藝文志史部佚籍考》上編〈已佚而無輯本者〉（十二）〈地理類〉載：「《富川圖志》六卷，宋潘廷立撰。廷立，括蒼人，教授。按：考《輿地紀勝》（卷三三）『〈興國軍碑記〉』條《富川志》下注云：『潘庭立序。』同卷『官吏李宜之』條下云：『建炎間爲守。〈富川志序〉云：「自太平興國以來，如楊繪、王琪之文章事業，李宜之捍難。」』同卷『軍沿革』條『分野界於吳頭楚尾之間』、『縣沿革』條『大冶縣』、『通山縣』，『風俗形勝』條『介乎吳楚之間』，『景物（下）』條『九宮山』，『古迹』條『下雉故城』、『李王墓』等句下，並引《富川志》。張國淦《中國古方志考》著錄此書，題宋趙善宣修，潘廷立纂。云：『永興縣，本隋富川縣，此用舊名。』又按：善宣，太宗七世孫，紹熙中知永興軍，累官知寧國府。嘉定元年（1208），以工部郎中直文華閣知臨安府。事迹具《南宋制撫年表》、《宋詩紀事補遺》（卷九二）等書。」所考至詳。《讀書附志》卷上〈地理類〉著錄：「《富川志》三卷。右嘉定甲申守李壽朋修。」是則壽朋於嘉定十七年守富川（1224）又重修此《志》，惟時距紹熙四年（1193）已三十載矣。

## 南安志二十卷、補遺一卷

《南安志》二十卷、《補遺》一卷，太守方崧卿、教授許開修。

廣棪案：《宋史》卷二百四〈志〉第一百五十七〈藝文〉三〈地理類〉著錄：「《南安志》二十卷。」〈宋志〉缺《補遺》一卷。方崧卿，字季伸，福建莆田人。登隆興元年進士。淳熙十二年春，選知南安軍。《宋史翼》卷二十一〈列傳〉第二十一〈循吏〉四有傳。此《志》應修於崧卿知南安軍時。許開，《宋人傳記資料索引》載：「許開字仲啓，丹徒人。乾道二年進士，慶元五年由諸王宮大小學教授除司農寺丞，仍兼實錄院檢討官。仕至中奉大夫，提舉武夷沖祐觀。有《志隱類稿》。」是開自乾道二年（1166）登第，迄淳熙十二年（1185），仍在軍教授任也。《宋史藝文志史部佚籍考》上編〈已佚而無輯本者〉（十二）〈地理類〉載：「《南安志》二〇卷，宋許開撰。開，慶元四年（1198）十一月，以諸王宮大小學教授兼實錄院檢討官，五年（1199）六月爲司農寺丞仍兼，著有《志隱類稿》。事迹略具《南宋館閣續錄》（卷九）。考《輿地紀勝》（卷三六）『南安軍風俗形勝』條『橫浦有關，大庾有嶺，通道交廣，此其襟喉』、『置軍自查陶始』，『古蹟』條『漢陳蕃子孫墓』，『官吏』條『嚴肅』、『都潔』、『李聞之』，『人物』

條『何大正』,『詩』條『英江今日掌刑回,上得梅山不見梅。輙俸買將三十本,清香留與雪中開』等句下,並引《南安志》。按:張國淦《中國古方志考》著錄此書,據《大明一統志》輯錄一條。張氏曰:『嘉靖《南安府志》,劉節序;《南安郡志》,宋知軍事方崧卿氏、軍學校教授許開氏修之,二十卷,《拾遺》一卷,今亦不可考。』」是此書雖佚,尚有佚文可稽考。

## 廣陵志十二卷

《廣陵志》十二卷,教授三山鄭少魏、江都尉會稽姚一謙撰。紹熙元年,太守鄭興裔也。

廣棪案:《宋史》卷二百四〈志〉第一百五十七〈藝文〉三〈地理類〉著錄:「鄭少魏《廣陵志》十二卷。」《宋史藝文志史部佚籍考》上編〈已佚而無輯本者〉(十二)〈地理類〉載:「《廣陵志》一二卷,宋鄭少魏撰。少魏,淳熙間為揚州教授。事迹具《揚州府志》(卷一九)。考……《輿地紀勝》(卷三七)『揚州風俗形勝』條『揚一益二』、『淮海之間,揚為重地』、『其俗樸而不爭,有學而好文』、『迷樓九曲,珠簾十里』、『邈若仙境』,『古蹟』條『陳公塘』、『南柯太守墓』等句下,並引《廣陵志》。又考鄭興裔《鄭忠肅奏議遺集》(卷下)載〈廣陵志序〉,云:『郡之有誌,猶國之有史,所以察民風,驗土俗,使前有所稽,後有所鑒,甚重典也。余奉簡書,自廬移守茲土,表章先哲,利賴兆民,日求康治,而文獻無徵,心竊悼焉。夫廣陵,名勝之區,淮南一大都會也。襟江帶海,包絡吳楚,通道甌粵,鮑子所謂重江複關之隩、四會五達之莊,非其地歟?春秋時屬吳,傳曰:「吳城邗溝,以通江淮。」是也。秦并天下,屬九江郡。漢屬荊,尋屬吳。景帝時名江都國,武帝更名廣陵國,東漢為廣陵郡。魏晉屬徐州,宋曰南兗州,北齊曰東廣州,後周曰吳州,隋曰揚州,亦曰江都郡。唐初為兗州,又為邗州,尋復為揚州,此沿革之大概也。唐曹憲始創《揚州誌》,五代喪亂之餘,殘編斷簡,無復存者。我國家定鼎,以維揚為重鎮,歷今二百三十餘年,休養生息,民臻富庶,而名邦掌故,終令淪亡,殊非守土牧民之責。爰命鄭教授少魏、姚尉一謙輯之,為卷一十有二。書成,請余識諸簡端。余思先王之有天下也,礪山帶河,畫疆以理,金城湯池,度地而居,齊誇四至之履,《易》垂重門之文,明乎各有定守也。乃若任土作貢,厥賦恆殊三等;魚鹽蜃蛤,伯國用以富強。且江珍海錯,地實生焉。踐其土者食其毛,寧敢忘享王之義乎?其或嵩嶽降靈,勳名成於仕

宦；山川毓秀，賢聲著於鄉邦，千秋之俎豆增光焉。若夫遇名山而歌詠，擲
地金聲；歷館閣而抒辭，光天藻彩。鄒、枚、鮑、庾之徒，赫赫在人耳目也。
他如刲股砥純孝之行，斷指凜冰霜之節，可以立懦廉頑，風茲百世，旌廬表
墓，又奚忝耶！至於隋陵盤塚，古蹟相沿；瓊觀迷樓，勝地非昔。弔遺徽於
寂寞之濱，捫碑碣於薜蘿之內。雖微必錄，無隱不宣。數百里封域中之事，
群匯而筆之於書，則身雖下堂階，而廣陵錯壤，慨然在目，斯無負守土牧民
之責乎？聖天子採風問俗，藉以當太史之陳。後之來守是邦者，亦庶乎其有
所據依矣。是為序。』」是則此書之佚文及鄭興裔之〈序〉，猶可考也。興裔
字光錫，初名興宗，顯肅皇后外家三世孫。《宋史》卷四百六十五〈列傳〉第
二百二十四〈外戚〉下有傳。其〈傳〉於知揚州事記述頗詳，曰：「起知盧州，
移知揚州。揚與盧為鄰。初，興裔在盧嘗卻鄰道互送禮，至是按郡籍，見前
所卻者有出無歸，遂奏嚴其禁。揚有重屯，糧乏，例糴他境，興裔搜括滲漏
以補之，食遂足。民舊皆茅舍，易焚，興裔貸之錢，命易以瓦，自是火患乃
息。又奏免其償，民甚德之。修學宮，立義塚，定部轄民兵升差法，郡以大
治。楚州議改築城，有謂韓世忠遺基不可易者，命興裔往視；既至，闕地丈
餘增築之。帝閱奏，喜曰：『興裔不吾欺也。』紹熙元年，遷保靜軍承宣使，
召領內祠，充明堂大禮都大主管大內公事。」是興裔固一代循吏，而此《志》
乃其離任遷保靜軍承宣使前竣事者也。鄭少魏，據《解題》，知任揚州教授；
姚一謙，據《解題》及鄭興裔〈序〉知任江都尉，餘事無可考。


## 楚州圖經二卷

《楚州圖經》二卷，教授霅川吳莘商卿撰。太守毗陵錢之望大受，時淳熙十
三年。

廣棪案：《宋史》卷二百四〈志〉第一百五十七〈藝文〉三〈地理類〉著錄：「錢
之望、吳莘《楚州圖經》二卷。」《吳興掌故集》卷四載：「吳莘字商卿，吳興
人。著有《楚國圖經》二卷。」《吳興掌故集》之「楚國」乃「楚州」之誤。《宋
人傳記資料索引》載：「錢之望（1131～1199），字表臣，武進人。少放達，善
奇計。金主亮入寇，以策干虞允文，謂虜有內潰之勢。允文用其言，亮果殞。
符離之敗，道謁張浚，請出邊並進，使敵疲於奔命，正功可立，浚不從。乾道
五年登進士第，授江西帥屬，累官知廣州，所至有禦盜功，遷華文閣待制，知
盧州。慶元五年卒，年六十九。」惟缺載之望知楚州事。楚州即江蘇淮安。《宋

史藝文志史部佚籍考》上編〈已佚而無輯本者〉（十二）〈地理類〉載：「《楚州圖經》二卷，宋錢之望、吳莘撰。按：《輿地紀勝》（卷三九）『楚州風俗形勝』條引〈圖經序〉云：『枚乘之文、韓信之武，必有聞風而興起者。』又『景物（下）』條『櫻桃圖』，『石鱉縣官吏』條『宋蕭僧珍』等句下，並引《圖經》。按：張國淦《中國古方志考》著錄此書，張氏據《大明一統志》輯錄一條。」是此書猶得見其佚文也。

## 永陽志三十五卷

《永陽志》三十五卷，滁守林嶠命法曹龔維蕃修。

廣棪案：《宋史》卷二百四〈志〉第一百五十七〈藝文〉三〈地理類〉著錄：「林嶠《永陽志》三十五卷。」《宋詩紀事》卷五十九載：「林嶠，三山人。右科首選。慶元中以閤門舍人守潮州。」《宋史藝文志史部佚籍考》上編〈已佚而無輯本者〉（十二）〈地理類〉載：「《永陽志》三五卷，宋林嶠撰。……張國淦《中國古方志考》著錄此書，有《大典》輯本，收錄二條，並引明《永樂永陽志》載陳璉〈序〉云：『永樂二年（1404），璉擢守滁郡，即求志書。既得一編，乃宋淳熙中法曹龔維蕃所修者，惜乎舊無刻本，閱歲既久，傳寫舛訛，殘缺益甚。』知此書永樂年猶有殘本也。」是此《志》淳熙中所修，《永樂大典》中猶收有佚文二條。龔維蕃，《宋史》無傳。考《宋會要輯稿》第一百三冊〈職官〉七五之七載：「（嘉定八年四月）二十五日，知真州龔維藩降一官，別與待闕州郡差遣。以淮東提舉吳困言真州城外居民遺漏，維蕃措置無術。」同書同冊〈職官〉七五之一載：「（嘉定十一年二月）二十四日，知道州龔維蕃、新知道州林至並與祠祿。以右諫議大夫黃序言維蕃碌碌凡才，傾險貪婪。」是維蕃於寧宗嘉定時先後知真、道二州。永陽即滁州，在今安徽滁縣治。林嶠守滁事，則賴《解題》著錄始知之。

## 吳陵志十卷

《吳陵志》十卷，不著名氏。淳熙壬寅所修。後三年乙巳，太守錢塘萬鍾元亨屬僚佐參正而刻之。泰州在唐為吳陵縣。

廣棪案：《宋史》卷二百四〈志〉第一百五十七〈藝文〉三〈地理類〉著錄：「項預《吳陵志》十四卷。」卷數與《解題》不同。此書疑項預所修，惟預事迹不

可考。萬鍾，《宋人傳記資料索引》載：「字元亨，一作元亨，錢塘人。登紹興
二十四年進士，歷官秘書監、吏部侍郎，知泰州，累遷至龍圖閣待制。」是則
此書乃淳熙十二年乙巳，鍾知泰州時所刻；而項預修竣此《志》之年，則爲淳
熙九年壬寅也。

## 高郵志三卷、續修十卷

《高郵志》三卷、《續修》十卷，<sub>廣棪案：「續修」疑爲「續志」之誤。</sub>興化縣主簿
孫祖義撰。郡守趙不懨刻之。淳熙四、五年間也。其書在圖志中最爲疏略。
嘉定中，守汪綱再修，稍詳定矣。

> 廣棪案：《宋史》卷二百四〈志〉第一百五十七〈藝文〉三〈地理類〉著錄：「孫
> 祖義《高郵志》三卷。」《宋史藝文志史部佚籍考》上編〈已佚而無輯本者〉（十
> 二）〈地理類〉載：「《高郵志》三卷，宋孫祖義撰。祖義，興化縣主簿。……考
> 《輿地紀勝》（卷四三）『〈高郵軍碑記〉』條『《高郵志》』下注云：『無編集人姓
> 名。』又『軍沿革』條『星土分野，與揚州同』、『秦以高郵置郵傳爲郵亭』、『漢
> 爲高郵縣，屬廣陵國』、『唐末五代，楊氏、李氏繼有其地，周世宗征淮南，攻
> 高郵，而南唐泰州刺史郭載棄城走』等句下，『風俗形勝』條『東漸于海，南接
> 大江，北據長淮，西有山川』、『自孫覺、秦少游諸公，以文章政事名，俗皆喜
> 儒，至今好談儒學』、『高郵若齊魯』，『景物（上）』條『盂城』、『秦郵』等句下，
> 並引《高郵志》。按：張國淦《中國古方志考》著錄此書，又有汪綱《高郵續志》
> 十卷，張氏云：『《直齋書錄解題》八淳熙孫祖義《志》，在嘉定汪綱《志》前。
> 隆慶《高郵志・凡例》高郵舊有《志》十卷、《圖經》四卷，宋教授魯穎秀、孫
> 祖義撰也。又〈秩官表〉，嘉定，魯穎秀著《高郵郡志》十卷，今不存。嘉熙，
> 孫祖義先爲興化縣簿，高郵守壽春王郡聞其賢，辟爲高郵教授，嘗撰《高郵圖
> 經》四卷。嘉熙似淳熙之誤。』是知祖義嘗任興化縣主簿，後爲王郡辟爲教授，
> 其所撰者爲《高郵圖經》四卷。而《解題》著錄作《志》三卷，或闕其《圖》
> 一卷。此書尚有佚文見《輿地紀勝》卷四十三。至趙不懨，《宋史》無傳。《宋
> 史》卷二百二十四〈表〉第十五〈宗室世系〉十載有「承信郎不懨」一條。蓋
> 不懨乃太宗六世孫，榮國公趙士雷之子。據《解題》所記，則其任高郵守，當
> 在淳熙四年前，蓋繼王郡之任也。汪綱字仲舉，黟縣人。淳熙十四年中銓試。《宋
> 史》卷四百八〈列傳〉第一百六十七有傳。其〈傳〉載：「（綱）以選知高郵軍，
> 陛辭，言：『揚、楚二州當各屯二萬人，壯其聲勢，而以高郵爲家計砦。高郵三

面阻水，湖澤奧阻，戎馬所不能騁，獨西南一路直距天長，無險可守，乃去城六十里隨地經畫，或浚溝塹，或備設伏，以扼其衝。』」是綱亦精曉情勢，智慮周詳之士也。其繼不慚出守高郵並續修此《志》，當在嘉定中。惟據《隆慶高郵志·凡例》及〈秩官表〉所記，則修此《續志》者疑為軍教授魯穎秀。蓋〈凡例〉謂：「郵舊有《志》十卷。」〈秩官表〉亦謂：「嘉定，魯穎秀著《高郵志》十卷，今不存。」即指此《續志》也。穎秀，事迹無可考。

## 都梁志八卷

《都梁志》八卷，郡守霍篪、教授周之瑞修。紹熙元年也。

廣棪案：《讀書附志》卷下〈拾遺〉著錄：「《都梁志》六卷。右郡守何季羽所修也，詩文附焉。」又《宋史》卷二百四〈志〉第一百五十七〈藝文〉三〈地理類〉著錄：「鄭昉《都梁志》二卷。」何，鄭二氏所修之《志》，均與《解題》著錄者非同屬一書。霍篪字和卿，丹徒人。少力學，敏慧過人。擢隆興進士第。《宋史翼》卷十二〈列傳〉第十二有傳。其〈傳〉曰：「光宗即位，再以急務進。議者以其曲盡防邊之術，將使次第行之。除知盱眙軍。以言者罷。」紹熙，光宗年號。都梁，即盱眙軍。是篪上任伊始，即與軍教授周之瑞同修此《志》，一年而成。之瑞，《宋史》無傳。《宋會要輯稿》第一百十五冊〈選舉〉二一之一一載：「（嘉定三年）八月五日，國子監發解，命監察御史鄭昭先監試，……幹辦諸軍糧料院周之瑞點檢試卷。」是之瑞於宋寧宗嘉定三年任幹辦諸軍糧料院，並於是年八月五日解試中負責檢點試卷。《宋史藝文志史部佚籍考》下編〈已佚而有輯本者〉（十二）〈地理類〉載：「《都梁志》二卷，宋鄭昉撰。昉，寧宗朝武岡軍教授。按：此書久佚，清陳運溶採《輿地紀勝》所引五事，輯為一卷，《麓山精舍叢書》收之。」是鄭昉之書，乃續霍書而作，而何秀羽所修之〈志〉，或更在其後。

## 續志一卷

《續志》　卷，嘉泰壬戌郡守耿與義序。館臣案：「郡守」以下原本闕，今據《文獻通考》補。

廣棪案：此為《都梁志》之《續志》，僅一卷。嘉泰為寧宗年號，壬戌乃二年（1202），上距紹熙元年（1190）已十三年。疑此《續志》即寧宗朝武岡軍教授鄭昉之《都梁志》，蓋都梁又稱武岡軍，惟〈宋志〉著錄鄭《志》作二卷，此作一卷，二者

必有一誤。嘉泰二年，耿與義爲郡守，並爲《續志》撰〈序〉，惟與義〈序〉，無可考，其人《宋史》亦無傳。考《宋會要輯稿》第一百三冊〈職官〉七四之一八載：「（開禧元年）八月三日，權發遣和州耿與義放罷；果州團練使、新差知和州趙延與宮觀，理作自陳。以臣僚言與義獄訟紛紜，曲直貿亂；延律己乏廉聲，蒞官無善狀。」是與義於寧宗開禧元年權發遣和州，因事被放罷；嘉泰二年守都梁。至所撰〈都梁續志序〉，已佚。

## 合肥志四卷

《合肥志》四卷，合肥主簿唐錡撰。郡守鄭興裔也。時淳熙十五年。

廣棪案：唐錡，事迹無可考。鄭興裔事迹，已見「《廣陵志》十二卷」條。《宋史》本傳載興裔曾知廬州而未記年月，廬州即合肥，據《解題》此條足補《宋史》之未備。《宋史》卷二百四〈志〉第一百五十七〈藝文〉三〈地理類〉著錄：「劉浩然《合肥志》十卷。」則與《解題》所著錄者非屬一書。《宋史藝文志史部佚籍考》上編〈已佚而無輯本者〉（十二）〈地理類〉載：「《合肥志》一〇卷，宋劉浩然撰。浩然，史無傳。考《輿地紀勝》（卷四五）『《廬州碑記》』條『《新合肥志》』句下注云：『帥李大東，郡文學劉澹然序。』『州沿革』條『中興以來，兼本路安撫，改帥府於和州，未幾復舊，併淮南一路帥治揚州，未幾復分云』句下，云：『此並據《合肥新志》。』又《永樂大典》（卷二五三九）七皆『日益齋』條下，又（卷二七五四）八灰『雜陂名』條下，又（卷七五一三）十八陽『鎮敖倉』條下，又（卷七五一四）十八陽『椿積倉』條下，又（卷七五一六）十八陽『都倉』條下，共引《合肥志》五條。按：淳熙年間，鄭興裔嘗撰《合肥志》鄭興裔《鄭忠肅奏議遺集》卷下有〈合肥誌序〉，惟《永樂大典》『都倉』條及『椿積倉』條下引《合肥志》云：『嘉定六年（1213），帥李大東。』知此書嘉定六年（1213）以後所修，非淳熙年間之鄭《志》也。劉浩然，《輿地紀勝》作劉澹然，未審孰是。又考明《文淵閣書目》（卷一九）舊志著錄《合肥志》十冊，疑是此書。若是，則正統年間猶及見此書也。又按：《中國古方志考》著錄此書，云宋李大東修，劉浩然纂。大東，端州四會人，寓豫章。嘉定二年（1209），由知平江府移知建康，徙廬州，在任五年，累官至龍圖閣學士。事迹具《南宋制撫年表》、《宋元學案補遺》（卷九六）等書。蒲圻張氏有《大典》輯本。」同書又載：「《合肥志》一〇卷，宋王知新撰。知新，慶元元年（1195）三月，自建康副都統制差知廬州。三年（1197），帶忠州刺史再任。四年（1198）六月，

除知閣門事，見《景定建康志》。按：淳熙間鄭興裔撰《合肥志》四卷，今《鄭
忠肅奏議遺集》卷下載〈合肥志序〉。此編或據鄭《志》補修也。〈宋志〉又著
錄劉浩然《合肥志》十卷，與此編未審是否一書也。」綜上所述，南宋《合肥
志》凡三種，其一爲四卷本，淳熙十五年唐錡撰，郡守鄭興裔；其二爲十卷本，
慶元元年王知新撰；其三亦十卷本，嘉定六年劉浩然撰，郡守李大東。王、劉
二《志》，亦非同一書也。

## 同安志十卷

《同安志》十卷，毗陵錢紳伸仲撰。宣和五年，太守曰曾元禮。未幾而有狄
難。至紹興十三年，太守張彥聲始取而刻之。

廣棪案：《宋史》卷二百四〈志〉第一百五十七〈藝文〉三〈地理類〉著錄：「錢
紳《同安志》十卷。」錢紳，《宋詩紀事補遺》卷之三十四載：「錢紳字伸仲，毗
陵人。大觀三年進士，官知州。」是則此書撰成於大觀年間，中經曾元禮，而刻
成於紹興十三年。《宋史藝文志史部佚籍考》上編〈已佚而無輯本者〉（十二）〈地
理類〉載：「《同安志》一〇卷，宋錢紳撰。……按：張國淦《中國古方志考》著
錄此書。考《輿地紀勝》（卷四六）『〈安慶府碑記〉』條『《同安志》』下注云：『錢
紳編。』『風俗形勝』條引〈同安志後序〉云：『龍舒自唐爲名郡，其山深秀而穎
厚，其川迤邐而蕩漾，魚蟹麥禾之饒、仙宮佛寺之勝，清寧而舒緩。』同書（卷
一七）『江南東路建康府歷代詩』條『玉樹歌沈王氣終，景陽鐘合曙樓空。梧楸
遠近千家冢，禾麥高低六代宮。石燕拂雲晴亦雨，江豚翻浪夜還風。英雄一去豪
華盡，惟有江山似洛中。』（卷三〇）『江州古蹟』條『澎浪磯』，（卷四十六）『安
慶府府沿革』條『天官星記，爲斗分野』。『景物（上）』條『皖城』等句下，並
引《同安志》。」是則此書尚有佚文可稽考也。曾元禮、張彥聲二人，事迹均無
可考。〈宋志〉同卷又著錄：「蔡時《續同安志》一卷。」則續此《志》也。

## 歷陽志十卷

《歷陽志》十卷，郡守九華程九萬鵬飛、教授天台黃宜達之撰。慶元元年。

廣棪案：《宋史》卷二百四〈志〉第一百五十七〈藝文〉三〈地理類〉著錄：「程
九萬《歷陽志》十卷。」九萬，《宋詩紀事》卷五十六「程九萬」條載：「九萬
字鵬飛，池州人。淳熙間知武康縣，有賢名。慶元中守歷陽，有《集》。」宜，

《宋人傳記資料索引》載：「黃宜，字達之，天台人。登淳熙二年進士，歷大理寺丞，知處州，遷秘書少監、中書舍人，官至工部侍郎，以敷文閣待制致仕，卒。爲人簡重端整，在朝多所建明，力排和議，不爲勢屈；學務實踐，推明濂、洛之學，訓迪後進，喜推士類。喪祭一用古禮，鄉人化之。有《詩》二十卷、《掖垣制草》二卷、《讀書手鈔》二卷、《喪禮》二卷、《藥書》十卷。」是此書乃九萬守歷陽時撰，慶元元年也。而宜則仕大理寺丞前，曾任歷陽郡教授。《宋史藝文志史部佚籍考》上編〈已佚而無輯本者〉（十二）〈地理類〉載：「《歷陽志》十卷，宋程九萬撰。……考《輿地紀勝》（卷四八）『〈和州碑記〉』條『新圖經』下注云：『程九萬序』。惟〈序〉文未見徵引。又同書（卷四五）『廬州景物（上）』『龍潭』，又（卷四八）『和州州沿革』條『中興以來，爲淮西帥治，尋罷』。『縣沿革』條『含山縣』及（卷六五）『江陵府（下）令佐』條『本朝劉摯』等句下，並引《歷陽志》。」是《歷陽志》猶有佚文可稽。考歷陽郡即和州。《宋史》卷二百四〈志〉第一百五十七〈藝文〉三〈地理類〉又著錄：「趙興清《歷陽志補遺》十卷。」殆此書之補遺也。

## 黃州圖經四卷、附錄一卷

《黃州圖經》四卷、《附錄》一卷，李宗諤祥符所修《圖經》，亦頗有後人附益者。郡守李訛又以近事爲《附錄》焉。訛，參政邴漢老之子也。

廣棪案：《宋史》卷二百四〈志〉第一百五十七〈藝文〉三〈地理類〉著錄：「李說《黃州圖經》五卷。」〈宋志〉「說」字乃「訛」形近之誤；作「五卷」者，蓋合《附錄》一卷而言也。李宗諤，《玉海》卷第十四〈地理‧地理圖〉「〈祥符州縣圖經〉」條載其於祥符三年十二月丁巳成《諸路圖經》，凡一千五百六十六卷，其中即包括《黃州圖經》。李邴字漢老，濟州任城縣人。高宗紹興三年拜尚書右丞，未幾改參知政事。《宋史》卷三百七十五〈列傳〉第一百三十四有傳。訛字誠之，福建晉江人。《宋史翼》卷二十一〈列傳〉第二十一〈循吏〉四本傳載：「祖邴，建炎中避地居泉州，子孫遂籍晉江縣。訛早慧好學，下筆數千言，用祖蔭補承務郎，……當路益知訛才。久之，擢知黃州。訛入對，論邊郡數易之弊，孝宗意甚悅。」是此書《附錄》乃孝宗時訛守黃州以近事爲之。訛，邴之孫，《解題》作「子」，誤矣。《宋史藝文志史部佚籍考》上編〈已佚而無輯本者〉（十二）〈地理類〉載：「《黃州圖經》五卷，宋李宗諤等撰。……按：此書〈宋志〉本作『李說《黃州圖經》五卷』。此書本李宗諤所修四卷，李訛爲《附

錄》一卷，〈宋志〉作五卷者，合計《附錄》也。〈宋志〉撰人作李說者，當是
涉《附錄》李訧而誤，今改署李宗諤等撰。考《輿地紀勝》（卷四九）『黃州州
沿革』條『楚宣王滅邾，徙其君於此城，故又名邾城』。及『景物（下）』條『橫
江館』等句下，並引李宗諤《圖經》。又按：《中國古方志考》著錄此書，云：『宋
黃州齊安郡，明清黃州府，府治黃岡縣。』」是此書乃李宗諤修《圖經》，李訧
爲《附錄》。此《圖經》尚有佚文二條存《輿地紀勝》卷四十九中。

### 齊安志二十卷

《齊安志》二十卷，郡守呂昭問俾教授厲居正重修。慶元己未也。

　　廣棪案：《宋史》卷二百四〈志〉第一百五十七〈藝文〉三〈地理類〉著錄：「厲
居正《齊安志》二十卷。」齊安即黃州。《宋史藝文志史部佚籍考》上編〈已佚
而無輯本者〉（十二）〈地理類〉載：「《齊安志》二十卷，宋厲居正撰。居正，
教授⋯⋯。考《輿地紀勝》（卷四九）『黃州州沿革』條『〈禹貢〉荊州之城』句
下，『景物（下）』條『青𦨞亭』、『白沙關』句下，『古跡』條『舊州城』、『古邾
城』、『女王城』等句下，並引《齊安志》。張國淦《中國古方志考》復據《大明
一統志》輯錄一條。」是此書猶可據《輿地紀勝》卷四十九及《大明一統志》
輯得若干佚文。慶元五年己未，呂昭問任齊安郡守，厲居正任郡教授，嘗重修
此《志》，二人《宋史》無傳。考《宋會要輯稿》第一百五十九冊〈食貨〉六八
之七二載：「（乾道七年）十一月十二日，知建康府洪遵言：『太州府燕湖知縣呂
昭問以和糴米爲名，禁止米斛不得下河。饒州旱傷前來收糴米七百五十餘碩，
本縣抄箚不令交還。』詔：『呂昭問降一官放罷。』」是知呂昭問曾任燕湖知縣
被放罷。《宋史》卷二百四〈志〉第一百五十七〈藝文〉三〈地理類〉又著錄：
「許靖夫《齊安拾遺》一卷。」或即就此書以拾遺闕也。

### 濠梁志三卷

《濠梁志》三卷，郡守永嘉張季樗撰。時嘉泰初元。

　　廣棪案：嘉泰初元爲寧宗嘉泰元年辛酉，是季樗此年守濠梁，書亦此年撰。濠梁，
宋曰濠州鍾離郡，今安徽鳳陽縣治。《秘書省續編到四庫闕書目》卷一〈史類·
地理類〉著錄：「陳章《濠梁遺錄》一卷。」葉德輝考證本。疑章亦寧宗時人，其
書即此《志》之遺錄歟？季樗，《宋史》無傳。考《宋會要輯稿》第一百六十四

冊〈刑法〉一之五〇載：「（淳熙）二年十一月四日，參知政事龔茂良等上《吏部七司法》三百卷，詔以《淳熙重修尚書吏部勅令格式申明》為名。……龔茂良為提舉，……儒林郎張季嶧為刪定宮。」同書第一百一冊〈職官〉七二之四二載：「（淳熙十二年五月）十四日，知潮州張季嶧放罷，以本路漕臣奏劾故也。」同書同冊〈職官〉七二之五四載：「（淳熙十六年九月）二十八日詔：『新知南劍州張季嶧罷新任。』以臣僚言季嶧嘗為潮州，政以賄成，好行掊克也。」同書第一百三冊〈職官〉七四之一三載：「（嘉泰二年）十一月十六日，知和州張季嶧與宮觀理作自陳，以臣僚言其軍政不修，民事盡廢，非守邊之材。」可知季嶧之宦歷。

### 無為志三卷

《無為志》三卷，教授宋宜之纂。太守柴瑾為之〈序〉。

　　廣棪案：宜之，《宋史》無傳。《宋會要輯稿》第一百十五冊〈選舉〉二一之一載：「淳熙三年二月二十五日銓試、公試、類試，命監察御史齊慶胄監試，……諸王宮大小學教授宋宜之考校、點檢試卷。」是宜之先任無考軍教授，後任諸王宮大小學教授。瑾，《宋元學案》卷二十五〈龜山學案〉「漕使柴退翁先生瑾」條載：「柴瑾字懷叔，江山人也。師事逸平，以進士倅番陽。歲飢，便宜以常平米發賑，太守難之。答曰：『設有咎，下官當自受之。』入為殿中侍御史，福建漕使。有《退翁集》。」惟未載瑾出守無為軍事。《宋史》卷二百四〈志〉第一百五十七〈藝文〉三〈地理類〉著錄：「宋宜之《無為志》三卷。」《宋史藝文志史部佚籍考》上編〈已佚而無輯本者〉（十二）〈地理類〉載：「《無為志》三卷，宋宋宜之撰。宜之，教授……。考《輿地紀勝》（卷三九）『楚州風俗形勝』條『兩淮轉運使，舊置司楚州』句下注云：『《無為志》云：「淮漕使副舊置司楚州，中興始分儀眞、無為。」』』無為軍即楚州。是書猶有佚文可稽也。

### 襄陽志四十卷

《襄陽志》四十卷，郡守胸山高夔令教授吳興劉宗、幕官上蔡任沆編纂。為書既詳備，而刊刻亦精緻，圖志之佳者。

　　廣棪案：《宋史》卷二百四〈志〉第一百五十七〈藝文〉三〈地理類〉著錄：「劉宗《襄陽志》四十卷。」高夔，《宋史》無傳，《宋人傳記資料索引》載：「高夔（1138～1198）字仲一，其先登州人，家於海州胸山。恥仕敵廷，紹

興三十一年奉母來歸，特免文解。乾道五年賜將仕郎出身，調荊門軍長林尉。六年上封事陳方略，上大喜，添差安豐軍簽判，累擢司農少卿，除直秘閣，知江陵府。淳熙九年丁母憂去官。服除，改知揚州兼淮東安撫使，加秘閣修撰，移帥襄陽，進右文殿修撰，改知廬州。紹熙五年以提舉宮觀致仕。慶元四年卒。年六十一。有《集》十卷、《奏議》三十卷。」是則此書乃夒移帥襄陽時令劉宗、任浣編纂。劉、任二人《宋史》無傳。《宋會要輯稿》第一百五十四冊〈食貨〉六三之四三「慶曆五年七月」條所載之劉宗事，然其人絕非撰《襄陽志》者。任浣，事迹亦無可考。《宋史藝文志史部佚籍考》上編〈已佚而無輯本者〉（十二）〈地理類〉載：「《襄陽志》四十卷，宋劉宗撰。宗，吳興人，教授。考《輿地紀勝》（卷二八）『襄陽風俗形勝』條『皇子出鎮』、『江陵脣齒』，『景物（下）』條『樂喜堂』，又（卷八七）『光化軍景物（上）』條『泌河』，『詩』條『層樓壓清漢，初上更忘歸。夕靄藏平野，晴煙漏翠微。城昏晚雅集，江靜野鷗飛。何日賦招隱，行吟傍釣磯』等句下，並引《襄陽志》。按：《中國古方志考》著錄此書，張氏據《萬曆湖廣總志》輯錄二條；又有《大典》本，收錄三條。」是此書猶存佚文。

## 襄沔記三卷

《襄沔記》三卷，唐吳從政撰。刪宗懍《荊楚歲時記》、盛宏之《荊州記》、鄒閎甫《楚國先賢傳》、習鑿齒《襄陽耆舊傳》、郭仲產《襄陽記》、鮑堅《南雍州記》，集成此書，其記襄、漢事迹詳矣。景龍中人，自號棲閑子。

廣校案：《新唐書》卷五十八〈志〉第四十八〈藝文〉二〈地理類〉著錄：「吳從政《襄沔記》三卷。」《宋史》卷二百四〈志〉第一百五十七〈藝文〉三〈地理類〉著錄：「吳從政《襄沔雜記》三卷。」〈宋志〉著錄書名多一「雜」字。從政，兩《唐書》無傳。《宋史藝文志史部佚籍考》下編〈已佚而有輯本者〉（十二）〈地理類〉載：「《襄沔雜記》三卷，唐吳從政撰。從政，景龍中人，自號棲閑子。按：從政刪宗懍《荊楚歲時記》、盛宏之《荊州記》、鄒閎甫《楚國先賢傳》、習鑿齒《襄陽耆舊傳》、郭仲產《襄陽記》、鮑堅《南雍州記》，集成此書。此書明以來已不傳，清王謨從諸書所引鈔出，計《御覽》十一條、《廣記》一條、《一統志》一條、《格致鏡源》一條，輯為一卷，載入重訂《漢唐地理書鈔》。」是此書尚存佚文，清人王謨乃就諸書所引，輯為一卷。

## 房州圖志三卷

《房州圖志》三卷，郡守毗陵陳宇撰。

　　廣校案：《宋史》卷二百四〈志〉第一百五十七〈藝文〉三〈地理類〉著錄：「陳宇《房州圖志》三卷。」《宋人傳記資料索引》載：「陳宇字伯受，自宜興徙常熟，襄孫。以父澤爲莆田尉，累遷知房州。隆興中知富陽，卒年六十一。宇孝友廉潔，嘗謂先世以清白遺子孫，豈惟富不可求，亦所不願也。」是此書宇知房州時撰。《宋史藝文志史部佚籍考》上編〈已佚而無輯本者〉（十二）〈地理類〉載：「《房州圖經》三卷，宋陳宇撰。宇，字允初，毗陵人，郡守。事母至孝，作郡甚辨，臨事應變，事集而民不擾，事迹略具《淳熙薦士錄》、《考亭淵源錄初稿》（卷十四）、《閩中理學淵源考》（卷二九）及《宋元學案補遺》（卷六九）等書。……考《太平寰宇記》（卷一四三）『房州竹山縣「堵水」』句下，引《圖經》一條。《輿地紀勝》（卷八六）『房州縣沿革』條『竹山縣』，『風俗形勝』條『即唐遷州故城』，『人物』條『尹吉甫』，『碑刻』條『後唐刺史修廨斷碑』等句下，並引《圖經》。」是則此書尚存佚文。惟南宋之世有二陳宇，一字伯受，陳襄之孫，毗陵人；另一字允初，陳俊卿從子，乃莆田人。且允初所出知者乃梧州軍，非房州。《宋史藝文志史部佚籍考》將二人混作一人，疏失殊甚。

## 義陽志八卷

《義陽志》八卷，郡守河內關良臣撰。紹熙二年也。信陽軍，唐申州，所謂申、光、蔡，吳元濟所據，竭天下之力以取之者。

　　廣校案：此書已佚，撰人事迹亦不可考。義陽郡即信陽軍，唐曰申州。唐憲宗元和年間，吳元濟據申州等地爲亂。《舊唐書》卷一百四十五〈列傳〉第九十五〈吳少誠〉載：「初，元濟之叛，恃其兇狠，然治軍無綱紀。其將趙昌洪、凌朝江、董重質等各權兵外寇。李師道鄆州之鹽城，往來寧陵、雍丘之間，韓弘知而不禁。淮右自少誠阻兵以來，三十餘年，王師加討，未嘗及其城下，嘗走韓全義，敗于頓，故驕悍無所顧忌。且恃城池重固，有陂浸阻迴，故以天下兵環攻三年，所克者一縣而已。及黜高霞寓、李遜、袁滋，諸軍始進。又得陰山府沙陀驍騎、邯鄲勇卒，光顏、重胤之奮命，及丞相臨統，破諸將首尾之計，方擒元惡。」如此而始能平定元濟之叛，是真竭天下之力以取之矣！

## 長沙志五十二卷

《長沙志》五十二卷，郡守趙善俊以紹熙二年命教授褚孝錫等七人撰。時陳止齋將漕，相與攷訂商略，故〈序〉言當與《長樂志》並也。

> 廣校案：《讀書附志》卷上〈地理類〉著錄：「《長沙志》五十二卷。右紹興辛亥，帥趙善俊修而爲之〈序〉。」《宋史》卷二百四〈志〉第一百五十七〈藝文〉三〈地理類〉著錄：「褚孝錫《長沙志》十一卷。」《讀書附志》撰年作「紹興辛亥」，〈宋志〉卷數作「十一卷」，均與《解題》著錄不同。考紹興辛亥爲元年（1131），而《宋史》卷二百四十七〈列傳〉第六〈宗室〉四載：「善俊字俊臣，太宗七世孫。……紹興二十七年（1157）登第。」若以紹興辛亥爲出守之年，與登第前後相距二十七年，且善俊登第之前絕無可能出任長沙郡守。又《宋史》本傳載：「轉湖南帥。加祕閣修撰，移知鎮江府。丁母憂，終喪而卒，年六十四。」是可推知善俊卒前不久始帥湖南，其時應爲光宗紹熙二年（1191），而紹熙二年適逢辛亥。故知《讀書附志》著錄之「紹興」原乃「紹熙」之誤。至此書之卷數，〈宋志〉著錄與《解題》不同。惟《讀書附志》亦作五十二卷，則應屬〈宋志〉有誤。或此《志》乃七八人合撰，疑〈宋志〉著錄者僅爲孝錫所撰之十一卷，亦未可定。因原書已佚，無法確考矣。陳止齋即陳傳良，《宋史》卷四百三十四〈列傳〉第一百九十三〈儒林〉四有傳。其〈傳〉載：「光宗立，稍遷提舉常平茶鹽、轉運判官。湖、湘民無後，以異姓嗣者，官利其貲，輒沒入之。傳良曰：『絕人嗣，非政也。』復之幾二千家。」此記傳良任漕時治績。至《長樂志》，凡四十卷，《解題》同卷著錄曰：「府帥清源梁克家叔子撰。淳熙九年序。時永嘉陳傳良君舉通判州事，大略皆出其手。」是傳良助克家撰《長樂志》在前，又爲《長沙志》撰〈序〉於後，故其〈序〉言二《志》可等類齊觀也。

## 續長沙志十一卷

《續長沙志》十一卷，不著姓氏。錄紹興<sub>廣校案：《文獻通考》作「紹熙」，盧校本</sub><sub>同</sub>。以後事。

> 廣校案：《宋史藝文志史部佚籍考》上編〈已佚而無輯本者〉（十二）〈地理類〉載：「《長沙志》十一卷，宋不著撰人。《直齋書錄解題》（卷八）〈地理類〉著錄《長沙志》五十二卷，又著錄《續長沙志》十一卷。按：此書撰人，〈宋志〉本

題褚孝錫撰，誤。褚氏五十二卷之書，〈宋志〉未著錄。今考《輿地紀勝》（卷
二三）多引《長沙志》，而《續志》未見徵引，此書在當時或已不多見也。」是
《長沙志》五十二卷，褚孝錫等七人撰，《續長沙志》則不著撰人，所錄乃紹熙
以後事，《解題》作「紹興」，誤。《續長沙志》，宋時已不多見。

### 長沙土風碑一卷

《長沙土風碑》一卷，唐潭州刺史河南張謂撰。前有碑銘，後有《湘中記》，
載事迹七十件。

廣棪案：此書已佚。張謂，兩《唐書》無傳。計有功《唐詩紀事》卷二十五「張
謂」條載：「謂，登天寶二年進士第。奉使長沙，嘗作《長沙風土記》：『巨唐八
葉，元聖六載，正言待罪湘東。』」是此書應名《長沙風土記》，疑《解題》「碑」
字乃涉下句「前有碑銘」而誤。《唐詩紀事》又載：「乾元中，謂以尚書郎出使夏
口，沔州牧杜公觴于江城之南湖。謂命李白標之嘉名，白目爲郎官湖云。」又載：
「謂，大曆間爲禮部侍郎，典七年、八年、九年貢舉。」然均未記及謂出任潭州
刺史事。《湘中記》，《宋史》卷二百四〈志〉第一百五十七〈藝文〉三〈地理類〉
著錄：「盧求《襄陽故事》十卷、《湘中記》一卷。」求，《舊唐書》卷一百七十
八〈列傳〉第一百二十八附其子〈盧攜〉，僅謂：「父求，寶曆初登進士等，應諸
府辟召，位終郡守。」是求乃唐敬宗時人。劉兆祐《宋史藝文志史部佚籍考》下
編〈已佚而有輯本者〉（十二）〈地理類〉載：「《湘中記》一卷，宋不著撰人。按：
此書〈宋志〉不著撰人，原書久佚。清陳運溶輯《河南省境內之古地志》六十六
種，爲《荊湘地記》輯本，中有《湘中記》一卷。陳氏抄出《後漢書‧郡國志》
劉昭注引三條，《藝文類聚》引七條，《初學記》引二條，《太平御覽》引四條，
鏊爲一卷。光緒二十六年（1900），陳氏輯刻《麓山精舍叢書》，即將此六十六種
輯本刻入。」惟〈宋志〉明載《湘中記》爲盧求撰，不知兆祐何以失檢若此。

### 衡州圖經三卷

《衡州圖經》三卷，郡守三山孫德輿行之撰。嘉定戊寅刻。

廣棪案：《宋史》卷二百四〈志〉第一百五十七〈藝文〉三〈地理類〉著錄：
「劉清之《衡山圖經》三卷。」所著錄撰人與《解題》不同。《宋史藝文志史
部佚籍考》下編〈已佚而有輯本者〉（十二）〈地理類〉載：「《衡州圖經》三

卷，宋劉清之撰。清之，字子澄，臨江人，紹興進士。孝宗時差權發遣衡州，事迹具《宋史》（卷三四七）本傳。按：宋廖行之《省齋集》，附錄〈宋故寧鄉主簿廖公行狀〉云：『郡守臨江劉公清之，雅意教化，慨歎是邦圖志之闕，拉公預修纂，研究歷代廢置，上下數千百年，綜理不亂，專以芟蕪誣誕爲先，郡月以萬錢致朱墨之費，公曰：「誘我肆業博古，又敢圖利邪？」卻之而不可，公即寶之，洎終篇，合六萬，乃悉以繕治頻宮。』又〈宋故寧鄉主簿廖公修職墓誌銘〉云：『郡守劉公清之欲補圖志之闕，公首爲規創凡例，網羅遺佚，上下千載，糾剔妄謬，參覈異同，厥功爲多，書甫就而公歿。』行之歿於淳熙己酉（十六年，1189），則是書成於淳熙十六年。是編久佚，清陳運溶輯有一卷本，《麓山精舍叢書》收之。」是清之爲郡守，其書乃主簿廖行之纂修，成於淳熙十六年。至孫德輿，《宋人傳記資料索引》載：「孫德輿，字行之，福州福清人。嘉定元年鄭自誠榜進士，六年除正字，歷校書郎、著作佐郎，出知衡州。官終江南提刑。」是德輿爲嘉定元年進士，曾出知衡州，所撰《圖經》刻於嘉定十一年戊寅（1218），遲於劉書三十年。

## 零陵志十卷

《零陵志》十卷，郡守徐自明己卯重修。

　　廣棪案：《宋史》卷二百四〈志〉第一百五十七〈藝文〉三〈地理類〉著錄：「徐自明《零陵志》十卷。」同書又著錄：「張埏《零陵志》一卷。」自明，《宋史》無傳。《宋詩紀事補遺》卷之六十六「徐自明」條載：「字誠甫，永嘉人。嘉定中知永州。撰《宰輔編年錄》、《零陵志》十卷。」張埏，《宋史》亦無傳。《宋史藝文志史部佚籍考》下編〈已佚而有輯本者〉（十二）〈地理類〉載：「《零陵志》一十卷，宋張埏撰。埏，鄱陽人，孝宗朝知永州。」考孫詒讓《溫州經籍志》卷十〈史部‧地理類〉上著錄：「徐自明《零陵志》十卷，《直齋書錄解題》八、《文獻通考》二百五、《宋史‧藝文志》三。佚。……案宋永州零陵軍事屬荊湖南路，見《宋史‧地理志》四。徐愷堂知永州，在嘉定十年十二月，見史能之《毗陵志》八。《零陵志》成於嘉定己卯，蓋除官後二年也。《宋宰輔編年錄》陳昉〈跋〉云：『愷堂終零陵郡守。』《輿地紀勝》五十六〈永州碑記〉載有《零陵志》，張埏序，不著撰人，未知即此書否？〈宋志〉三：張埏《零陵志》十卷，與徐書並收。」是詒讓疑徐、張二書爲一書，其實誤也。《宋史藝文志史部佚籍考》載：「《零陵志》一十卷，徐自明撰。按：

徐自明與張埏二《志》並十卷，〈宋志〉並收，詒讓不能定其是否一書。埏，孝宗朝知永州，其撰《零陵志》，在淳熙年間；徐自明，寧宗朝知永州，撰《志》在嘉定年間；非一書也。《光緒湖南通志》（卷二四九）著錄《淳熙零陵志》，又著錄《嘉定零陵志》。是也。今張《志》有善化陳氏《荊湖圖經》輯本，徐《志》則不可得見矣。」綜上所引，則知埏知永州在前，《志》修於淳熙間；徐知在後，《志》重修於嘉定十二年己卯。二書不同，故《光緒湖南通志》卷二百四十九既著錄《淳熙零陵志》，又著錄《嘉定零陵志》。零陵即永州也。

## 舂陵圖志十卷

**《舂陵圖志》十卷，教授臨江章穎茂憲撰。淳熙六年，太守趙汝誼。**

廣棪案：《宋史》卷二百四〈志〉第一百五十七〈藝文〉三〈地理類〉著錄：「孫楙《舂陵圖志》十卷。」所著錄撰人與《解題》不同。章穎，《宋史》四百四〈列傳〉第一百六十三有傳。其〈傳〉曰：「章穎字茂獻，臨江軍人。以兼經中鄉薦。孝宗嗣服，下詔求言，穎爲萬言書附驛以聞。禮部奏名第一，孝宗稱其文似陸贄，調道州教授。」舂陵即道州，是穎撰此書，即在任道州教授時。趙汝誼，《宋史》無傳，《宋史》卷二百二十六〈表〉第十七〈宗室世系〉十二有汝誼名字。汝誼屬太宗子漢王房，密國公允言五世孫，祁國公宗說四世孫，高祖汝南侯仲軻，曾祖丹陽侯士慧，祖儒林郎不佞，父善庠，兄汝詡。其餘無可考。汝誼守舂陵在淳熙六年，此書亦當時撰就。至孫楙之《志》，劉兆祐《宋史藝文志史部佚籍考》上編〈已佚而無輯本者〉（十二）〈地理類〉載：「《舂陵圖志》一十卷，宋孫楙撰。楙，字德操，太平人，紹興二十四年（1154）進士，歷判池、眞、穎三州，所至以興學節財爲務。累遷知溫州，朱熹稱其愛立而教明，爲古良吏。後韓侂冑用事，謝官歸隱。事迹見《南宋文範》（卷四四）〈醉樂亭記〉。……按：《輿地紀勝》（卷五八）『〈道州碑記〉』條『《舂陵志》』下注云：『章穎序。』疑此書乃孫氏撰，章氏序，振孫誤記也。又按：張國淦《中國古方志考》著錄此書，又有趙汝誼修、章穎撰《舂陵圖志》十卷，以爲二書不同。」據劉書所載，楙成進士在紹興二十四年，則其年齡應遠長於章穎。故其所撰之《志》應在章《志》之前，其書應成於紹興年間。是以《舂陵圖志》最少應有二書，張國淦《中國古方志考》分二書著錄，合符事實。

### 九疑攷古二卷

《九疑攷古》二卷，道州崇道主簿吳致堯格甫撰。取《舂陵志》所記，而為詩以記之。宣和甲辰序。

廣棪案：《宋史》卷二百四〈志〉第一百五十七〈藝文〉三〈地理類〉著錄：「吳致堯《九疑攷古》二卷。」劉兆祐《宋史藝文志史部佚籍考》上編〈已佚而有輯本者〉（十二）〈地理類〉載：「《九疑攷古》二卷，宋吳致堯撰。致堯，字格甫，又字聖任，政和進士，著有《歸愚集》。事迹具《京口耆舊傳》（卷五）。……按《舂陵志》，蓋即孫枀《舂陵圖志》（一十卷）也。孫《志》，〈宋志〉著錄，今亦亡佚矣。」是兆祐以此書乃據《舂陵圖志》而撰。惟致堯所據者是否即孫《志》，則甚可疑。蓋吳致堯為宣和進士，孫枀為紹興進士，吳之年歲必大於孫甚多。且吳書既成於宣和六年甲辰，則其所據之《舂陵志》，亦必應撰成於此年之前者。如上所考，孫《志》之撰就時間為紹興年間，則致堯所參用之書絕不可能為孫《志》矣。故疑宣和甲辰前已另有一《舂陵圖志》足供致堯參考，至兆祐以為所取用者為孫《志》，殆大謬不然矣。

### 清湘志六卷

《清湘志》六卷，郡守永嘉陳峴壽南俾教授林瀛修。館臣案：《文獻通考》作林瀛，原本誤作「灑」，今改正。嘉泰二年也。

廣棪案：《宋史》卷二百四〈志〉第一百五十七〈藝文〉三〈地理類〉著錄：「余元一《清湘志》六卷。」所著錄撰人與《解題》不同。陳峴，《宋史》卷三百七十七〈列傳〉第一百三十六附〈陳桷〉，曰：「孫峴，以詞學擢第，官中書舍人，直學士院。」其餘未載。劉兆祐《宋史藝文志史部佚籍考》上編〈已佚而無輯本者〉（十二）〈地理類〉載：「《清湘志》六卷，宋余元一撰。元一，字景思，仙游人，淳熙進士，終池州通判。事迹具《考亭淵源錄初稿》（卷一四）、《閩南道學源流》（卷一四）、《閩中理學淵源考》（卷一九）、《莆陽文獻傳》（卷三〇）及《宋元學案》（卷六三）等書。按：《直齋書錄解題》（卷八）〈地理類〉著錄《清湘志》六卷，陳氏曰：『郡守永嘉陳峴壽南俾教授林瀛修。嘉泰二年（1201）也。』元一亦當時人，卷數復同，疑即此書，以與脩者多人，所署或不同也。峴，字壽南，一字僑南，號東齋，溫州平陽人，淳熙十四年（1187），以博學宏詞科賜第。寧宗時知潭州。瀛，潭州教授。

考《輿地紀勝》（卷六〇）『全州景物（上）』條『洮治』句下，引《清湘志》一條。又『風俗形勝』引〈清湘志序〉云：『清湘爲郡，始自晉天福中。』又云：『極湖湘之西，其南抵桂嶺。』又按：張國淦《中國古方志考》陳峴《志》與余元一《志》分別著錄，又有不著撰人之《清湘志》。」據是則兆祐以林瀛與余元一所撰爲同一書，惟張國淦仍作二書分別著錄；又另有一不著撰人之《清湘志》，則名同實異之書凡三本矣。

## 武昌志三十卷

《武昌志》三十卷，郡守括蒼王信成之命教授許中應等撰。

廣棪案：《讀書附志》卷下〈拾遺〉著錄：「《武昌志》三十卷。右郡守古括王信所修也，詩文附焉。」與《解題》略同。王信字成之，處州麗水人。登紹興三十年進士第。《宋史》卷四百〈列傳〉第一百五十九有傳。其〈傳〉載：「加煥章閣待制，徙知鄂州，改池州。初，信扶其父喪歸自金陵，草屨徒行，雖疾風甚雨，弗避也，由是得寒濕疾。及聞孝宗遺詔，悲傷過甚，疾復作，至是寖劇，上章請老，以通議大夫致仕。有星隕於其居，光如炬，不及地數尺而散。數日，遺訓其子以忠孝公廉。所著有《是齋集》行世。」鄂州即武昌。是信乃孝宗時人，晚歲知鄂州，命許中應等撰此書。許中應，《宋人傳記資料索引》載：「許中應字成甫，東陽人，直可子。登淳熙十一年進士，官至奉議郎，知光州定成縣。操履純正，爲鄉模範。」疑此書即成於淳熙年間。

## 武昌土俗編二卷

《武昌土俗編》二卷，武昌令永嘉薛季宣撰。記一縣之事頗詳。紹興辛巳、壬午間也。

廣棪案：此書已佚。季宣字士龍，永嘉人。起居舍人徽言之子。《宋史》卷四百三十四〈列傳〉第一百九十三〈儒林〉四有傳。其〈傳〉曰：「金兵之未至也，武昌令劉錡鎮鄂渚。廣棪案：此處當有脫文。中華本《宋史》校勘記曰：『按陳傅良《止齋先生文集》卷五一〈薛季宣行狀〉作：「公以軍政爭，謝去，盡其祿直買蜀書以歸，爲鄂州武昌令。故太尉劉公錡鎮鄂渚。」呂祖謙《呂東萊文集》卷七〈薛常州墓誌銘〉作：「公既出蜀矣，調鄂州武昌令。」則任武昌令者是薛季宣，「武昌令」上當有脫字。』是其證。季宣白錡，以武昌形勢直淮、蔡，而兵寡勢弱，宜早爲備，

錡不聽。及交兵，稍稍資季宣計畫。」是太尉劉錡鎮鄂，季宣時爲武昌令。至《解題》所記「紹興辛巳、壬午間」一語，可藉悉季宣任武昌令之歲月，足補《宋史》之闕文。又知此書殆於紹興三十一、二年間撰就。

## 其邑今為壽昌軍。

案：《宋史》卷八十八〈志〉第四十一〈地理〉四載：「南渡後，升武昌縣爲壽昌軍。」可證《解題》之無訛。

### 郢城志十二卷

**《郢城志》十二卷，教授傅巖撰。慶元戊午，太守李楫。**

廣棪案：《宋史》卷二百四〈志〉第一百五十七〈藝文〉三〈地理類〉著錄：「傅巖《郢城志》十二卷。」與此同。傅巖，《宋人傳記資料索引》載：「傅巖（1040～1073），字夢弼，建昌人。兒時秀穎軼群，弱冠下詞場，下筆成語驚眾。熙寧六年試於南宮，不利，得疾出；三月九日卒，年三十四。」據是則巖乃神宗時人，而此書應撰成甚早。頗疑南宋時另有一傅巖，寧宗慶元時曾任郢城教授。考《宋會要輯稿》第一百二冊〈職官〉七三之八載：「（紹熙二年十月）十八日，詔常州通判陳大光、常熟縣丞傅巖並放罷。以提舉常平言其心術順險，見於政事刻薄掊歛故也。」是巖乃光宗紹熙二年（1191）辛亥任常熟縣丞，十月因事放罷；寧宗慶元四年（1198）戊午改任郢城教授。郢城，今湖北安陸。李楫，《宋史》無傳。汪藻《浮溪集》卷八〈制〉有〈李楫除監察御史制〉，則楫除任郢城太守外，又任監察御史。《宋史藝文志史部佚籍考》上編〈已佚而無輯本者〉（十二）〈地理類〉載：「《郢城志》一二卷，宋傅巖撰。巖，教授。……考《輿地紀勝》（卷五）〈平江府詩〉『浪跡姑蘇人不管，春風吹笛酒家樓』句下，又（卷七七）『德安府風俗形勝』條『李白喜雲夢之勝，留此邦三年』句下，『景物（下）』條『根子菜』句下『古跡』條『楚襄王廟』句下，『官吏』條『范純仁』句下，並引《郢城志》。按：《中國古方志考》著錄此書，張氏曰：『安陸郡，春秋時郢國，後周改郢州，劉澄之〈山川記〉云：「安陸縣居郢城。」』」是此書猶有佚文可資稽考。

### 岳陽志甲二卷、乙三卷

**《岳陽志甲》二卷、《乙》三卷，《甲集》建安馬子嚴莊父、《乙集》永嘉張聲**

道聲之所修,皆郡守也。

　　廣棪案:《宋史》卷二百四〈志〉第一百五十七〈藝文〉三〈地理類〉著錄:「馬子嚴《岳陽志》二卷。」《宋人傳記資料索引》載:「馬子嚴字莊父,自號古洲居士,建安人。淳熙二年進士,累官知岳州。」又載:「張聲道,字聲之,溫州瑞安人。治《尚書》,登淳熙十一年進士。開禧元年以太常博士兼說書,除秘書郎,進秘書丞,三年四月罷。」是此書《甲》、《乙集》應成於孝宗、寧宗時。劉兆祐《宋史藝文志史部佚籍考》下編〈已佚而有輯本者〉(十二)〈地理類〉載:「《岳陽志》二卷,宋馬子嚴撰。子嚴,字莊父,建安人,紹興年知岳州。事迹具《全宋詞》(卷三)、《宋詩紀事》(卷七三)、《宋詩紀事小傳補正》(卷四)。按:《直齋書錄解題》載:《岳陽志甲》二卷、《乙》三卷,《乙集》乃嘉定十三年(1220)張聲道所撰也。此書久佚,清陳運溶採《輿地紀勝》所引三十二條輯為一卷,《麓山精舍叢書》收之。」兆祐謂子嚴「紹興年知岳州」,又謂《乙集》成於「嘉定十三年」,未知所據。或據陳運溶輯本也。

### 岳陽風土記一卷

《岳陽風土記》一卷,宣德郎、監商稅務危致明晦叔撰。<sub>館臣案:《文獻通考》作「范致明」。</sub>元符進士第二人,仕至次對。其在岳,蓋謫官也。

　　廣棪案:《宋史》卷二百四〈志〉第一百五十七〈藝文〉三〈地理類〉著錄:「范致明《岳陽風土記》一卷。」是撰人為范致明,《解題》誤「范」作「危」。此書《四庫全書總目》卷七十〈史部〉二十六〈地理類〉三著錄:「《岳陽風土記》一卷,<sub>兩江總督採進本。</sub>宋范致明撰。致明字晦叔,建安人。元符中登進士第。是編乃以其宣德郎謫監岳州商務時所作。下分門目,隨事載記。書雖一卷,而於郡縣沿革、山川改易、古蹟存亡,考證特詳。如樂史《太平寰宇記》謂大江流入洞庭。致明則謂『洞庭會江,江不入洞庭。惟荊江夏秋暴漲,乃逆泛而入,三五日即還,名曰翻流水。』《圖經》以鄭王廟為鄭德璘。致明則謂『為隋末鄭文秀,與董景珍同立蕭銑者,故其北又有董王廟。』沈亞之〈湘中怨〉記岳陽樓聞氾人之歌。致明則核以地形,謂『舟中之歌,樓上不辨。』杜佑《通典》謂巴邱湖中有曹州,即曹公為吳所敗燒船處,在今縣南四十里。致明則謂『今縣西但有曹公渡,考之地理,與周瑜、曹操相遇處絕不相干。』《漢陽圖經》謂赤壁即烏林。致明則謂『曹操已至巴邱,則孫、劉宜拒之於巴陵、江夏間,所謂烏林,即烏黎口,不當在漢陽界。』世傳華

容爲章華臺。致明則謂『舊臺在景陵界，華容隋縣，乃取古容城名之。』酈道元《水經注》謂澧水會沅，然後入湖。致明則謂：『澧、沅雖相通，而各自入湖。澧所入處名澧口，沅所入處名鼎江口。』皆確有引據，異他地志之附會。其他軼聞逸事，亦頗資探擇，敘述尤爲雅潔，在宋人風土書中，可謂佳本矣。」《四庫全書總目》對此書評價甚高，且引據說明，足資參考。然《四庫全書總目》據《解題》考致明事迹則有誤，余嘉錫《四庫提要辨證》卷八〈史部〉六〈地理類〉三「《岳陽風土記》一卷」條曰：「嘉錫案：《直齋書錄解題》卷八云：『《岳陽風土記》一卷，宣德郎監商稅務范原誤作危。致明晦叔撰。元符進士第二人，仕至次對。其在岳，蓋謫官也。』《提要》此條，全出於此。然《愛日精廬藏書志》卷十七有明嘉靖刊本，題曰：『宋宣德郎監岳州在城酒稅務范致明撰。』考《續通鑑長編紀事本末》卷百二十二云：崇寧三年四月，『責降人湖北路范致明落侍御史降監岳州酒稅』，則非監商稅也。且《提要》此條，於致明始末亦不詳。勞格《讀書雜識》卷十一有『范致明』一條，蓋欲以補《提要》之闕略，今錄之於此，並旁引他書，益其所未備焉。勞氏云：『《容齋四筆》十五，蔡京三入相時，除用士大夫，視官職如糞土，蓋欲以天爵市私恩。政和六年十月，不因赦令，侍從以上，先緣左降同日遷職者二十人，中奉大夫范致明爲顯謨閣待制。新編《方輿覽勝》三十一，德安府五桂堂在書記廳。元豐中，方城范公爲掌書記，官舍西偏有桂甚茂，後范公之子致君、致明、致虛、致祥、致厚相繼登第，致君記其事，後周洪道爲之記云。案：此事先見於《輿地紀勝》卷七十七。〈乾陵無字碑〉，宋人題名范致明晦叔謫官□水，政和元年天祺節後一日，同邑尉郭韶又善來謁乾陵，寅亮、寅畏從行。』原注云陜西乾州。今案致明弟致虛，《宋史》卷三百六十二有傳，不載致明事。《十朝綱要》卷十七云：『政和元年十月，上既責郭天信、余負，又詔開封府鞫訊，具得商英張商英也。遣負及僧德洪往來交結天信事實。辛亥，責商英散官安置衡州，倉部員外郎范致明勒停。十一月乙巳，言者論范致虛、致明之罪，不在郭天信、余負之下，致虛責分司，居住南京，致明編管蘄州。』《宋會要》第九十九冊〈職官〉六十八云：『政和元年十一月，范致明送蘄州編管，范致君放逐便指揮更不施行，皆以言者論其阿附張商英也。』又第五十一冊〈儀制〉十一云：『奉議郎知池州范致明，宣和元年十二月，特贈徽猷閣待制，以監司言，疚心職事，力疾董督，修建神霄宮殿宇，疾勢加重而卒故也。』《宋史・藝文志・地理類》有范致明《岳陽風土記》一卷，又《池陽記》一卷。《輿地紀勝》卷二十二〈池州碑記門〉云：『《池陽前

記》，政和八年范致明編。」致明此書，作於監岳州酒稅時，當在編管蘄州之後，遷顯謨閣待制之前。觀其所至，輒模山範水，從事編摩，蓋不惟績學能文，抑亦風雅好事矣。」余氏所考甚詳，足正《四庫全書總目》之未及。至此書刊刻情況，《解題》乏載，丁丙《善本書室藏書志》卷十二〈史部〉十一下著錄：「《岳陽風土記》一卷，明嘉靖刊本。宋承德郎、監岳州在城酒稅務范致明撰。明進士岳州府通判錢塘許嶽重梓。致明字晦叔，建安人。元符登進士第二人，仕至次對。嘗謫監岳州酒稅，因撰此書。雖僅一卷，而於郡邑沿革、山川改易、古蹟存亡，攷證彌詳，不同附會。其他軼聞逸事，採擇惟精，筆尤雅潔。靖康之亂，書不復見。紹興丙辰，致明從子寅秩奉使湖北，郡守范侯淙得之煨燼間，出示，寅秩因請鏤版，謹跋於後。淳熙六年，版多漫滅，郡守盱江劉谷曁重刊跋之。元括蒼葉子奇曾有更定之本，明嘉靖甲辰，嘉禾陸埰〈跋〉，稱得鈔本於鄉大夫胥柳州家，時方輯郡乘，多所取證。同寅裘司理汝中因復付梓。此為吾鄉許氏重刊本。嶽字子峻，嘉靖庚戌進士，官河南按察僉事。備兵穎上，禦寇維揚，保全鋒鏑，遭誣謫沔陽同知，移判岳州，董築州城，治為三楚之最，《記》當刻於此時。吳郡徐學謨為之〈序〉，有冰谷山陰許氏珍藏、許尚質印、別號釀川諸印。」是此書初刊於淳熙六年。至范致明所任官，明嘉靖刊本亦稱「宋承德郎、監岳州在城酒稅務」，與《解題》不同，蓋據淳熙六年本，《解題》作「商稅務」，誤也。至《解題》謂范致明「仕至次對」，次對即待制，乃指致明官至顯謨閣待制事，《四庫全書總目》及《四庫提要辨證》均未考論及之。

## 辰州風土記六卷

《辰州風土記》六卷，教授縉雲田渭伯清撰。隆興二年，郡守徐彭年。

廣棪案：《宋史》卷二百四〈志〉第一百五十七〈藝文〉三〈地理類〉著錄：「田渭《辰州風土記》六卷。」田渭，《宋史》無傳，《宋會要輯稿》第一百十五冊〈選舉〉二一之一載：「（淳熙四年）八月五日，國子監發解，命監察御史徐詡監試，尚書考功員外郎施師點、尚書禮部員外郎范端臣、太常丞黃洽考試詳訂一司，敕令所刪定官樓鑰、諸王宮大小學教授喻良能、祕書省校書郎石起宗、何澹、國子監主簿王維之、國子正高文虎點檢試卷，別院尚書戶部員外郎邱宗山考試，樞密院編修葛邲、太常寺主簿李巘、主管戶部架閣文字田渭並點檢試卷。」同書第五十二冊〈端異〉二之二六載：「（淳熙十四年七月）十六日，詔

令兩浙路帥臣、監司，戒飭四千□州縣，存恤貧民，毋致流徙。因爲監盜，仍措置合行事件，開具聞奏。於是浙東提舉田渭奏欲將台、處州、紹興府第五等今年未納身丁稅，及婺州舊無丁稅，將第五等戶今年夏稅，□不及文錢不滿貫者，並行往催，□見恤也。」同書第九十六冊〈職官〉六二之二七載：「（淳熙十五年）六月四日，詔浙東提舉田渭除直祕閣。以永思陵訖事故也。」是則田渭隆興二年（1164）任辰州教授後，淳熙四年（1177）任主管戶部架閣文字，淳熙十四年（1187）任浙東提舉，十五年（1188）六月四日除直祕閣。而徐彭年，《宋史》亦無傳。《宋會要輯稿》第九十五冊〈職官〉六一之五〇載：「（紹興十二年）九月十三日，詔知南安軍大庾縣徐彭年令本路提刑司依條對易。彭年以論知軍范振不法事引嫌，本路提刑司爲之請，故有是命。」是徐彭年隆興二年前，於紹興十二年（1142）任大庾縣令，後易南安軍知軍。《宋史藝文志史部佚籍考》下編〈已佚而有輯本者〉（十二）〈地理類〉載：「《辰州風土記》六卷，宋田渭撰。渭，字伯清，縉雲人，紹興進士，隆興間爲辰州教授。按：此書隆興二年（1164）渭爲辰州教授所撰，時郡守徐彭年。明《文淵閣書目》（卷十九）舊志載《辰陽風土志》，當即此書。明以後傳本已罕見，清陳運溶採《輿地紀勝》所引四事，輯爲一卷，載入《麓山精舍叢書》。」是此書猶有佚文四事存《輿地紀勝》。

## 成都古今集記三十卷

《成都古今集記》三十卷，知府事信安趙抃閱道撰。清獻自慶曆將漕之後，凡四入蜀，知蜀事爲詳，故成此書。熙寧七年也。

廣校案：《郡齋讀書志》卷第八〈地理類〉著錄：「《成都古今記》三十卷。右皇朝趙抃編。抃自慶曆至熙寧，凡四入蜀，知蜀事爲詳，摭其故實，以類相從，分百餘門。」書名闕「集」字，《解題》所述，頗據之。《玉海》卷第十五〈地理・地理書〉「熙寧《成都古今集記》」條載：「三十卷。熙寧中趙抃再守成都，延博識之士，參考眾書，述其郡邑、山川、都城、邑郭、府寺、宮室之詳，分百餘門。抃自慶歷至熙寧，凡四入蜀。」所述較《解題》詳贍。《宋史》卷二百四〈志〉第一百五十七〈藝文〉三〈地理類〉著錄：「趙抃《成都古今集記》三十卷。」同書卷七〈集類・別集類〉：「趙抃《成都古今集》三十卷。」書名闕「記」字，二者應同爲一書。抃字閱道，衢州西安人。進士及第。《宋史》卷三百一十六〈列傳〉第七十五有傳，記其凡四入蜀，治績甚詳。其〈傳〉曰：「（抃）元豐七年，

薨，年七十七。贈太子少師，謚曰清獻。抃長厚清修，人不見其喜慍。平生不治
貲業，不蓄聲伎，嫁兄弟之女十數、他孤女二十餘人，施德惇貧，蓋不可勝數。
日所爲事，入夜必衣冠露香以告于天，不可告，則不敢爲。其爲政，善因俗設施，
猛寬不同，在虔與成都，尤爲世所稱道。神宗每詔二郡守，必以抃爲言。要之，
以惠利爲本。晚學道有得，將終，與姪訣，詞氣不亂，安坐而沒。宰相韓琦嘗稱
抃眞世人標表，蓋以爲不可及云。」若抃者，誠一代循吏，世人標表。韓琦「以
爲不可及」，理亦宜焉。

## 續成都古今集記二十二卷

《續成都古今集記》二十二卷，知府事王剛中居正撰。寔紹興三十年。余嘗手
寫〈洛陽名園記〉，而題其後曰：「晉王右軍聞成都有漢時講堂，秦時城池、門
屋、樓觀，慨然遠想，欲一遊目。其〈與周益州帖〉，蓋數致意焉。近時，呂
太史有感於宗少文臥遊之語，凡昔人記載人境之勝，錄爲一編。其奉祠亳社也，
自以爲譙、沛眞源，恍然在目，而兗之太極、嵩之崇福、華之雲臺，皆將臥遊
之。噫嘻！弧矢四方之志，高人達士之懷，古今一也。顧南北分裂，蜀在境內，
雖遠，患不往爾，往則至矣。亳、兗、嵩、華，視蜀猶邇封也，欲往，其可得
乎？然則太史之情，其可悲也已！余近得此〈記〉，手寫一通，與《東京記》、
《長安》、《河南志》，《夢華錄》諸書並藏，而時自覽焉，是亦臥遊之意云爾。
于時歲在己丑，蜀故亡恙也。後七年而有虜禍，秦、漢故夫，焚蕩無遺，今其
可見者，惟此二《記》耳，而板本亦不可復得矣。嗚呼！悲夫！」己丑，實理
宗紹定二年也。廣棪案：盧校注：「悲夫」下，館本此下空一字。「己丑，實理宗紹定二年
也」下，此段不似陳氏本文，當亦隨齋語耳。《文獻通考》無之。後七年，即理宗端平三
年丙申歲。是年，自九月二十九日夜，沔利都統兼關外四川安撫、知沔州曹友
聞戰死之後，十二月，北兵入普州、順慶、潼川府，破成都，掠眉州，五十四
州俱陷破，獨夔州一路及瀘、果、合數州僅存。友聞初以明經登丙戌科，綿谷
縣尉。制置桂如淵擢爲天水教授，與田遂、陳瑀俱招忠義，官至員外郎。自乞
換武，積官至眉州防禦使、左驍騎衛大將軍。朝廷贈龍圖學士、大中大夫，賜
廟褒忠，謚曰節。所部皆精銳，虜畏之，目爲「短曹遍身膽」，時人稱之曰：「元
戎制勝世間有，教授提兵天下無。」是役也，北之主將統兵者，四太子幷達海
也。

廣棪案：「己丑」以下乃隨齋語，故《文獻通考》無之，文弨所言不誤。陳樂素

《直齋書錄解題作者陳振孫》一文亦謂：「至《續成都古今集記》條末附以記成都事，乃後人所增，非直齋文，故《通考》未引；且其中曾稱理宗廟號，更非直齋所及知。」足補盧氏所未及。隨齋所述，實爲注釋直齋〈洛陽名園記題後〉之語。〈題後〉云：「于時歲在己丑，蜀故亡羌也。」此乃直齋自道得《洛陽名園記》之年，隨齋乃釋之曰：「己丑，實理宗紹定二年也。」若此句乃直齋自述之語，則無庸用「實」字。直齋續謂：「後七年而有虜禍，秦、漢故迹，焚蕩無遺。」故隨齋釋曰：「後七年，即理宗端午三年丙申歲。」又《記》由此至末一段文字，皆述虜禍，以致「秦、漢故迹，焚蕩無遺」。其中用一「即」字，亦知非直齋語，乃後人注解之言。所惜館臣於上述種種，均未暇細辨，致將《解題》與隨齋批注之語相連接，徒增後世無窮之惑。至《續成都古今集記》之撰人本名居正，字剛中，《解題》將名與字顛倒。揚州人。《宋史》卷三百八十一〈列傳〉第一百四十有傳。〈傳〉中未記及居正任成都知府事。又其〈傳〉記居正之卒，曰：「紹興二十一年卒，年六十五歲。」亦與《解題》記此書作年「寔紹興三十年」一語不合，疑「三十」乃「二十」之誤。總之此書之撰年必在居正卒前之紹興二十一年前。

## 蜀記二卷

《蜀記》二卷，唐鄭暐撰。雜記蜀事、人物、古跡、寺觀之屬。未詳何人。

廣棪案：《崇文總目》卷二〈傳記類〉上著錄：「《蜀記》三卷，鄭暐撰。」錢東垣輯釋本。《宋史》卷二百三〈志〉第一百五十六〈藝文〉二〈傳記類〉著錄同。頗疑《解題》之「二卷」乃「三卷」之訛，蓋《崇文總目》已作三卷。暐，兩《唐書》無傳。《新唐書》卷七十五上〈表〉第十五上〈宰相世系表〉五上「鄭氏」載：「暐，華陰尉。」是其官職固可知者。《宋史藝文志史部佚籍考》上編〈已佚而無輯本者〉（七）〈傳記類〉載：「《蜀記》三卷，唐鄭暐撰。……《蜀中廣記》（卷九六）載唐鄭暐《蜀記》二卷，云：『陳振孫曰：「人代未詳。」按《蜀志補罅》以暐爲成都人，復有《天寶西幸略》云。』按：此書或題《益州理亂記》，或題《蜀記》；書本三卷，作二卷，非全書也。又按：〈新唐志〉又有李充《益州記》三卷，充，隋時人；《蜀中廣記》（卷九六）載元澄《蜀記》一卷；章宗源《隋書經籍志考證》（卷六）著錄《蜀記》，云：『《蜀記》卷亡，段氏撰，不著錄。《寰宇記》劍南西道，戎人進狖㺚褥，皂、褐、碧三色相間；江南西道，涪州出扇；山南西道，渝出花竹簟，巴川以竹根爲酒柱子；《太平御覽·

布帛部》邛州鎮南蕉葛，上者一疋直十千，並引段氏《蜀記》。又《寰宇記》山南東道，忠州墊江縣以蘇勗爲席，絲爲經，其色深碧，此稱段氏《遊蜀記》。』今諸書並已亡佚。」是鄭氏成都人，又撰《天寶西幸略》，而此書另名《益州理亂記》。

## 梁益記十卷

《梁益記》十卷，著作佐郎益州知錄事參軍任弁撰。天禧四年自為〈序〉。

廣棪案：《郡齋讀書志》卷第八〈地理類〉著錄：「《梁益志》十卷。右皇朝任弁撰。天禧中，遊宦於成都，以《蜀記》數家，其言皆無所依據，乃引書傳刊正其事。」《玉海》卷第十五〈地理・地理書〉「天禧《梁益記》」條載：「《書目》：『天禧中，晁氏《志》云任弁。以《蜀書》有數家，皆穿鑿誕妄，於是刪次十卷。』」《宋史》卷二百三〈志〉第一百五十六〈藝文〉二〈傳記類〉著錄：「任升《梁益記》十卷。」所考均足與《解題》相參證。惟此書書名僅《郡齋讀書志》作「《梁益志》」，疑作「記」爲允。至撰人或作任弁，或作任升，《國史經籍志》卷三〈地理〉則著錄作任牟。惟三人事迹均無可考，未知孰是。天禧，宋眞宗年號；四年，歲次庚申也。

## 長樂志四十卷

《長樂志》四十卷，府帥清源梁克家叔子撰。淳熙九年序。時永嘉陳傅良君舉通判州事，大略皆出其手。

廣棪案：《宋史》卷二百四〈志〉第一百五十七〈藝文〉三〈地理類〉著錄：「梁克家《長樂志》四十卷。」與此同。梁克家字叔子，泉州晉江人。紹興三十年廷試第一。《宋史》卷三百八十四〈列傳〉第一百四十三有傳。其〈傳〉曰：「淳熙八年，起知福州，在鎮有治績。趙雄奏欲令再任，降旨乃知福州，召除醴泉觀使。九年九月，拜右丞相，封儀國公，逾月而疾。」是克家撰〈序〉在淳熙九年九月前。陳傅良，《宋史》卷四百三十四〈列傳〉第一百九十三〈儒林〉四載：「陳傅良字君舉，溫州瑞安人。……登進士甲科，……出通判福州。丞相梁克家領帥事，委成于傅良。傅良平一府曲直，壹以義。」是可推知《長樂志》亦出傅良手。

### 閩中記十卷

《閩中記》十卷，唐林諝撰。本朝慶曆中有林世程者重修，其兄世矩作〈序〉。諝，郡人，養高不仕，當大中時。世程，亦郡人也。其言永嘉之亂，中原仕族林、黃、陳、鄭四姓先入閩，可以證閩人皆稱光州固始之妄。

廣梭案：《新唐書》卷五十八〈志〉第四十八〈藝文〉二〈地理類〉著錄：「林諝《閩中記》十卷。」《崇文總目》卷二〈地理類〉著錄：「《閩中記》十卷，林諝撰，林世程重修。繹案：〈通志略〉、〈宋志〉並云林諝《閩中記》一卷，林世程重修。《閩中記》十卷是諝書，本一卷，後世程續修合成十卷。〈唐志〉僅題林諝撰，非是。今從《書錄解題》。林世程，〈宋志〉作程世程，誤。」錢東垣輯釋本。考《宋史》卷二百四〈志〉第一百五十七〈藝文〉三〈地理類〉著錄：「林諝《閩中記》十卷。」又著錄：「程世程《程修閩中記》十卷。」〈宋志〉作「程世程」，及作《程修閩中記》，均誤，林諝，林世程，正史無傳，事迹多不可考。世矩，《淳熙三山志》卷二十六載：「林世矩字子儀，閩縣人，休復子。慶曆六年進士，終楚州教授。」可略知其生平。《宋史藝文志史部佚籍考》上編〈已佚而無輯本者〉（十二）〈地理類〉載：「《閩中記》十卷，唐林諝撰。諝，閩縣人，隱居不仕。〈新唐志〉著錄此書十卷。……按：近人張國淦《中國古方志考》著錄此書。考《輿地紀勝》（卷一二八）『福州風俗形勝』、『地名長樂，居者安之』條下注云：『《閩中記》。』『景物（上）』、『藍溪』條下云：『《閩中記》云：在長溪縣大姥山下。』『景物（下）』、『金江』條下引《閩中記》善所記金□江得名之由來；『神光寺』條下引《閩中記》云：『寺居烏石山絕頂。』又明黃仲明撰《八閩通志》於建置沿革、地理風俗、山川、食貨土產、產物、秩官名宦、人物士行、拾遺等處，亦多引此書。張國淦云：『晉有陶夔《閩中記》，唐有貞元林諝《閩中記》，宋有慶曆林世程《閩中記》，淳熙梁克家《三山志》已云今佚，《輿地紀勝》引《閩中記》、《舊記》、《長樂志》，《永樂大典》引《舊記》、《三山志》、弘治《八閩通志》引《閩中記》、《舊記》、《慶曆舊記》、《三山舊志》，茲就其可據者，以《閩中記》，錄作林諝《閩中記》；以《閩中記》與《舊記》相關者、《舊記》、《慶曆舊記》，錄作林世程《閩中記》；以《三山志》、《三山舊志》，錄作《三山志》（《長樂志》）。』又云：『是《志》見《淳熙三山志》梁克家〈序〉，又弘治《八閩通志》六十二，「人物文苑」：「唐林諝，閩縣人，作《閩中記》十卷。」崇禎《閩書》：「諝，善屬文，養高不仕，搜掇異聞，作《閩中記》十卷，廉帥李貽孫重之。」』」據是

則此書仍多佚文，而林諝事迹猶有可稽考者。

## 建安志二十四卷、續志一卷

《建安志》二十四卷、《續志》一卷，刪定官郡人林光撰。慶元四年，郡守永嘉張叔椿俾僚屬成之。《續志》，嘉定十二年府學士人所錄。

廣棪案：《宋史》卷二百四〈志〉第一百五十七〈藝文〉三〈地理類〉著錄：「劉牧《建安志》二十四卷，又《建安續志類編》二卷。」所著錄撰人及《續志》書名與《解題》不同。劉兆祐《宋史藝文志史部佚籍考》上編〈已佚而無輯本者〉（十二）〈地理類〉載：「《建安志》二四卷、《建安續志類編》二卷，宋林光、劉牧等撰。光，字子輝，性資極敏，讀書過目輒不忘，少有文名，乾道二年（1166）以第四名中進士丙科，歷韶州、循州教授，恬靜有守，卒於承議郎。著有《兵論》、《迂論》數十卷。事迹見《建甌縣志》（卷三三）。牧，字先之，一作牧之，號長民，衢州西安人。舉進士第，調饒州軍事推官，與州將爭公事，爲所擠，幾不免。累官荊湖北路轉運判官。治平元年（1064）卒，年五十四。著有《易解》、《卦通德論》、《先儒遺論九事》、《釣隱圖》等。事迹具《宋史翼》（卷二三）、《宋元學案》（卷二）、《宋詩紀事補遺》（卷一八）等書。《臨川集》（卷九七）載〈劉君墓誌銘〉。……按：右二編〈宋志〉並題劉牧撰，《建安志》當是林光所撰，以《續志》劉牧所撰，遂並題牧撰也，今正。明《文淵閣書目》（卷一九）《舊志》著錄《建安郡志》十八冊，《建安續志》二冊。又《續志》，〈宋志〉云二卷，《書錄解題》作一卷，振孫所見，或非完本也。又按：張國淦《中國古方志考》著錄此書，題宋張叔椿修，林光纂。據《紀勝》輯錄十九條，《大明一統志》五條，弘治《八閩通志》二條；又有《大典》輯本，收錄三十七條。張氏云：『《永樂政和縣志》附〈觀游錄〉吳廷用序，建寧知府張叔椿，嘗著《建寧誌》，凡本縣山川人物，悉皆登載，以今觀之，尚多遺漏。又弘治《八閩通志》七十二，建寧府禪山石寺按《舊志》云，唐末邑人倪智獲金觀音小像，建寧守張叔椿遂采入郡志。六十五，「人物文苑」，建寧府，宋林光，字子輝，建安人，乾道初登第，撰《建安志》二十卷。』所考雖甚翔實，惟頗有錯舛。考建安即建寧，《建安志》即《建寧誌》。是慶元四年張叔椿爲守，林光爲刪定官，曾撰成《建安志》二十四卷。然《續志》則必非字先之、號長民、撰《易解》之劉牧所續。蓋牧乃北宋仁宗、英宗時人，何能續南宋寧宗時林光之撰作。兆祐此考，不察之甚，其誤甚明。疑南宋時或另有名劉牧者。否則，此《續志》一卷，

原屬府學士所錄，其後續有增益，乃成《建安續志類編》二卷。疑書賈初假劉牧之名以行，嗣後且連《建安志》二十四卷亦並題劉牧。故〈宋志〉之著錄，乃與《解題》大不相同。至叔椿，《宋史》雖無傳，惟樓鑰《攻媿集》卷四十有叔椿〈除權吏部侍郎制〉，卷四十三有〈辭免除權兵部尚書不允詔〉、〈辭免兼侍讀不允詔〉；陳傅良《止齋文集》卷十五有叔椿〈封永嘉縣開國男食邑三百戶制〉，卷十五有〈右諫議大夫張叔椿明堂恩贈母妻制〉，猶可藉知叔椿宦歷。

### 清源志七卷

《清源志》七卷，通判州事永嘉戴溪肖望撰。時慶元己未，太守信安劉穎也。

廣梭案：《宋史》卷二百四〈志〉第一百五十七〈藝文〉三〈地理類〉著錄：「劉灝《清源志》七卷。」〈宋志〉作「劉灝」，應作「劉穎」，蓋字形相近而誤。考劉穎字公實，衢州西安人。廣梭案：西安即信安，故城在浙江衢縣境。紹興二十七年進士，起知泉州。《宋史》卷四百四〈列傳〉第一百六十三有傳。戴溪字肖望，永嘉人。《宋史》卷四百三十四〈列傳〉第一百九十三〈儒林〉四有傳。惟其〈傳〉未載溪通判泉州事。又考孫詒讓《溫州經籍志》卷十〈史部·地理類〉上著錄此書，曰：「戴氏溪《清源志》，《世善堂藏書目錄》上，源下有山字，誤衍。七卷。《直齋書錄解題》八，《文獻通考》二百五。佚。……案：宋泉州清源郡平海軍節度，屬福建路。見《宋史·地理志》五。《宋史》本傳載：『文端升博士，除慶元府通判，未行，改宗正簿，累官兵部郎官。』不云嘗通判泉州。考文端除宗正簿，在慶元二年二月；見《中興館閣續錄》九，寔錄院續檢討官下。其除兵部郎官，在開禧二年七月。見《中興館閣續錄》八，秘書郎下。其修《清源志》，陳《錄》謂在慶元己未，則其倅泉，當在為宗正簿之後、兵部郎官之前。兵部郎官之前，尚有秘書郎之除，在開禧二年三月，亦見《館閣續錄》。本傳所敘官秩，不無刪削耳。《清源志》，明《文淵閣書目》十九、《世善堂書目》上，並有其書，今則久無傳本。惟王氏《輿地紀勝》一百三十，〈泉州〉一卷，略引數條，其體例無可考也。」文端，戴溪諡，是溪任兵部郎官前曾通判泉州。此書尚存佚文數條，見《輿地紀勝·泉州》卷。

### 延平志十卷

《延平志》十卷，郡守新安胡舜舉汝士與郡人廖拱、廖挺裒集，時紹興庚辰

也。〈序〉言與《盱江志》並行，蓋其為建昌守，亦嘗修《圖志》云。

　　廣校案：舜舉事迹已見「《盱江志》」條。此書蓋成於紹興三十年庚辰也。廖拱，無可考，疑與廖挺為兄弟。《宋詩紀事補遺》三卷之四十三「廖挺」條云：「南劍人。紹興二十一年進士。乾道初，建昌軍學教授。」延平，宋曰南劍州，故《解題》稱挺為郡人也。

## 清漳新志十卷

《清漳新志》十卷，司理參軍方杰撰。嘉定六年，太守趙汝讜蹈中也。

　　廣校案：《宋史》卷二百四〈志〉第一百五十七〈藝文〉三〈地理類〉著錄：「方杰《清漳新志》十卷。」方杰，《淳熙三山志》卷三十一載：「方杰字宗卿，閩縣人。慶元五年進士，官至朝奉郎。」趙汝讜，《宋史》卷四百一十三〈列傳〉第一百七十二載：「趙汝讜字蹈中，少俶儻有軼材，智略出人上。……折節讀書，與兄汝談齊名，天下稱為『二趙』。……韓侂冑謀逐趙汝愚，汝讜兄弟昌言非是，且上言訟汝愚冤。……登嘉定元年進士第，為太社令，遷將作監簿、大理司農丞。……改湖南提舉常平，易江西，尋提點刑獄。……遷知溫州，卒。」然未記其守清漳事，《解題》足補正史之闕。《宋史藝文志史部佚籍考》上編〈已佚而無輯本者〉（十二）〈地理類〉載：「《清漳新志》一〇卷，宋方杰撰。……按：清漳又名漳州。張國淦《中國古方志考》著錄此書，不著卷數，題宋趙汝讜修，方杰纂。又有趙崇垶撰《清漳志》，亦不著卷數。張氏有《大典》輯本，收錄一條。又引《康熙漳州府志》舊序載黃桂〈序〉，云：『方輿圖，志古也，漳州自唐始得為郡。宋興，天下一統，郡國悉以圖書來上，累朝熙洽，禮樂事備。中興以來，生齒日繁，漳之事物，益非昔比。祥符四年（1011），尚書職方準敕遍牒諸道州府軍監，各令修圖書如法，架閣修掌，其意遠矣。豈非今既異于昔，則略寧過乎詳。淳熙丁酉（四年，1177），顏定肅公師魯作〈漳州重建州廳記〉，尚歎息四百年間漫無所考，抑漳之《圖經》，昔猶略乎哉！今距淳熙初元（1174）四十年矣，戶數人物，視古繁阜，城池學校，驛館興渠，道途阡陌，變遷廢置總總也。前後出守是邦者，類皆名公卿，或因舊而更新之，或昔未有而創為之，或前未畢而續成之，或已廢絕而振起之，其關風教補治道不少也，前政皆未及耳。夫今不記，恐後之視今，猶今之視昔也。嘉定六年（1213）夏，黃堂寺丞趙公以其事委秋官方杰，本之唐、宋之《經》，參之淳熙之《志》，旁摭公牘，遠採碑刻，或文籍所載，或故老稱傳，及耳目所睹記，皆摭其實詮次之，三閱

月書成，屬桂爲之〈序〉，桂不得辭也。中元日，郡從事三山黃桂敬序。」是此書確撰成於嘉定六年，有黃桂〈序〉。〈序〉稱汝讜爲黃堂寺丞，即太守也；方杰爲秋官，即司理參軍。

## 鄞江志八卷 汀州

《鄞江志》八卷，汀州。郡守古靈陳昱日華俾昭武士人李皋為之。時慶元戊午。郡有鄞江溪，故名。

廣棪案：此書成於慶元四年。陳昱，《宋史》無傳。劉一止《苕溪集》卷四十六〈制〉有昱〈除大理寺丞制〉，則昱任鄞江守外，另除大理寺丞。李皋，無可考。鄞江，又稱甬江、汀江，即汀州，今福建省長汀縣。

## 莆陽志十五卷

《莆陽志》十五卷，郡守趙彥勵懋訓，紹熙三年集郡士為之。

廣棪案：《宋史》卷二百四〈志〉第一百五十七〈藝文〉三〈地理類〉著錄：「趙彥勵《莆陽志》十五卷。」與此同。彥勵，《宋史》無傳。吳廷燮《南宋制撫年表》卷上載：「嘉泰四年（1204）趙彥勵，〈志〉：以集英殿修撰知隆興。」又卷下載：「嘉泰三年（1203）趙彥勵，〈西南諸蠻傳〉：嘉泰三年，前知潭州趙彥勵言湖南九郡皆接溪峒。」是彥勵曾知潭州，又以集英殿修撰知隆興。《宋人傳記資料索引》載：「趙彥勵，嘉泰三年知潭州。開禧元年以工部侍郎知臨安府。」是彥勵又曾任工部侍郎兼知臨安府。《宋史藝文志史部佚籍考》上編〈已佚而無輯本者〉（十二）〈地理類〉載：「《莆陽志》一五卷，宋趙彥勵撰。彥勵，字懋訓，浚水人，紹熙元年（1190）知興化軍，見《南宋制撫年表》。……按：弘治《八閩通志》（卷三九）『秩官名宦興化府』條云：『宋趙彥勵，字懋訓，浚水人，紹熙初知軍事，嘗編《莆陽志》十五卷。』同書（卷七二）『人物隱逸興化』條云：『宋方秉白，號艸堂，莆田人，郡守趙彥勵辟編《莆陽志》。』是此書之成，多方氏之力也。又按：張國淦《中國古方志考》引《康熙莆田縣志》所載趙彥勵〈序〉云：『莆陽山川之秀，甲於閩中，人物奇偉，自唐以來，間見層出，而圖志缺焉。彥勵假守此邦，日以事奪，未暇搜訪，比將秩滿，亟延郡之諸彥而謀之，皆曰：『曩嘗纂輯，阻於異議，請及今類而次之，以竟其事。』未幾書成，獨〈人物〉一志，猶未之備，於此不無遺恨。然其

卓然彰著者，蓋已登信史之錄，而潛德隱行，舊聞放失，又豈一旦卒能紀而傳之邪？時校勘是役者：迪功郎興化軍軍學教授林選，文林郎鎮江府務使劉彌正，草堂方秉白，荔臺翁元也。紹熙壬子四月朔，浚水趙彥勵謹書。』」紹熙壬子，即紹熙三年（1192）。《解題》所謂郡士者，即趙彥勵〈序〉中之林選、劉彌正、方秉白、翁元也。是彥勵知興化軍，又在知潭州前。

## 武陽志十卷

《武陽志》十卷，教授葛元鶚撰。太守廖遲元達，乾道六年也。

　　廣棪案：《宋史》卷二百四〈志〉第一百五十七〈藝文〉三〈地理類〉著錄：「葛元鶚《武陽志》十卷。」與此同。《淳熙三山志》卷二十八載：「葛元鶚字朝瑞，閩清人。紹興二十一年進士，終宣教郎，知晉安縣。」惟未載其任武陽教授事。廖遲，《宋人傳記資料索引》載：「廖遲，順昌人，剛長子。紹興初，盜起旁郡，部使者檄剛撫定，剛乃遣諭賊，賊知剛父子信義，皆散去。」亦未載其任武陽郡守事。《宋史藝文志史部佚籍考》上編〈已佚而無輯本者〉（十二）〈地理類〉載：「《武陽志》一〇卷，宋葛元鶚撰。……考《輿地紀勝》（卷一三四）『邵武軍風俗形勝』條引葛鶚《武陽志》，〈序〉云：『左延平，右旴江，前瞰鄞水，側睨章貢。』『人性獷直尚氣，治生勤儉，力農重穀，然頗好儒，所至村落，皆聚徒教授，有古之遺意。』『儒雅之俗，樂善之俗。』『東抵富沙，西抵旴江，南抵臨江，北抵廣信。』『其土夷曠，其氣清淑，其勢蜒蜒抱負，如在碧玉環中。』『何潭流斗角，此地出三元之讖。』『昭武居上四州之上游，其封畛與江東西接。』『景物』條（下）『筆笏石』，『古蹟』條『故義寧軍』，『故綏城縣』等句下，並引《武陽志》。按：此書撰人陳《錄》及〈宋志〉作葛元鶚，《紀勝》作葛鶚。又按：張國淦《中國古方志考》有張氏《大典》輯本，著錄二條，云：『宋有葛元鶚、何友諒兩《武陽志》，《紀勝》邵武軍錄葛鶚《志》，《大典》引未知屬何志，茲據《紀勝》併錄作葛鶚《志》。』」是此書猶存佚文。另有何友諒《武陽志》凡二十七卷，〈宋志〉亦著錄。

## 晉江海物異名記三卷

《晉江海物異名記》三卷，祕書監莆田陳致雍撰。致雍仕偽閩、南唐後，歸朝。

廣棪案：此書已佚，不可考。撰人事迹亦不詳。《新五代史》卷六十八〈閩世家〉
第八〈王審知〉載：「審知雖起盜賊，而為人儉約，好禮下士。王淡，唐相溥之
子；楊沂，唐相涉從弟；徐寅，唐時知名進士，皆依審知仕宦。又建學四門，
以教閩士之秀者。招來海中蠻夷商賈。海上黃崎，波濤為阻，一夕風雨雷電震
擊，開以為港，閩人以為審知德政所致，號為甘棠港。」致雍為莆田人，其仕
於閩，當在王審知時。後隨南唐歸宋，則任秘書監。

## 廣州圖經二卷

《廣州圖經》二卷，教授王中行。

廣棪案：此書已佚。王中行，《宋人傳記資料索引》載：「王中行（1158～1210）
字知復，餘姚人，俁孫。早歲穎悟，熟諳經史。以遺恩補官，調武義簿，遷慈
溪，改知建德。為政以德，視民如子。歷奉議郎致仕。嘉定三年卒，年五十三。」
然未載任廣州教授。袁燮《絜齋集》卷十九〈墓誌銘〉有〈朝奉郎王君墓誌銘〉
謂中行字知復，慶元出任國子監書庫官，則其任廣州教授必在慶元前，殆宋光
宗紹熙時也。中行為廣州教授，〈墓誌銘〉亦未記及。

## 南越志七卷

《南越志》七卷，宋武康令吳興沈懷遠撰。此五嶺諸書之最在前者也。懷遠，
懷充之弟，見《宋書》。

廣棪案：《崇文總目》卷二〈地理類〉著錄：「《南越志》七卷，沈懷遠撰。繹按：
諸家書目並五卷。」錢東垣輯釋本。與此同。《中興館閣書目·地理類》趙士煒
輯考本。及《宋史》卷二百四〈志〉第一百五十七〈藝文〉三〈地理類〉著錄
均作五卷。今人鄭德坤《水經注引書考》卷二乙〈史部〉一八〈地理類〉載：「《南
越志》八卷，沈懷遠撰。卷三七頁二六後。〈隋志〉：《南越志》八卷，沈氏撰，
不著人名與《水經注》同。《宋書·沈懷文傳》曰：『懷文弟懷遠撰《南越志》。』
〈舊唐志〉：『五卷，稱沈懷遠撰。』蓋本于此。《玉海》引《中興書目》曰：『沈
懷遠載三代至晉南越疆域事迹。』《文選·西京賦注》、〈吳都賦注〉，《御覽》〈羽
族部〉、〈鱗介部〉、〈木部〉、〈竹部〉、〈菜茹部〉、〈百卉部〉、〈地部〉、〈州郡部〉，
《寰宇記》並引此書，類多記異物，及其疆域事迹者不多。」是此書自《隋書·
經籍志》著錄以來，即有八卷、七卷、五卷之不同，而此書之佚文猶載見於《文

選注》、《太平御覽》及《太平寰宇記》諸書。懷遠，附見《宋書》卷八十二〈列傳〉第四十二〈沈懷文〉，曰：「弟懷遠，爲始興王濬征北長流參軍，深見親待。坐納王鸚鵡爲妾，世祖徙之廣州，使廣州刺史宗愨於南殺之。會南郡王義宣反，懷遠頗閑文筆，愨起義，使造檄書，並銜命至始興，與始興相沈法系論起義事。事平，愨具爲陳請，由此見原。終世祖世不得還。懷文雖親要，屢請終不許。前廢帝世，流徙者並聽歸本，官至武康令。撰《南越志》及《懷文文集》，並傳於世。」《南史》卷三十四〈列傳〉第二十四〈沈懷文〉所記同。

## 番禺雜記一卷

《番禺雜記》一卷，攝南海主簿鄭熊撰。國初人也。莆田借李氏本錄之。蓋承平時舊書，末有「河南少尹家藏」六字，不知何人也。

廣棪案：《宋史》卷二百三〈志〉第一百五十六〈藝文〉三〈傳記類〉著錄：「鄭熊《番禺雜誌》三卷。」「雜誌」即「雜記」，與此當是一書，而卷數不同。直齋宦莆田，充興化軍通判，時爲寶慶三年丁亥。其向李氏借錄此書，如非著錄卷數有誤，則爲一不完之本。莆田李氏，唐江王李元祥之後，家藏誥命，其家藏書自北宋承平時。見《解題》卷八〈目錄類〉「《藏六堂書目》一卷」條。「河南少尹」或即李氏祖某嘗任之官，今不可考。《祕書省續編到四庫闕書目》卷一〈史類·地理〉著錄：「《番禺雜錄》三卷。輝按：〈宋志·傳記類〉有鄭熊《番禺雜誌》三卷。」葉德輝考證本。番禺即南海，鄭熊，《宋史》無傳。《宋會要輯稿》第一百一冊〈職官〉七二之五三載：「（淳熙十六年七月）二十七日詔：『新知南康軍鄭熊、黃倬放罷。』以臣僚論熊當官，權出吏胥；倬懵不知書，故有是命。」據是，則此鄭熊乃孝宗時人；倘直齋所言「國初人」不誤，宋世殆有二鄭熊也。

## 桂林志一卷

《桂林志》一卷，靜江教授江文叔編。時乾道五年，張維爲帥。撰次疏略，刊刻草率，亦不分卷次。

廣棪案：《宋史》卷二百四〈志〉第一百五十七〈藝文〉三〈地理類〉著錄：「江文叔《桂林志》一卷。」與此同。惟《宋史藝文志補·史部·地理類》則著錄：「江文叔《桂林志》二十七卷。靜江軍教授。」恐直齋所得者非完本，故謂其「撰次疏略，刊刻草率」也。文叔，《宋人傳記資料索引》載：「江文

叔（1128～1194），初名登，字清卿，後改今名，福州侯官縣人。紹興二十七年進士，爲南雄州學、靖江府學教授，通判建寧府。淳熙十三年爲廣南提舉市舶，在官三年，未嘗私市一物，奉祠歸。紹熙五年五月卒，年六十七。」是文叔紹興二十七年後曾任靖江府學教授。周必大《周文忠公集》卷七十二〈墓誌銘〉有〈廣東提舉市舶江公文叔墓誌銘〉，所記文叔事迹更見翔實。《宋史藝文志史部佚籍者》上編〈已佚而無輯本考〉（十二）〈地理類〉載：「《桂林志》一卷，宋江文叔撰。……按：《千頃堂書目》（卷八）補著錄宋江文叔《桂林志》二十七卷，注：『靜江軍教授。』《南雝志・經籍考》（下）亦著錄《桂林志》二十七卷，云：『教授江文叔編，乾道五年（1169）刊。』然則，此編本二十七卷，《書錄解題》及《宋史・藝文志》作一卷書，非完本也。」是兆祐亦以直齋所得者爲非完本。

## 桂林風土記一卷

《桂林風土記》一卷，館臣案：《唐書・藝文志》作三卷。**唐融州刺史、權知春州莫休符撰。昭宗光化二年也。**

廣梭案：《新唐書》卷五十八〈志〉第四十八〈藝文〉二〈地理類〉著錄：「莫休符《桂林風土記》三卷。」《崇文總目》卷二〈地理類〉著錄同。惟《宋史》卷二百四〈志〉第一百五十七〈藝文〉三〈地理類〉亦作一卷。此書休符有〈自序〉，曰：「前賢撰述，有事必書，故有《三國志》、《荊楚歲時記》、《湘中記》、《奉天記》，惟桂林事迹闕然無聞。休符因退居粗錄見聞，曰《桂林風土記》，聊以爲〈序〉。時唐光化二年九月二十三日序。銀青光祿大夫、檢校左散騎常侍、使持節融州諸軍事、守融州刺史、御史大夫莫休符撰。」〈序〉中未明言卷數。清初，朱彝尊得此書，曾爲〈跋〉曰：「《桂林風土記》，唐光化二年融州刺史莫休符撰。《新唐書・藝文志》作三卷，今衹存一卷。閩謝在杭小草齋所錄，舊藏徐惟起家。卷尾稱獲諸錢唐沈氏，是洪武十五年鈔傳。雖非足本，中載張固、盧順之、張叢、元晦、路單、韋瓘、歐陽矚、李渤詩，采唐音者均未著於錄，洽聞之君子，亟當發其幽光者也。康熙戊子閏月，竹垞八十翁識。」是彝尊所得鈔本亦衹存一卷。《四庫全書總目》卷七十〈史部〉二十六〈地理類〉三亦著錄此書，曰：「《桂林風土記》一卷，兵部侍郎紀昀家藏本。唐莫休符撰。休符里貫未詳。作此《記》時在昭宗光化二年，休符以檢校散騎常侍，守融州刺史。其終於何官，亦莫能考也。此《記》，《新唐書・藝文志》作三卷，今存者一卷。卷中目錄四十六條，今闕『火

山』、『採木』二條。蓋殘闕之餘，非完書矣。朱彝尊《曝書亭集》有此書〈跋〉云：『閩謝在杭小草齋所錄，舊藏徐惟起家。』〈跋〉稱『獲自錢塘沈氏，是洪武十五年鈔傳。』此本小草亭題識及洪武年月，與彝尊所言合，蓋即彝尊所見本也。彝尊〈跋〉又稱，『中載張固、盧順之、張叢、元晦、路單、韋瓘、歐陽膑、李渤諸人詩，向未著於錄，亟當發其幽光。』今觀諸詩外，尙有楊尙書、陸宏休二首，亦唐代軼篇，爲他書所未載。今《全唐詩》採錄諸篇，即據此本。則其可資考證者，又不止於譜民風、記土產矣。」足見此書之價值。休符，兩《唐書》無傳。《全唐文》卷八百十八〈莫休符〉載：「休符，光化二年檢校左散騎常侍、守融州刺史兼御史大夫。」極簡略，蓋據此書〈序〉也。

## 桂海虞衡志二卷

**《桂海虞衡志》二卷，府帥吳郡范成大至能撰。范自桂移蜀，道中追記昔游。**

廣棪案：此書成大有〈自序〉，曰：「始，余自紫薇垣出帥廣右，姻親故人張飲松江，皆以炎荒風土爲戚。余取唐人詩考桂林之地，少陵謂之宜人，樂天謂之無瘴，退之至以湘南江山勝於驂鸞仙去，則宦遊之適，寧有踰於此者乎？既以解親友，而遂行。乾道八年三月既至郡，則風氣清淑，果如所聞，而巖岫之奇絕、習俗之醇古、府治之雄勝，又有過所聞者。余既不鄙夷其民，而民亦矜予之拙，而信其誠，相戒毋欺侮。歲比稔，幕府少文書；居二年，余心安焉，承詔徙鎭全蜀，亟上疏固謝，不能留。再閱月，辭勿獲命，乃與桂民別。民觴客於途，既出郭，又留二日，始得去。航瀟湘，絕洞庭，泝灩澦，馳驅兩川，半年達于成都。道中無事，時念昔游，因追記其登臨之處，與風物土宜。凡方志所未載者，萃爲一書，蠻陬絕徼，見聞可紀者亦附著之，以備土訓之圖。噫！錦城以名都樂國聞天下，余幸得至焉，然且惓惓於桂林，至爲之綴緝，瑣碎如此，蓋以信余之不鄙夷其民，雖去之遠，且在名都樂國，而猶弗忘之也。淳熙二年長至日，吳郡范成大至能書。」是此書乃成大於淳熙二年夏至日自桂移蜀道中作。《四庫全書總目》卷七十〈史部〉二十六〈地理類〉三著錄此書，曰：「《桂海虞衡志》一卷，兩江總督採進本。宋范成大撰。乾道二年，成大由中書舍人出知靜江府。淳熙二年，除敷文閣待制、四川制置使。是編乃由廣右入蜀之時，道中追憶而作。〈自序〉謂凡所登臨之處，與風物土宜，方志所未載者，萃爲一書。蠻陬絕徼，見聞可紀者亦附著之。共十二篇。曰〈志巖洞〉、〈志金石〉、〈志香〉、〈志酒〉、〈志器〉、〈志禽〉、〈志

〈志蟲魚〉、〈志花〉、〈志果〉、〈志草木〉、〈雜志〉、〈志蠻〉。每篇各有小序，皆志其土之所有。惟〈志巖洞〉，僅去城七八里內嘗所游者。〈志金石〉，準《本草》之例，僅取方藥所須者。〈志蠻〉，僅錄聲問相接者，故他不備載。〈志香〉，多及海南，以世稱二廣出香，而不知廣東香自舶上來，廣右香產海北者皆凡品。〈志器〉，兼及外蠻兵甲之制，以爲司邊鎮者所宜知，故不嫌旁涉。諸篇皆敘述簡雅，無夸飾土風，附會古事之習。其論辰砂、宜砂，地脈不殊，均生白石床上，訂《本草》分別之訛。邕州出砂，融州實不出砂，證《圖經》同音之誤。零陵香產宜、融諸州，非永州之零陵。《唐書》稱林邑出結遼鳥，即邕州之秦吉了。佛書稱象有四牙、六牙，其說不實。桂嶺在賀州，不在廣州。亦頗有考證。成大《石湖詩集》，凡經歷之地，山川風土，多記以詩。其中第十四卷，自註皆桂林作。而詠花惟有〈紅豆蔻〉一首，詠果惟有〈盧橘〉一首。至詠游覽，惟有〈栖霞洞〉一首、〈佛子巖〉一首。其見於詩註者，亦僅蠻茶、老酒、蚺蛇皮腰鼓、象皮兜鍪四事，不及他處之詳。疑以此《志》已具，故不更記以詩也。其盧橘一種，〈志果〉不載。觀其〈志花〉小序，稱北州所有皆不錄，或〈志果〉亦用此例。蠻茶一種，〈志草木〉中亦無之。考詩註稱蠻茶出修仁，大治頭風。而〈志草木〉中有鳳膏藥，亦云葉如多青，治太陽痛，頭目昏眩，或一物二名耶？然檢《文獻通考·四裔考》，中引《桂海虞衡志》，幾盈一卷，皆〈志蠻〉之文，而此本悉不載。其餘諸門，檢《永樂大典》所引，亦多在此本之外。蓋原書本三卷，而此本併爲一卷，已刊削其大半。則諸物之或有或無，亦非盡原書之故矣。」所考甚詳悉。惟《四庫全書》本僅一卷，應有刊削。《宋史》卷二百四〈志〉第一百五十七〈藝文〉三〈地理類〉著錄作三卷。或原書本三卷，而《解題》作二卷，恐亦非完本也。

## 高涼志七卷

**《高涼志》七卷，教授莆田劉棠撰。太守春陵義太初，嘉泰壬戌也。**

    廣棪案：《宋史》卷二百四〈志〉第一百五十七〈藝文〉三〈地理類〉著錄：「義太初《高涼圖志》七卷。」書名多「圖」字，應爲同一書。劉棠，《宋人傳記資料索引》載：「劉棠字季思，興化軍莆田人。槩弟。治詩賦，登紹熙元年余復榜進士。累官秘書郎，除監察御史，改秘書監，除秘閣修撰，知太平州。」同書又載：「義太初字仲遠，營道人。淳熙五年進士。先以詞賦名，尋捨去，宗濂溪

之學。周必大、朱熹皆與之遊，屢表其能。歷官知高、瓊二州，俱有聲。有《冰壺詩》、《易集注》、《文集》等。」可藉悉二人宦歷。《宋史藝文志史部佚籍考》上編〈已佚而無輯本者〉（十二）〈地理類〉載：「《高涼圖志》七卷，宋義太初撰。按：此書或題《高州新圖經》，《道光廣東通志》（卷一九二）載《高涼志》七卷，云：『宋劉裳撰，佚。《輿地紀勝》作《高州新圖經》。』考《輿地紀勝》（卷一一七）『〈高州碑記〉』條『圖經』下注云：『劉裳序。』又『州沿革』條『牽牛婺女之分野，星紀之次』、『廢竇州爲信宜縣，併屬高州，今領縣三，治電白』，『縣沿革』條『信宜縣』、『茂名縣』，『風俗形勝』條『高州居二廣之間，國初寇攘未平，故用武守。嘉祐以來，境土晏安，奏易文臣』，『五嶺之南，號爲瘴鄉，高竇雷化，俗有說著也怕之諺。高在粵地，民尚簡儉，易於取足，元城先生謂此間飲食粗足，絕無醫藥，土人遇疾，惟祭鬼以祈福』，『郡據叢山之中，去海百里，四時之候，多燠少寒，春冬遇雨差凍，頃刻日出，復如四、五月天氣，雖與內地不同，然亦無甚瘴癘』，『景物（上）』條『寶山』等句下，並引《圖經》。」是此書又名《高州新圖經》，《輿地紀勝》猶存佚文，此書乃寧宗嘉泰二年壬戌撰就也。

## 邕管雜記一卷

《邕管雜記》一卷，庫部員外郎范旻撰。旻，國初宰相質之子。嶺南初平，旻知邕州，兼轉運使。

> 廣棪案：《崇文總目》卷二〈地理類〉著錄：「《邕管雜記》一卷，范旻撰。繹按：〈宋志〉三卷。」錢東垣輯釋本。是《崇文總目》著錄卷數與《解題》同，而《宋史》卷二百四〈志〉第一百五十七〈藝文〉三〈地理類〉著錄則作三卷。旻，《宋史》卷二百四十九〈列傳〉第八附其父〈范質〉。其〈傳〉曰：「旻字貴參，十歲能屬文。以父任右千牛備身、太子司議郎，累遷著作佐郎。宋初，爲度支員外郎，判大理正事，俄知開封縣。太宗時領京尹，數召與語，頗器重之。嶺南平，遷知邕州，兼水陸轉運使。俗好淫祀，輕醫藥，重鬼神，旻下令禁之。且割己奉市藥以給病者，愈者千計；復以方書刻石置廳壁，民感化之。會南漢知廣州官鄧存忠劫土人二萬眾，攻州城七十餘日。旻屢出親戰，矢集於胸，猶激勵將卒殊死戰，賊遂少卻。病創日篤，堅壁固守，遣使十五輩求援。廣州救兵至，圍解，賜璽書獎之。旻病甚，詔令有司以肩輿載歸闕下。疾愈，通判鎮州，有能聲，賜錢二百萬，遷庫部員外郎。……有《集》二十卷、《邕管記》三卷。」

所記與《解題》略同，惟謂本書作三卷。《宋史藝文志史部佚籍考》上編〈已佚而無輯本者〉（十二）〈地理類〉載：「《邕管雜記》三卷，宋范旻撰。……按：此書本三卷，振孫所見僅一卷，殆非完本。」所言甚允當。

## 嶺外代答十卷

《嶺外代答》十卷，永嘉周去非直夫撰。去非，癸未進士，至郡倅。所記皆廣西事。

廣棪案：《宋元學案》卷七十一〈嶽麓諸儒學案〉「南軒門人・通判周先生去非」條曰：「周去非者，永嘉人，浮沚先生族孫也。學于南軒，嘗從之桂林。有《嶺外代答》十卷，所記皆桂林事也。成隆興癸未進士，通判紹興府。」所記與《解題》同。去非，殆直齋之族舅，其隆興元年癸未（1163）成進士，較直齋父乾道四年戊子（1168）赴秋試尚早五年，意其年齡猶長於直齋尊翁也。前撰《陳振孫之生平及其著述研究》，考論直齋親戚，知其有外曾祖周行己，而不知有族舅周去非，特補述於此，以識疏略。《四庫全書總目》卷七十〈史部〉二十六〈地理類〉三著錄云：「《嶺外代答》十卷，《永樂大典》本。宋周去非撰。去非字直夫，永嘉人。隆興癸未進士，淳熙中官桂林通判。是書即作於桂林代歸之後。〈自序〉謂本范成大《桂海虞衡志》，而益以耳目所見聞，錄存二百九十四條。蓋因有問嶺外事者，倦於應酬，書此示之，故曰『代答』。原本分二十門，今有標題者凡十九。一門存其子目，而佚其總綱，所言則軍制戶籍之事也。其書條分縷析，視嵇含、劉恂、段公路諸書敍述爲詳。所紀西南諸夷，多據當時譯者之辭，音字未免舛訛，而邊帥、法制、財計諸門，實足補正史所未備，不但紀土風物產，徒爲談助已也。《書錄解題》及《宋史・藝文志》並作十卷，《永樂大典》所載併爲二卷，蓋非其舊，今從原目，仍析爲十卷云。」所考較《解題》爲詳贍。

## 南方草木狀一卷

《南方草木狀》一卷，晉襄陽太守嵇含撰。

廣棪案：《宋史》卷二百五〈志〉第一百五十八〈藝文〉四〈農家類〉著錄：「嵇含《南方草木狀》三卷。」所著錄卷數與《解題》不同，蓋此書分上、中、下三卷，如非《解題》著錄誤，則直齋所得者非完本。含字君道，《晉書》卷八十

九〈列傳〉第五十九〈忠義〉附〈嵇紹〉。惟其〈傳〉載，含於懷帝時「授振威將軍、襄城太守」，《解題》則作「襄陽」。此書有含〈自序〉，曰：「南越交趾植物有四裔最爲奇，周秦以前無稱焉。自漢武帝開拓封疆，搜求珍異，取其尤者充貢。中州之人或昧其狀，乃以所聞詮敘，有裨子弟云爾。」考其書卷上〈草類〉二十九，卷中〈木類〉二十八，卷下〈果類〉十七、〈竹類〉六，凡八十種。

## 黃巖志十六卷

《黃巖志》十六卷，知縣永嘉蔡範蓮甫撰。<small>廣棪案：《文獻通考》作「蔡範甫撰」，</small>
<small>誤。</small>嘉定甲申。

<small>廣棪案：《宋人傳記資料索引》載：「蔡範字遵甫，瑞安人，幼學子。守衢州，化行山峒，終吏部侍郎。嘗編《宋通志》五百卷。」是《解題》謂範字「蓮甫」，實乃「遵甫」形近而訛，而《文獻通考》「甫」字上亦脫「遵」字。黃巖即台州。宋人王居安撰有〈黃巖浚河記〉，中云：「東嘉蔡君範來宰吾邑，深究水利之源。初年遂決閘外之港，使水有所洩。明年遂開田閒之河，使水有所瀦。不特河爲有功，而閘亦有利矣。是役也，君實啓之。常平使者齊公碩爲請于朝，役不踰時，厥功告成。君適被命通守四明，屬予以記。予方守東嘉，尋又有帥閩之役，未暇也。君移書速予記曰：『苟無記，後之人且因循弗圖，民復病矣。』予謂：『今之爲令者，以三年爲任。其始至也，一邑之事必未盡知；及其知之也，簿書詞訟，委積紛遝，又力所不給，大抵趣辦目前數日，以待去者。既而來者亦然，民瘝之不暇卹，率由此也。倘來者念淤塞之易，而常加疏導之功；知開浚之難，而常加葺治之念，則君之利吾邑者，雖千祀猶一日也。』君，尚書文懿公季子，賢而有文，克世其家。邑治故有河，經闤闠以環公廨，歲久湮爲民居，君盡復之，而民不怨。皆可書也。予因序河閘之本末，俾後之爲邑者，庶有考於斯文。」是則範之治黃巖，修水利，利溥於邑，其功亦鉅矣。甲申爲嘉定十七年，蓋《志》成於是年也。</small>

## 旌川志八卷

《旌川志》八卷，知旌德縣歷陽李瞻伯山撰。紹熙三年，謝昌國爲〈序〉。

<small>廣棪案：此書撰人李瞻，《宋史》無傳。《宋會要輯稿》第一百五十冊〈食貨〉五九之二載：「（紹興九年）十月八日詔：『潼州府守臣景興宗陞一職，廣安軍守</small>

臣李瞻、杲州守臣王驚、前吏部郎官馮檝、漢州守臣王梅各轉一官，知成都府席益令學士院降詔獎諭，仍令四川安撫大使司開具其餘合轉官人職位、姓名以聞。』以四川安撫制置使席益言諸州賑貸有方，活飢民甚眾。內馮檝出米四百石以助賑濟，故有是命。」是李瞻紹興九年任廣安軍守臣因功轉職。撰〈序〉者謝昌國，《宋史》亦無傳，餘事無可考。旌川即旌德縣，唐置。清屬安徽寧國府，今屬安徽蕪湖道。

## 涇川志十三卷

《涇川志》十三卷，知涇縣濡須王柣叔永撰。嘉定癸酉趙南塘序之。初，縣歲有水患。庚午冬，叔永改卜於舊治之東二里，曰留村。

廣棪案：涇川即涇縣，今屬安徽蕪湖道。此書已佚，無可考，南宋後公私書目鮮見著錄者。王柣字叔永，直齋妹壻。《宋史》無傳。拙著《陳振孫之生平及其著述研究》詳考其人，知其守忠州曾以《白集年譜》一卷錄寄直齋，又嘗撰《燕翼詒謀錄》五卷。見該書第四章第一節。然未記及柣嘗知涇縣及撰著此《志》，可謂失之眉睫矣。趙南塘即趙汝談，字履常，登淳熙十一年進士第，《宋史》卷四百一十三〈列傳〉第一百七十二有傳。癸酉，嘉定六年。此書當撰成於此時。庚午為嘉定三年，此或柣初知涇縣之年也。

## 新吳志二卷

《新吳志》二卷，知奉新縣旴江張國均維之撰。新吳，縣舊名。嘉定甲戌。

廣棪案：此書已佚，南宋以來公私書目鮮見著錄。新吳，即奉新，後漢置，隋省。唐復置，改曰奉新。故城在今江西省奉新縣西三十里。甲戌，嘉定七年。張國均，《宋史》無傳。《宋會要輯稿》第一百九冊〈選舉〉六之三七載：「（嘉定十三年）四月二十七日，刑部員外郎徐瑄、監六部門張國均、大里評事郭正己言：『竊見貢舉莫重於省試，利害關係莫重於封彌。往歲常聞愒換卷首，深為切齒，然未若今身履而目見。若以竣事不復條陳，則此弊無可革之時矣！謹條列於後。』」同書第一百二冊〈職官〉七三之五三載：「（嘉定十三年）四月二十九日，監尚書六部門張國均，與祠祿三省、樞密院主管架閣文字林萬與在外，合入差遣。以臣僚言國均天資驕駊，氣習凡下；萬文采議論，全無足觀。」是國均嘉定十三年監尚書六部門，因揭發省試弊端，即為臣僚誣陷，判「合入差遣」。

## 樂清志十卷

《樂清志》十卷，縣令信安袁采君載撰。

　　廣棪案：此書不可考，樂清，漢回浦縣地，後漢永寧縣地，晉析置樂成縣，隋廢，唐復置樂成縣。五代梁時，吳越改爲樂清，明屬浙江溫州府，清因之。民國初屬浙江甌海道。袁采，《宋史》無傳。《宋元學案補遺》卷四十四〈趙張諸儒學案補遺・誠齋同調〉「袁先生采」條載：「袁采字君載，信安人。進士。初爲縣令，以廉明剛直稱，仕至監登聞鼓院。《衢州府志》」。采另著有《袁氏世範》其事迹可知者如此。

## 修水志十卷

《修水志》十卷，分寧宰徐筠撰。

　　廣棪案：此書不可考。修水即分寧。元置寧州，明因之。清初亦稱寧州，後改義寧州，屬江西南昌府。民國改州爲縣，又改爲修水縣，屬江西潯陽道。徐筠，《宋史》無傳。《宋人傳記資料索引》載：「徐筠字孟堅，清江人，得之長子。登淳熙十一年進士，累官知金州。著有《周禮微言》十卷、《漢宮考》四卷、《姓氏源流考》七十八卷、《修水志》十卷。」其事迹可知者如此。

## 連川志十卷

《連川志》十卷，知連江縣豫章陶武克之撰。嘉定乙亥。

　　廣棪案：此書已佚，南宋後公私書目鮮見著錄之者。連川即連江。惟縣以連江爲名者，一在廣東電白縣東，一在福建閩海道。陶武事迹既不可考，本未易確定其所任之連江知縣究屬粵或屬閩。惟連江一水，一名鼇江，上源曰葬洋溪，出福建古田縣東細湖頂，東南流經羅源而入連江縣者爲連江。此書既稱《連川志》，故可推知武所任者應屬閩之連江。

## 歷代宮殿名一卷

《歷代宮殿名》一卷，翰林承旨李昉等纂。歷代及僭偽宮殿、門闕、樓觀、園苑、池館名，無不畢備。

廣梭案：《崇文總目》卷二〈地理類〉著錄：「《歷代宮殿名》一卷，李昉撰。」
錢東垣輯釋本。《玉海》卷第一百五十八〈宮室·宮四〉「開寶《歷代宮殿名》」
條載：「《書目》：『一卷。開寶中，翰林學士李昉承詔，以前代宮殿、池苑、
臺觀、門闕名號見於載籍者，集爲一篇，上之。』古者天子之居總言宮，其
別名皆曰堂，明堂是也。《詩》言『自堂徂基』，《禮》言『天子之堂』，初未
有稱殿者。《秦紀》言作阿房、甘泉前殿，疑起於秦時。」張金吾《愛日精廬
藏書志》卷十五〈史部·地理類〉著錄：「《歷代宮殿名》十卷，抄本。從陳君
子準藏舊抄本傳錄。宋翰林學士承旨、太中大夫、守工部尚書、知制誥、上柱
國、臣李昉等奉聖旨纂。首周、秦、漢、魏，次西晉、後魏、周、隋、唐、
五代，爲正統。又次三十六國、六朝、北齊爲僭僞。蓋宋承五代，五代承唐，
唐承隋，隋承周，周承後魏，後魏承西晉，故序次如此。」瞿鏞《鐵琴銅劍
樓藏書目錄》卷第十一〈史部〉四〈時令類〉著錄：「《歷代宮殿名》一卷，
舊鈔本。題翰林學士承旨，太中大夫、守工部尚書、知制誥、上柱國、臣李昉
等奉聖旨纂。此書作於開寶中，見《中興館閣書目》、陳氏《書錄解題》。其
敘歷代，以隋、唐繼後周、後魏、西晉爲正統，以六朝、北齊爲僭僞。宋時
論統如此。書名專舉宮殿，其實門闕、樓觀、苑池、臺館，無不畢錄。舊藏
稽瑞樓陳氏。卷首有張鼎文印，宣和、中秘二朱記。」丁丙《善本書室藏書志》
卷十一〈史部〉十一上著錄：「《歷代宮殿名》一卷，舊鈔本。翰林學士承旨、
太中大夫、守工部尚書、知制誥、上柱國、臣李昉等奉聖旨纂。是書著錄於
《中興館閣書目》、陳氏《書錄解題》，蓋作於開寶中也。所敘歷代爲宮、爲
殿、爲門、爲苑、爲樓、爲臺、爲觀、爲閣、爲堂、爲館、爲園、爲亭、爲
池、爲闕、爲院、爲房、爲齋，而附以《丹臺新錄》所載諸名。其敘歷代，
以隋、唐繼後周、後魏、西晉爲正統，以三十六國、六朝、北齊爲僭僞，固
以宋時論統爲則耳。」上述各書所著錄，皆足與《解題》相參證。李昉字明
遠，深州饒陽人，傳見《宋史》卷二百六十五〈列傳〉第二十四。

### 五嶽諸山記一卷

《五嶽諸山記》一卷，無名氏。多鄙誕不經。

　　廣梭案：此書已佚，撰人不可考。宋世言五嶽名山者，多屬神仙類道書。如《四
　　庫闕書目·神仙類》著錄：「《五嶽眞形論》一卷。闕。」徐松輯本。《秘書省續
　　編到四庫闕書目》卷二〈子類·道書〉著錄：「《五嶽記》一卷。闕。」又：「《五

嶽眞形序論》一卷。輝按：〈宋志〉無『序』字，《道藏目》入正一部，云東方朔撰。」又：「司馬承禎撰《五嶽名山朝儀》五卷。闕。輝按：〈新唐志〉作《洞元靈寶五嶽名山朝儀經》一卷，〈崇文目〉作《洞元靈官五嶽名山朝經》一卷，云司馬承禎撰。」葉德輝考證本。《宋史》卷二百五〈志〉第一百五十八〈藝文〉四〈道家附神仙類〉著錄：「《五嶽眞形圖》一卷。」又：「《五嶽眞形論》一卷。」是其證。《解題》著錄此書，或屬同類性質之道書，故直齋謂「多鄙誕不經」也。

## 王屋山記一卷

《王屋山記》一卷，唐乾符三年道士李歸一撰。

　　廣棪案：《宋史》卷二百四〈志〉第一百五十七〈藝文〉三〈地理類〉著錄：「李居一《王居山記》一卷。」與《解題》著錄者應爲同一書。〈宋志〉「王居山」乃「王屋山」形近之誤；而「李歸一」作「李居一」，則音近而訛也。《宋史藝文志史部佚籍考》上編〈已佚而無輯本者〉（十二）〈地理類〉載：「《王屋山記》一卷，宋李居一撰。居一，生平待考。」兆祐不知居一乃歸一之訛，又謂李爲宋人，均誤。考王屋山，其間多神仙洞府，乃道家修眞之所。臧勵龢等編《中國古今地名大辭典》載：「王屋山，在山西陽城縣西南。南跨河南濟源縣，西跨垣曲縣界。山有三重，其狀如屋，故名。《書‧禹貢》：『底柱析城，至於王屋。』《山海經》：『王屋山，上有金玉，下有陽石。』《通志》：『王屋山四面如削玉，名爲天下第一洞天。世傳軒轅訪道處。』《寰宇記》：『山有仙宮洞天，號曰小有清虛洞天。三十六洞，小有爲群洞之尊。四十九山，王屋爲衆山之最。上有接天壇，爲山之絕頂，峰巒突兀。東曰日精，西曰月華，絕頂有石壇。名清虛小有洞天。李濂〈遊王屋山記〉：『天壇，世人謂之西頂，上有黑龍洞，洞前有太乙池，即濟水發源處也。』」故此書撰人亦唐道士，其書成於僖宗乾符三年丙申（876）。歸一，兩《唐書》無傳。

## 華山記一卷

《華山記》一卷，不知名氏。

　　廣棪案：《崇文總目》卷二〈地理類〉著錄：「《華山記》一卷。諸家書目並不著撰人。原釋：闕。見天一閣鈔本。」錢東垣輯釋本。《宋史》卷二百四〈志〉第一百五十七〈藝文〉三〈地理類〉著錄：「《華山記》一卷。」亦不著撰人，與《解

題》同。

### 西湖古跡事實一卷

《西湖古跡事實》一卷，錢塘進士傅牧撰。以楊蟠《百詠》增廣，共為一百八十三首。<sub>館臣案：「首」字，《文獻通考》作「目」。</sub>紹興壬午序。

　　廣棪案：此書南宋以來公私書目鮮有著錄，已佚。傅牧，《宋史》無傳，餘事無可考。楊蟠，《宋史》卷四百四十二〈列傳〉第二百一〈文苑〉四載：「楊蟠字公濟，章安人也。舉進士，為密、和二州推官。歐陽脩稱其詩。蘇軾知杭州，蟠通判州事，與軾倡酬居多。平生為詩數千篇，後知壽州，卒。」則漏記其曾撰《西湖百詠》事。壬午，紹興三十二年。則傅牧乃宋高宗時人。

### 青城山記一卷

《青城山記》一卷，蜀道士杜光庭撰。

　　廣棪案：《崇文總目》卷二〈地理類〉著錄：「《青城山記》一卷。〈通志略〉，不著撰人。」錢東垣輯釋本。《宋史》卷二百四〈志〉第一百五十七〈藝文〉三〈地理類〉著錄同。晁公武《郡齋讀書志》卷第八〈地理類〉著錄：「《青城山記》一卷。右偽蜀杜光庭賓聖撰。集蜀山、若水在青城者，悉本道家方士之言。」所記較《解題》為詳。光庭，正史無傳。《嘉定赤城志》卷三十五有傳，文長不錄。趙國璋、潘樹廣主編《文獻學辭典》載：「杜光庭（850～933）唐末、五代道士和道教學者。字聖賓（一說賓聖），號東瀛子。賜號廣成先生、傳真天師。處州縉雲（今浙江縉雲）人。咸通（860～873）間應試不第，入天台山修道，師事應夷節。僖宗曾召見，賜紫袍，充麟德殿文章應制。後事前蜀王建，官諫議大夫。晚年居青城山白雲溪，致力於《道德經》研究，集六十家注疏比較，纂成《道德真經廣聖義》五十卷。其著作收入《正統道藏》者達二十餘種。」可知其生平。

### 茅山記一卷

《茅山記》一卷，嘉祐六年，句容令陳倩撰。

　　廣棪案：《崇文總目》卷二〈地理類〉著錄：「《茅山記》一卷，陳倩撰。繹按：《通志略》此書凡兩見，並不著撰人。」錢東垣輯釋本。《宋史》卷二百四〈志〉

第一百五十七〈藝文〉三〈地理類〉亦著錄，與《解題》同。倩，《宋史》無傳。《宋詩紀事補遺》卷之二十四「陳倩」條載：「字君美，建安浦城人。元豐二年朝散大夫，直集賢院，度支郎中，爲廣西轉運使。」茅山，在江蘇句容縣東南四十五里，跨金壇縣界，即句曲山。漢茅盈與弟衷、固自咸陽來，得道於此，世號三茅君，因名山曰茅山，亦稱三茅山。大茅峰有筆陽洞，即三茅君所得道處。此書已佚，所載內容或與上述事迹有關。

## 幙阜山記一卷

《幙阜山記》一卷，<sub>館臣案：《方輿勝覽》：寧州有幙阜山，在分寧四百四十里。此本誤作「纂阜」，今改正。</sub> <sub>廣棪案：《文獻通考》作「幕阜」。</sub>**葛洪撰。其山在豫章。**

廣棪案：葛洪，《晉書》卷七十二〈列傳〉第四十二載：「葛洪字稚川，丹陽句容人也。祖系，吳大鴻臚。父悌，吳平後入晉，爲邵陵太守。洪少好學，家貧，躬自伐薪以貿紙筆，夜輒寫書誦習，遂以儒學知名。性寡欲，無所愛翫，不知棋局幾道，摴蒲齒名。爲人木訥，不好榮利，閉門卻掃，未嘗交游。於餘杭山見何幼道、郭文舉，目擊而已，各無所言。時或尋書問義，不遠數千里崎嶇冒涉，期於必得，遂究覽典籍，尤好神仙導養之法。從祖玄，吳時學道得仙，號曰葛仙公，以其鍊丹祕術授弟子鄭隱。洪就隱學，悉得其法焉。後師事南海太守上黨鮑玄。玄亦內學，逆占將來，見洪深重之，以女妻洪。洪傳玄業，兼綜練醫術，凡所著撰，皆精覈是非，而才章富贍。……自號抱朴子，因以名書。其餘所著碑誄詩賦百卷，移檄章表三十卷，《神仙》、《良吏》、《隱逸》、《集異》等傳各十卷，又抄《五經》、《史》、《漢》、百家之言、方技、雜事三百一十卷，《金匱藥方》一百卷，《肘後要急方》四卷。」惟未著錄此書。《中國古今地名大辭典》載：「幕阜山在江西修水縣西一百九十里，與湖北通城縣、湖南平江縣接界。三國時，劉表從子磐爲寇於艾西，吳以太史慈爲建昌都尉拒磐，於此置營幕，乃以名焉。《道書》以爲第二十五洞天，上有繫舟峰、列仙壇、匯沙、芙蓉二池、海棠、仙人二洞。絕頂有石田數十畝，塍渠隱然，非人力所能爲。石崖壁立，飛鳥莫息。下有二水，東合修水，西合焦山。相近有柏山，汨水出焉。山中產茶，以雙井茶名。」可知幕阜山概況。疑此書直齋原作「《幕阜山記》」，故《文獻通考》著錄如此。至明修《永樂大典》始誤作「《纂阜山記》」，殆以「幕」、「纂」二字形近致訛。《四庫全書》館臣案語未參考《通考》，故未提及。今《四庫全書》本《解題》作「《幙阜山記》」，即《幕阜山記》也。

### 豫章西山記一卷

《豫章西山記》一卷，贊皇李上文<sub>廣校案：應作「李上交」，《文獻通考》亦誤。</sub>撰。嘉祐丁酉歲。

> 廣校案：《宋史》卷二百四〈志〉第一百五十七〈藝文〉三〈地理類〉著錄：「李上交《豫章西山記》二卷。」《解題》作「上文」，殆字形相近致誤。上交，《宋史》無傳。吳廷燮《北宋經撫年表》卷四載：「皇祐二年（1050）李上交知（福州），以職方員外。」《宋史藝文志史部佚籍考》上編〈已佚而無輯本者〉（十二）〈地理類〉載：「《豫章西山記》二卷，宋李上交撰。上交，贊皇人，慶曆六年（1046）由荊湖南路轉運判官知筠州。皇祐二年（1050），以職方員外知福州。四年（1052）八月乙未，以坐失禦賊，爲太常博士。著有《近事會元》五卷。事迹具《北宋經撫年表》、《續資治通鑑長編》。又按：《容齋三筆》（卷一五）云：『嘉祐二年（1057），雒陽人、職方員外郎李上交來豫章東湖，有辨總持寺牒，後列銜事。』此編蓋當時所撰也。」兆祐考此書以爲上交嘉祐二年至豫章撰，不誤。丁酉，正嘉祐二年也。

### 玉笥山記一卷

《玉笥山記》一卷，唐道士令狐見堯撰。山在新淦。別本又有南唐及本朝事，後人所益也。

> 廣校案：《新唐書》卷五十九〈志〉第四十八〈藝文〉三〈道家類・神仙〉著錄：「道士令狐見堯《玉笥山記》一卷。」與此同。又著錄：「道士令狐見堯《正一眞人二十四治圖》一卷。貞元人。」則見堯乃德宗時人。考玉笥山，在江西峽江縣東南四十里，舊名群玉峰。相傳漢武帝元封五年巡行南部，受《上清籙》於群玉之山，見有玉箱如笥委壇中，忽失去，因改今名。《道書》以爲第三十七洞天，有三十二峰。又新淦，縣名，漢置，故城在今江西清江縣東北。《解題》云：「山在新淦。」不誤。

### 湘中山水記三卷

《湘中山水記》三卷，晉耒陽羅含君章撰。范陽盧拯注。<sub>館臣案：《文獻通考》作盧拯，此本誤作「盧極」，今改正。</sub>其書頗及隋、唐以後事，則亦後人附益也。

廣棪案:《崇文總目》卷二〈地理類〉著錄:「《湘中山水記》三卷,羅含撰,盧拯注。繹按:〈通志略〉作盧拯撰。誤。」錢東垣輯釋本。惟《宋史》卷二百四〈志〉第一百五十七〈藝文〉三〈地理類〉僅著錄作:「羅含《湘中山水記》三卷。」是此書固以《崇文總目》、《文獻通考》所著錄爲完備,《大典》本誤作「盧極」,已是小疵。羅含字君章,桂陽耒陽人。嘗事桓溫,溫雅重其才,稱「江左之秀」。《晉書》卷九十二〈列傳〉第六十二〈文苑〉有傳。〈傳〉謂含「所著文章行於世」。此書其一也。盧拯,事迹無可考。

## 天台山記一卷

《天台山記》一卷,唐道士徐靈府撰。元和中人也。余假守臨海,就使本道。嘉熙丙申十月,解郡符趨會稽治所,道過之,銳欲往遊,會大雪不果,改轅由驛道,至今以爲恨。偶見此《記》,錄之以寄臥遊之意。

廣棪案:直齋欲游天台,會大雪不果,時爲端平三年丙申十月,《解題》作「嘉熙」,誤。拙著《陳振孫之生平及其著述研究》曾考之,曰:「案:《解題》此條所謂『余假守臨海』者,即指振孫往任台州知軍州事,而臨海即台州之治所也。至『嘉熙丙申十月』一語,實乃『端平丙申十月』之誤,其時年號仍爲端平,振孫不愼偶誤記。故錢泰吉《甘泉鄉人稿·曝書雜記》下〈陳直齋事迹〉條辨之曰:『按丙申爲端平三年,明年丁酉,乃爲嘉熙元年,此作嘉熙丙申,誤。』而陳壽祺撰〈宋目錄家晁公武陳振孫傳〉亦曰:『壽祺考:《解題》有云:「余假守臨海,就使本道。嘉熙丙申十月,解郡符趨會稽治所」云云。丙申爲端平三年,明年丁酉乃爲嘉熙元年,此作嘉熙丙申,筆誤也。端平丙申二月,振孫知台州,所謂「假守臨海」。十月到浙東提舉任,所謂「十月解郡符趨會稽治所」也。』綜上錢、陳二家之說,是振孫端平三年丙申二月知台州,此年十月即解台州知軍州事,趨會稽治所,正除浙東提舉。此說與《會稽續志》所載吻合,蓋浙東提舉治所在紹興府。是故陳樂素〈直齋書錄解題作者陳振孫〉三〈年歷〉條云:『《會稽續志》卷二所載,端平三年二月以朝散大夫知台州,兼權浙東提舉者,蓋自諸王宮大小學教授而轉外也。又據《續志》,是年十月到浙東提舉任,則在台州爲時甚暫。』樂素所考不誤,是知振孫之知台州,前後不足九月也。」見該書第三章第八節。至天台山,陳耆卿《赤城志》卷二十一〈山水門〉三〈山·天台〉載:「天台山在縣北三里,自神迹石起。按陶弘景《眞誥》:『高一萬八千里,周回八百里,山有八重,四面如一。《十道志》謂之頂對三辰,或曰當牛、

女之分，上應台宿，故曰天台。』一曰大小台，以石橋小大得名，亦號桐柏。《樓山登眞隱訣》云：『大小台處五縣中央。五縣謂餘姚、句章、臨海、天台、剡縣。』顧野王《輿地志》云：『天台山一名桐柏，眾嶽之最秀者也。』徐靈府《記》云：『天台山與桐柏接，而少異。』〈神邑山圖〉又采浮屠氏說，以爲閻浮，震旦國極東處；或又號靈越，孫綽〈賦〉所謂『托靈越以正基』是也。按：諸書名稱不同，惟天台乃其正號，餘亦各有據；獨『上應台宿』之語，雖本《道書》，邈不可考爾。〈魏夫人傳〉云：『天台山下有祠堂，方三里，乃司命君府。其東南二門，有日月三辰之精，光燭洞天。』《抱朴子・符內篇》云：『諸山不可煉金丹，以其皆有水石之精。惟大華、少室、縉雲、羅浮、大小台，正神主之，可以修鍊。』審此，則其靈敞詭異，出仙入佛，爲天下偉觀。宜哉！」是天台，殆天下之偉觀，出仙入佛，靈敞詭異，故直齋未能得遊，「至今以爲恨也」。徐靈府，兩《唐書》無傳。《新唐書》卷五十九〈志〉第四十九〈藝文〉三〈道家類〉著錄：「徐靈府注《文子》十二卷。」而未著錄此書。

## 顧渚山記一卷

《顧渚山記》一卷，唐陸羽鴻漸撰。鄉邦不貢茶久矣，遺迹未必存也。

　　廣棪案：《郡齋讀書志》卷第十二〈農家類〉著錄：「《顧渚山記》二卷。右唐陸羽撰。羽與皎然、朱放輩論茶，以顧渚爲第一。顧渚山在湖州，吳王夫差顧望，欲以爲都，故以名山。」所記可與《解題》互補。惟《郡齋讀書志》著錄卷數作二卷。檢《四庫闕書目・地理類》著錄：「陸鴻漸《顧渚山記》一卷。」徐松輯本。《宋史》卷二百四〈志〉第一百五十七〈藝文〉三〈地理類〉著錄同。疑《郡齋讀書志》之「二卷」乃「一卷」之誤。《郡齋讀書志》謂「顧渚山在湖州」，直齋湖州人，故有「鄉邦不貢茶久矣」之說，意直齋時正於臨安爲京官也。陸羽字鴻漸，一名疾，字季疵，復州竟陵人。《新唐書》卷一百九十六〈列傳〉第一百二十一〈隱逸〉有傳，其〈傳〉載：「羽嗜茶，著《經》三篇，言茶之原、之法、之具尤備，天下益知飲茶矣。時鬻茶者，至陶羽形置煬突間，祀爲茶神。有常伯熊者，因羽論復廣煮茶之功。御史大夫季卿宣慰江南，次臨淮，知伯熊善煮茶，召之，伯熊執器前，季卿爲再舉杯。至江南，又有薦羽者，召之。羽衣野服，挈具而入，季卿不爲禮，羽愧之，更著〈毀茶論〉。其後尚茶成風，時回紇入朝，始驅馬市茶。」可知陸羽與茶關係密切之一斑。

## 盧山記五卷

《盧山記》五卷，屯田員外郎嘉禾陳舜俞令舉撰。劉渙凝之、李常公擇皆為之〈序〉。令舉熙寧中謫居所作。

廣棪案：《郡齋讀書志》卷第八〈地理類〉著錄：「《盧山記》五卷。右皇朝陳令舉舜俞撰。先是，劉渙嘗為《記》，令舉因而增廣之，又為〈俯視圖〉，紀尋山先後之次云。」所記可與《解題》相參證。然《宋史》卷二百四〈志〉第一百五十七〈藝文〉三〈地理類〉著錄：「陳舜俞《盧山記》二卷。」所著錄卷數顯與《解題》不同。《四庫全書總目》卷七十〈史部〉二十六〈地理類〉三著錄此書，曰：「《盧山記》三卷，附《盧山紀略》一卷，兵部侍郎紀昀家藏本。宋陳舜俞撰。舜俞字令舉，烏程人。所居曰白牛村，因自號白牛居士。慶曆六年進士。嘉祐四年又中制科第一。歷官都官員外郎，熙寧中出知山陰縣。以不奉行青苗法，謫南康監稅。事蹟具《宋史》本傳。舜俞謫官時，與致仕劉渙游覽盧山，嘗以六十日之力，盡南北山水之勝。每恨慧遠、周景武輩作《山記》疏略，而渙舊嘗雜錄聞見，未暇詮次。舜俞因採其說，參以記載耆舊所傳，晝則山行，夜則發書考證。泓泉塊石，具載不遺。折衷是非，必可傳而後已。又作俯仰之圖，廣棪案：「俯仰」疑應作「俯視」。尋山先後之次以冠之，人服其勤。自記云：『余始游盧山，問山中塔廟興廢及水石之名，無能為予言者。雖言之，往往襲謬失實。因取《九江圖經》、前人雜錄，稽之本史，或親至其處考驗銘志，參訂耆老，作《盧山記》。其湮泐蕪沒不可復知者則闕疑焉。凡唐以前碑記，因其有歲月、甲子、爵里之詳，故並錄之，庶或有補史氏』云云。其目有〈總敘山篇〉第一，〈敘北山篇〉第二，〈敘南山篇〉第三，而無第四、五篇。〈圖〉亦不存。勘驗《永樂大典》，所闕亦同。然北宋地志傳世者稀，此書考據精核，尤非後來盧山紀勝諸書所及。雖經殘闕，猶可寶貴，故特錄而存之。釋惠遠《盧山紀略》一卷，舊載此本之末，不知何人所附入，今亦併錄存之，備參考焉。」是此書原本五卷，《四庫全書》本「無第四、五篇」，書既殘闕，故作三卷。然此書五卷本尚存，孫猛《郡齋讀書志校證》曰：「《盧山記》五卷，按《書錄解題》卷八同原本，〈宋志〉卷三作二卷，《四庫總目》卷七十則作三卷，非完帙，今有《吉石盫叢書》本五卷，影印日本藏宋刊本，羅振玉另有〈校記〉，見《貞松老人遺稿甲集》。」是其證。舜俞，字令舉，湖州烏程人。《宋史》卷三百三十一〈列傳〉第九十附〈張問〉。劉渙，《宋史》卷四百四十四〈列傳〉第二百三附其子〈劉恕〉。〈恕傳〉載：「劉恕字道原，筠州人。父渙，字凝之，為潁上令，

以剛直不能事上官，棄去。家于廬山之陽，時年五十。歐陽脩與澳，同年進士也，高其節，作〈廬山高詩〉以美之。澳居廬山三十餘年，環堵蕭然，饘粥以爲食，而游心塵垢之外，超然無戚戚意，以壽終。」澳，《郡齋讀書志》誤作「煥」。李常字公擇，南康建昌人。少讀書廬山白石僧舍。《宋史》卷三百四十四〈列傳〉第一百三有傳。《鐵琴銅劍樓藏書目錄》有此書鈔本，著錄於卷十一〈史部〉四〈地理類〉，曰：「《廬山記》三卷，附《廬山紀略》一卷，鈔本。宋陳舜俞撰。首卷〈總敘山篇〉，第二卷〈敘山北篇〉，第三卷〈敘山南篇〉。陳氏《書錄》作五卷，此闕其二矣。〈自序〉云：『錄唐以前碑記。』今無之。直齋曰：『劉凝之、李公擇皆有〈序〉。』今亦佚去矣。《廬山紀略》乃釋惠遠所作，出後人附錄，非原本也。」是劉、李二家之〈序〉，已不可得而見矣。

### 續廬山記四卷

《續廬山記》四卷，南康守廣陵馬玕錄山中碑記之文，以續前錄。

　　廣棪案：《宋史》卷二百四〈志〉第一百五十七〈藝文〉三〈地理類〉著錄：「馬紆《續廬山記》四卷。」〈宋志〉著錄撰人名與《解題》不同，惟無論馬玕或馬紆，事迹均無可考，未知孰是。《宋史藝文志史部佚籍考》上編〈已佚而無輯本者〉（十二）〈地理類〉載：「《續廬山記》四卷，宋馬紆撰。紆，廣陵人，郡守。……按：此書撰人，〈宋志〉作馬紆，陳《錄》作馬玕，未審孰是。又所謂前錄，蓋指陳舜俞《廬山記》三卷，陳書今猶存世。」又考〈宋志〉同卷著錄有「李常《續廬山記》一卷」，常字公擇，嘗爲舜俞《廬山記》撰〈序〉者。

### 九華拾遺一卷

《九華拾遺》一卷，山居劉放至和二年〈自序〉曰：「滕天章作《新錄》於前，沈太守撰《總錄》於後，博考傳聞，復得三十餘節。」

　　廣棪案：《宋史》卷二百四〈志〉第一百五十七〈藝文〉三〈地理類〉著錄：「僧應物《九華山記》二卷，又《九華山舊錄》一卷。」又：「滕宗諒《九華山新錄》一卷。」《秘書省續編到四庫闕書目》卷二〈地理〉著錄：「《九華山總錄》一卷。」又：「《九華山拾遺》一卷。輝按：陳《錄》云：『劉放撰。』」葉德輝考證本。是唐、宋之世，有關九華山著作頗多。大抵僧應物撰《記》及《舊錄》在前，繼爲滕宗諒作《新錄》，沈太守作《總錄》，其後則爲劉放撰作此書。放，《宋史》

無傳。《宋人傳記資料索引》載：「劉放字儀父，臨江人，敞季弟。以父遺表恩
為太廟齋郎，年二十二，調河陰縣主簿，再選為滑州司法參軍，終青溪丞。放
有性格，讀書善屬文，及為政，皆有思致。」此書序於至和二年乙未，放殆仁
宗時人也。滕宗諒字子京，河南人。擢天章閣待制，故放〈序〉稱「滕天章」，
《宋史》卷三百三〈列傳〉第六十二有傳。至沈太守則無可考，葉德輝似亦不
知其為何人也。九華山，在安徽青陽縣西南四十里，舊名九子山，李白以其九
峰如蓮花削成，改為九華山。放撰此書時當居山中，故《解題》稱「山居劉放」。
謝靈運有〈山居賦〉，其〈序〉云：「古巢居穴處曰巖棲，棟宇居山曰山居，在
林野曰丘園，在郊郭曰城傍。四者不同，可以理推。言心也，黃屋實不殊於汾
陽；即事也，山居良有異乎市廛。抱疾就閑，順從性情，敢率所樂，而以作賦。」
是《解題》「山居劉放」，殆指放「棟宇居山」，「良有異乎市廛」者，典出謝靈
運《山居賦序》。

## 九華總錄十八卷

《九華總錄》十八卷，廣棪案：《文獻通考》有此條，盧校本即據以補入。邑人程太
古撰。裒集諸家所記，萃為一編也。

　　廣棪案：此書大抵裒集僧應物《九華山記》二卷、《九華山舊錄》二卷、滕宗
　　諒《九華山新錄》一卷、沈太守《九華山總錄》一卷、劉放《九華拾遺》一
　　卷，及其他相關著作以成編。程太古，安徽青陽人，故《解題》稱「邑人」，
　　事迹不可考。

## 武夷山記一卷

《武夷山記》一卷，杜光庭撰。

　　廣棪案：《宋史》卷二百四〈志〉第一百五十七〈藝文〉三〈地理類〉著錄：「劉
　　夔《武夷山記》一卷。」此書疑非光庭撰，乃夔所撰。考《嘉定赤城志》卷三
　　十五載：「杜光庭字聖賓，括蒼人，道號東瀛子。初喜讀經史，工詞章翰墨之學，
　　懿宗設萬言科進士，不中，入天台山為道士。僖宗幸蜀，光庭始充麟德殿文章
　　應制。王建據蜀，賜號廣成先生，進戶部侍郎，後歸老青城，著有《廣成集》。」
　　是光庭早歲入天台山為道士，晚歲歸老青城，均與武夷無涉。然劉夔，《宋史》
　　卷二百九十八〈列傳〉第五十七本傳載：「劉夔字道元，建州崇安人。進士中第，

補廣德軍判官，……遷工部侍郎，知福州。請解官入武夷山爲道士，弗許。知建州，尋告老，遂以戶部侍郎致仕。……嘗遇隱者，得養生術，遂蔬食及獨居，退處一閣，家人罕見其面。至老，手足耳目強明如少壯時。死前數日，……告其家人曰：『某日，吾死矣。』如期而死。無子。」是夔篤志修眞，又好武夷勝景。武夷山，在夔家鄉福建崇安縣南三十里，相傳昔有神人武夷君居此，故名。《武夷山記》應爲夔撰，《解題》作「杜光庭撰」，或有所誤也。

## 羅浮山記一卷

《羅浮山記》一卷，廬陵郭之美撰。皇祐辛卯序。

廣棪案：《宋史》卷二百四〈志〉第一百五十七〈藝文〉三〈地理類〉著錄：「郭之美《羅浮山記》一卷。」與此同。之美，《宋史》無傳。蔡襄《端明集》卷四十〈墓誌銘・尙書屯田員外郎郭公墓誌銘〉略謂：「之美，字君錫，廬陵人。少聰敏加人，從其父學。景祐元年，年十八，與其父同日登第進士。歷蘄春、淮陰尉，梧州戶參，惠州轉運使，簽書南雄州判官公事，官至尙書屯田員外郎。治平二年卒，年五十。」可知其事迹。考《嘉靖廣東通志》卷四十二載：「〈羅浮山記〉一卷。郭之美〈羅浮山記序〉：『羅浮之名，旁山傳記，蓋云舊矣，而僻在遐壤，遊者罕到，故巖谷幽邃，風氣靈異，人不得而知之。余皇祐中惠掾，被命閱銀冶，遍走山下，訪諸耆舊，以爲山自蓬萊所分，蓋神仙之所宅，頗怪其說。乃登石樓，俯視滄海，洪波浩瀚，況濱無際。而三山之勢，若漂泊乎其上，信乎風俗所傳，良有質也。又訪諸山僧，則得唐元和中黃野人所集異事二十條，言多鄙俚，而意或可采。及晉、梁以來，達于我朝，繼有賢者，或贊記篇詠，歷歷在石。因考諸圖牒博聞，集成《山記》一卷。至於方域之本源、歷代之崇廢，雲泉丘壑之異、草木鳥獸之名，皆錄其可知者。庶乎太史之遠求、職方之傳訪，一開卷而得之矣。』」是此書雖不傳，而之美撰〈序〉猶在。辛卯，皇祐三年也，之美殆仁宗時人。羅浮山，在廣東增城縣東，跨博羅縣界，表直五百里，琦奇靈秀，乃粵中名山。

## 霍山記一卷

《霍山記》一卷，知循州林須撰。山在循州境內。

廣棪案：《宋史》卷二百四〈志〉第一百五十七〈藝文〉三〈地理類〉著錄：「林

須《霍山記》一卷。」與《解題》同。《宋史藝文志史部佚籍考》上編〈已佚而無輯本者〉（十二）〈地理類〉載：「《霍山記》一卷，宋林須撰。須，循州知州。……考《輿地紀勝》（卷九一）『循州古蹟』條『三王廟』引《霍山記》，又『景物（上）』條『霍山』下引《舊記》一條。」是此書猶有佚文也。霍山，在廣東龍川縣東北。上有靈龕寺，周回三百六十里，峰巒秀聳，凡三百六十。有天門，天然如鑿成，遊者從此門入。峰之著者有大獨石峰、大佛迹峰、小佛迹峰。又有搗藥石、仙藥石等名蹟。循州，五代時南漢移置，即今廣東龍川縣。須，《宋史》無傳，餘事無可考。

### 雁山行記一卷

《鴈山行記》一卷，永嘉陳謙撰。嘉定己巳遊山，直至絕頂，得所謂「鴈蕩」者，前人並廣校案：盧校本作「蓋」。未之識也。然繼其後者，亦未有聞焉。

廣梭案：《宋史》卷二百四〈志〉第一百五十七〈藝文〉三〈地理類〉著錄：「《雁山行記》一卷。」惟未著錄撰人。謙字益之，溫州永嘉人。乾道八年進士，官至寶謨閣待制、副宣撫。《宋史》卷三百九十六〈列傳〉第一百五十五有傳。雁蕩山爲浙江名山，《中國古今地名大辭典》載：「雁蕩山，在浙江樂清、平陽二縣境，屬括蒼山脈。盤曲數百里，其峰百有二、谷十、洞八、巖三十。爭奇競勝，遊歷難遍。有南雁、中雁、北雁，古稱東甌三雁，而以北雁爲尤勝。在平陽縣西南百里者曰南雁蕩，爲浙、閩交界之分水嶺，蟠迴於甌江以南。在樂清縣西三十里者曰中雁蕩，在樂清縣東北九十里者爲北雁蕩，迤邐於甌江之北岸，諸峰峭拔險怪，上聳千尺。絕頂有湖，方十餘里，水常不涸。雁之春歸者留宿焉，故曰雁蕩。有大小龍湫會諸澗水，懸崖數百丈，飛瀑之勢，如傾萬斛水從天而下。沈括謂天下奇秀無逾此山。謝靈運爲永嘉守，酷好搜奇而不及雁蕩。其時山實榛莽，莫之或知也。至宋太平興國初，僧全了棲止是山，建靈巖寺，山始顯名。」據是，則知謙所遊者乃北雁蕩也。嘉定，寧宗年號；己巳爲二年（1209）。

### 廬阜紀遊一卷

《廬阜紀遊》一卷，開封孫惟信季蕃撰。嘗大雪登山，至絕頂，盡得其景物之詳。嘉定初年也。惟信能詩詞，善談謔。蓋嘗有官，棄去不仕，自號花翁，

遊江湖間，人多愛之。

　　廣棪案：此書南宋後其他公私書目鮮見著錄。孫惟信，《宋史》無傳。《解題》
卷二十〈詩集類〉下著錄：「《花翁集》一卷，開封孫惟信季蕃撰。在江湖中頗
有標致，多見前輩，多聞舊事，善雅談，長短句尤工。嘗有官，棄去不仕。」
又卷二十一〈歌詞類〉著錄：「《花翁詞》一卷，孫惟信季蕃撰。」均與此條足
相參證。陸心源《宋史翼》卷三十六〈列傳〉第三十六〈隱逸〉載：「孫惟信字
季蕃，婺人。工詩，喜談謔。嘉定初，嘗於大雪中登廬阜絕頂，盡得其景物之
詳。作《紀遊》一卷，棄官不仕，隱居武林湖山間，自號花翁。淳祐三年卒，
安撫使趙與𥲅葬之湖上。《兩浙名賢錄》。」足資參考。廬阜即廬山，在江西星子
縣西北，九江縣南。丘壑阻深，風景清絕。有關惟信之籍貫，《解題》謂開封人，
在河南；《宋史翼》謂婺人，在浙江。應以振孫說為可靠。


### 何氏山莊次序本末一卷

《何氏山莊次序本末》一卷，尚書崇仁何異同叔撰。其別墅曰三山小隱。「三
山」者，浮石山、巖石山、玲瓏山，其實一山也。周回數里，敘其次序景物
為此編。自號月湖，標韻清絕，如神仙中人，臘高壽而終。其山聞今蕪廢矣。

　　廣棪案：此書已佚，南宋後其他公私書目鮮見著錄。異字同叔，撫州崇仁人。
紹興二十四年進士。嘉定元年，召為刑部侍郎。明年，權工部尚書，進寶章閣
學士，轉一官致仕。卒，年八十有一。《宋史》卷四百一〈列傳〉第一百六十有
傳。其〈傳〉謂：「異高自標致，有詩名，所著《月湖詩集》行世。」與《解題》
相互發明。考玲瓏山，《中國古今地名大辭典》載：「在浙江臨安縣西十二里。《咸
淳志》：『兩山屹起盤屈，凡九折。上通絕頂，名九折巖。南行百步，有亭名曰
三休。宋蘇軾有〈登玲瓏山詩〉。」是異之三山小隱當築於臨安城郊。


### 湘江論一卷

《湘江論》一卷，館臣案：《文獻通考》作「湘江」，此本訛作「浙」，今改正。　廣棪案：
盧校注：「疑是相江，乃粵之曲江也。」太常博士潘洞撰。

　　廣棪案：此書書名，《永樂大典》本《解題》原作《浙江論》，而《文獻通考》
作《湘江論》，故《四庫全書》本據改。盧文弨校本疑作《相江論》，謂乃粵之
曲江。惟《中國古今地名大辭典》無「相江」條，亦未見稱粵之曲江為相江者。

《中國古今地名大辭典》「曲江」條曰：「曲江即浙江。枚乘〈七發〉：『將以八月之望，觀濤於廣陵之曲江。』《浙江通志》：『錢唐江，即浙江，亦名曲江。』考《玉海》卷第十五〈地理・地理書〉「天聖〈海潮圖論〉」條載：「《書目》：『潘洞《浙江論》一卷。』」所著錄書名亦作《浙江論》。是則《永樂大典》本作《浙江論》，未必誤也。潘洞，《宋史》無傳，《宋會要輯稿》第一百十九冊〈選舉〉三一之二六載：「（天禧五年）十月四日，以屯田員外郎潘洞充集賢校理，殿中丞潘汝士爲太常博士，直集賢院殿中丞洪鼎、大理評事蕭貫爲太子中允，並直史館。洞、貫獻文求試，汝士、鼎從文學清素之舉。」天禧，宋眞宗年號，五年，西元一〇二一年，是潘洞乃北宋眞宗時人。

### 海濤志一卷

《海濤志》一卷，唐寶叔蒙撰。

廣棪案：《秘書省續編到四庫闕書目》卷一〈史類・地理〉著錄：「寶叔蒙《海濤志》一卷。闕。」《玉海》卷第十五〈地理・地理書〉「天聖〈海潮圖論〉」條載：「《書目》：『寶叔蒙《海濤志》一卷。』」又載：「析木大梁，月行而水盛。寶叔蒙《海濤志》。」考《全唐文》卷四百四十有寶叔蒙〈海濤論〉一篇，稱叔蒙爲大曆中浙東處士，則爲代宗時人。其〈海濤論〉云：「原天地之本始，不知根荄孰先。蓋自坯璞卵胎，並鼓於太素也。天人之變，古今言者詳矣。著之成說，存諸史冊，故無以間然。而地靈之推運、水德之經緯，則夫恆數，與天並騖。探而究之，可得歷數而計之也。前史氏蔑如不記，其無乃有闕典乎？夫陰陽異儀而反違，以其反違，故賴以相資。是故天與地違，德以相傾；剛與柔違，功以相致；男與女違，性而同志；造化何營？蓋自然耳。若夫凝陰以結地，融陰以流水，鍾而爲海，泒而爲泉，或配天守雌，或制火作牝，觀其幽通潛運，非神謂何？是故潮汐作濤，必符於月；百泉不息，以經地理。猶三光未息之健於天也。晦明牽於日，潮汐繫於月，若煙自火，若影附形，有由然矣。馳輪不轉轂，固無是也。地載乎下，群陰之所藏焉；月懸乎上，群陰之所繫焉。太溟，水府也，百川之所會焉；北方，陰位也，滄海之所歸焉。天運晦明，日運寒暑，月運朔望，錯行以經，大順小異，以合大同，是大運廣度也。夜明者，太陰之主也，故爲漲海源。月與海相推，海與月相明，苟非其時，不可踵而致也；時既來，不可抑而已也。雖謬小準，不違大信，故與之往復，與之盈虛，與之消息。蜉蝣伺日，蜄蛤候月，蘀以晨榮，潭以

晦零，況海月乎？方諸接明水陽，燧延景火，昭昭乎見日月之感致矣！」應
屬此書之論。叔蒙，兩《唐書》無傳。


### 太虛潮論一卷

《太虛潮論》一卷，永泰縣令錢棲業述。末稱天祐六年。

　　廣棪案：《秘書省續編到四庫闕書目》卷一〈史類・地理〉著錄：「《太虛潮論》
　　一卷。闕。輝按：〈宋志〉入〈集部・別集類〉，云錢棲業撰。」葉德輝考證本。
　　考《宋史》卷二百八〈志〉第一百六十一〈藝文〉七〈別集類〉著錄：「錢棲業
　　《太虛潮論》一卷。」是德輝所按不誤。棲業，餘事無可考。天祐，唐哀帝年
　　號。稱天祐六年，即後梁太祖開平三年己巳（909）矣。棲業，殆晚唐之遺民耶？
　　兩《唐書》無傳。


### 海潮圖論一卷

《海潮圖論》一卷，龍圖閣學士燕肅撰進。

　　廣棪案：《秘書省續編到四庫闕書目》卷一〈史類・地理〉著錄：「燕肅《海潮
　　論》三卷。」書名闕「圖」字，而其卷數又較《解題》多二卷，應同屬一書。《玉
　　海》卷第十五〈地理・地理書〉「天聖《海潮圖論》」條載：「天聖中，燕肅知明
　　州，為《海潮圖》，著《圖論》二篇。」疑是《圖》作一篇，《圖論》作二篇，
　　合共三卷。《解題》作一卷，如非著錄有誤，則直齋所得者非完本也。燕肅字穆
　　之，青州益都人。舉進士，補鳳翔府觀察推官，後知越州，徙明州，進龍圖閣
　　直學士，官至禮部侍郎致仕。《宋史》卷二百九十八〈列傳〉第五十七有傳。其
　　〈傳〉謂肅「在明州，為《海潮圖》，著《海潮論》二篇」，與《玉海》所記同。
　　此書仁宗天聖五年間撰進，肅徙知明州亦應在此時。


### 潮說一卷

《潮說》一卷，知錢塘縣張君房撰。凡三篇。

　　廣棪案：《宋史》卷二百六〈志〉第一百五十九〈藝文〉五〈小說類〉著錄：「張
　　君房《潮說》三卷。」是此書《解題》與〈宋志〉歸類不同。書凡三篇，〈宋志〉
　　作三卷，是以篇為卷耳，其內容應與《解題》著錄者無異。君房，《宋史》無傳。

《宋人傳記資料索引》載：「張君房，安陸人。景德進士，官尙書度支員外郎，充集賢校理。祥符中自御史臺謫官寧海，時帝崇尙道教，以秘閣《道書》付杭州，俾戚綸等薦君房主其事。君房乃編次得四千五百六十五卷進之，復撮其精要，總萬餘條，成《雲笈七籤》一百二十二卷，《道藏》菁華，備具於是。」是君房乃眞宗時人，蓋深於《道書》者。此書多異名，《秘書省續編到四庫闕書目》卷一〈史類・地理〉著錄：「張君房《海潮論》三卷。輝按：〈宋志〉入〈子部・小說類〉，作張君房《潮說》。《崇文目》入〈子部・小說類〉，作《海潮會最》。」葉德輝考證本。是《海潮論》、《海潮會最》，與《潮說》乃同書而異名也。

## 西南備邊志十二卷

《西南備邊志》十二卷，嘉州進士鄧嘉猷撰。紹興末，犍爲有蠻擾邊，初莫知其何種族也。已而，有能別識其爲虛恨蠻者。時蜀邊久無事，既去，而朝廷憂之，詔諸司經度。嘉猷取秦、漢以來訖於本朝，凡史傳所載蠻事，皆著於篇，時乾道中也。其爲〈志〉九、爲〈圖〉一。

　　廣棪案：此書已佚，撰人事迹不可考。乾道，宋孝宗年號，嘉猷殆其時人。虛恨蠻之擾邊，其事不詳。《宋史》卷二十九〈本紀〉第二十九〈高宗〉六僅載：「乙酉，虛恨蠻主歷階詣嘉州降。」事在紹興十一年冬十月，非「紹興末」也。嘉州即犍爲郡，北周置，宋升爲嘉定府，在今四川樂山縣。

## 北邊備對六卷

《北邊備對》六卷，程大昌撰。淳熙中進〈禹貢圖〉，孝廟因以北虜地里爲問，對以虜無定居，無文史，不敢強言。紹熙退居，追采自古中華、北狄樞紐相關者，條列其地而推言之，名曰「備對」。

　　廣棪案：《玉海》卷第十六〈地理・異域圖書〉「淳熙《北邊備對》」條載：「淳熙二年，程大昌在講筵。孝宗問北虜地里，後因追證古來中華、北狄樞紐相關者，條列推言之。首以四海爲之總統，次載秦、漢以來緣邊州郡，凡北狄名號、境土、山川、牙庭、城障、沙漠、關塞所在，加以辨說，爲六卷。」《宋史》卷二百三〈志〉第一百五十六〈藝文〉二〈故事類〉著錄：「程大昌《北邊備對》六卷。」與此同。程大昌字泰之，徽州休寧人。《宋史》卷四百三十三〈列傳〉第一百九十二有傳。其〈傳〉曰：「大昌篤學，於古今事靡不考究。有《禹貢論》、《易原》、

《雍錄》、《易老通言》、《攷古編》、《演繁露》、《北邊備對》行於世。」是大昌確撰有此書。《四庫全書總目》卷七十五〈史部〉三十一〈地理類存目〉四著錄:「《北邊備對》一卷,江蘇巡撫採進本。宋程大昌撰。大昌有《易原》,已著錄。是書前有大昌〈自序〉稱:『淳熙二年因進講〈禹貢〉,孝宗問以塞外山川,未能詳對。紹熙中,奉祠家居,乃補撰此書。以緣起於講筵顧問,故仍以《備對》為名。』凡二十一則,皆撏拾史傳舊文,無所考正。」是此書清時已多散佚,僅存二十一則,作一卷。《鐵琴銅劍樓藏書目錄》卷十一〈史部〉四〈地理類〉亦著錄:「《北邊備對》一卷,附《北轅錄》一卷,鈔本。宋程大昌撰并序。書成於紹熙二年。其〈自序〉謂:『追憶淳熙初,孝宗詢及北方地里,因采古來中華、北狄樞紐相關者,條列而推言之。』後附《北轅錄》一卷,宋周輝撰。記敷文閣待制張子政使金賀生辰事,輝疑為從行者。兩書本不相附,裝訂時以類合為一冊,並從錢遵王本傳錄。」是此書之殘闕,疑自錢曾以來已如此。

## 南北攻守類考六十三卷

《南北攻守類考》六十三卷,監進奏院趙善譽撰進。以三國、六朝攻守之變,鑒古事以考今地,每事為之圖。

廣棪案:《宋史》卷二百七〈志〉第一百六十〈藝文〉六〈兵書類〉著錄:「趙彥譽《南北攻守類考》六十三卷。」〈宋志〉「彥譽」乃「善譽」之誤。善譽字靜之。幼敏慧,力學。乾道五年,試禮部第一。《宋史》卷二百四十七〈列傳〉第六〈宗室〉四有傳,然未載其任監進奏院事。其〈傳〉謂善譽「引年乞祠,歸處一室,以圖書自娛」;又謂其「居官廉靖自將,多所著述」。此書即其所著書之一耶?惟其〈傳〉亦乏載矣。李燾著有《南北攻守錄》二十卷,未知與此書異同何如?

## 六合掌運圖一卷

《六合掌運圖》一卷,不著名氏。凡為四十圖,首列禹跡,次為中興後南北
三廣棪案:盧校注作「二」。境,其後則諸邊關阨險要以及虜地疆界小著之。

廣棪案:此書已佚,大抵南宋時所撰。雖不著名氏,惟以國難深重,故於邊塞關阨險要及虜地疆界倍垂注焉。此書殆切志守土者所為也。北宋元符中,蜀人稅安禮撰《地理指掌圖》一卷,此書則名為《六合掌運圖》,蓋稅書之流亞耳。

## 海外使程廣記三卷

《海外使程廣記》三卷，南唐如京使章僚撰。使高麗所記海道及其國山川、事跡、物產甚詳。史虛白為作〈序〉，稱己未十月，蓋本朝開國前一歲也。

廣棪案：《宋史》卷二百四〈志〉第一百五十七〈藝文〉三〈地理類〉著錄：「章僚《海使程廣記》三卷。」〈宋志〉著錄「海」下脫「外」字。己未，後周顯德六年也，其明年乃宋太祖建隆元年。章僚、《十國春秋》卷第二十八〈南唐〉十四〈列傳・章僚〉載：「章僚，雅善著述，後主時充如京史。奉使高麗，具得其國山川、事跡、物產，撰《海外使程廣記》三卷，《春秋續演繁露》作《海外行程記》，云：『中間引休大初徐弼史事為證。』史虛白為之〈序〉。大抵言高麗有二京、六府、九節度、百二十郡，內列十省、四部官，朝服紫、丹、緋、綠、青、碧。俗喜匾頭，生男旦日，按壓其首。又言高麗多銅，田家錳具，俱銅為之。有溫器名服席，狀如中國之鐺，其底方，其蓋圓，可容七八升。地志家多稱其書為博洽云。」可參證。史虛白，字畏名，世家齊魯。馬令《南齊書》卷十四、陸游《南唐書》卷四、《十國春秋》卷第二十九〈南唐〉十五均有傳。

## 大唐西域記十二卷

《大唐西域記》十二卷，唐三藏法師玄奘譯，大總持寺僧辯機撰。

廣棪案：《郡齋讀書志》卷第七〈僞史類〉著錄：「《西域志》十二卷。右唐僧玄奘撰。玄奘西遊天竺求佛書，既歸，記其所歷諸國風俗。其〈序〉云：『自黑嶺以西皆土著，尚東左衽，務田畜，重財賄，嫁娶無禮，獨天竺則異，別記於後云。』」此即著錄《大唐西域記》之書，《郡齋讀書志》省稱作《西域志》耳。「志」、「記」，古字通。《玉海》卷第十六〈地理・異域圖書〉「《唐西域記》」條載：「《書目》：『十二卷。貞觀中玄奘譯，辨機撰。玄奘徧歷西域一百三十八國，因記其山川聚落、風俗古跡之詳。』一云玄奘所歷一百一十國，傳聞二十八國。山川風俗、釋氏事迹皆錄。」《宋史》卷二百四〈志〉第一百五十七〈藝文〉三〈地理類〉著錄：「沙門辨機《大唐西域記》十二卷。」是「辯機」之名，《中興館閣書目》及〈宋志〉均作「辨機」。「辯」、「辨」，古字通。考《四庫全書總目》卷七十一〈史部〉二十七〈地理類〉四著錄：「《大唐西域記》十二卷，浙江鮑士恭家藏本。唐釋元奘譯，辯機撰。元奘事蹟具《舊唐書・列傳》。晁公武《讀書志》載是書，作元奘撰，不及辯機。鄭樵《通志・藝文

略》則作《大唐西域記》十二卷，元奘撰。《西域記》十二卷，辯機撰。又分為兩書。惟陳振孫《書錄解題》作大唐三藏法師元奘譯，大總持寺僧辯機撰，與今本合。考是書後有辯機〈序〉，略云：『元奘法師以貞觀三年褰裳遵路，杖錫遐征。薄言旋軫，謁帝洛陽。肅承明詔，載令宣譯。』辯機為大總持寺弟子，撰斯方志。則陳氏所言為得其實矣。昔宋法顯作《佛國記》，其文頗略。《唐書·西域列傳》，較為詳核。此書所序諸國，又多《唐書》所不載。則史所錄者，朝貢之邦；此所記者，經行之地也。《讀書志》載有元奘〈自序〉，此本佚之。惟前有尚書僕射、燕國公張說〈序〉，後有辯機〈自序〉。句下間有註文，或曰唐言某某，或曰某印度境。疑為原註。又有校正譯語云『舊作某某訛』者，及每卷之末附有音釋，疑為後人所加。第十一卷『僧伽羅國』條中，有明永樂三年太監鄭和見國王阿烈苦奈兒事。是今之錫蘭山，即古之僧伽羅國也。至祈福民庶，作無量功德，其三百七十字，亦註者附記之語，吳氏刊本誤連入正文也。所列凡一百三十八國，中摩揭陀一國，釐為八、九兩卷，記載獨詳。所述多佛典因果之事，而舉其地以實之。晁公武《讀書志》稱：『元奘至天竺求佛書，因記其所歷諸國，凡風俗之宜、衣服之制，幅員之廣隘、物產之豐嗇，悉舉其梗概。』蓋未詳檢是書，特姑據名為說也。我皇上開闢天西，咸歸版籍。《欽定西域圖志》徵實傳信，凡前代傳聞之說，一一釐正。此書侈陳靈異，尤不足稽。然山川道里，亦有互相證明者，姑錄存之，備參考焉。」以《解題》於此書一無述釋，特迻錄之，以備參證。今人季羨林有《大唐西域記校注》，可參考。

### 南詔錄三卷　廣棪案：此條據《文獻通考》補入。

《南詔錄》三卷，唐嶺南節度巡官徐雲虔撰。乾符中，邕州遣雲虔使南詔所作，上卷記山川風俗，後二卷紀行及使事。

廣棪案：《新唐書》卷五十八〈藝文〉二〈地理類〉著錄：「徐雲虔《南詔錄》三卷，乾符中人。」《玉海》卷第十六〈地理·異域圖書〉「《南詔錄》」條載：「《書目》：『……《南詔錄》三卷，〈唐志〉卷同。唐徐雲虔撰。乾符中，南詔請通好，邕州節度使辛讜遣雲虔復命，使回，錄所見聞上之。』《會要》：『……乾符五年七月，邕管節度辛讜遣從事徐雲虔通好南詔。凡水陸四十七程，至善闡府，遇驃信游獵，尚去雲南十六程。敘好而還，進《南詔錄》三卷。』」足資參證。劉兆祐《宋史藝文志史部佚籍考》上編〈已佚而無輯本者〉（十二）〈地理類〉載：

「《南詔錄》三卷，唐徐雲虔撰。雲虔，乾符中人。按：〈新唐志・地理類〉著錄徐雲虔《南詔錄》三卷，注云：『乾符中人。』《新唐書》卷二二二〈南蠻傳〉載雲虔於大中年間嘗使南詔，此編蓋載其見聞也。」乾符，僖宗年號；大中，宣宗年號。兩者相距近三十年。是雲虔使南詔在乾符五年，非大中年間，《新唐書・南蠻傳》所載實誤，兆祐似未考《玉海》也。雲虔，兩《唐書》無傳。

### 至道雲南錄三卷 廣棪案：此條據《文獻通考》補入。

《至道雲南錄》三卷。左侍禁知興化軍辛怡顯撰。李順之亂，餘黨有散入蠻中者，怡顯往招安之，繼賜蠻酋告敕而歸，遂為此《錄》。天禧四年自序。或云此書妄也。余在莆田視〈壁記〉無怡顯名字，恐或然。

廣棪案：《郡齋讀書志》卷第七〈偽史類〉著錄：「《至道雲南錄》三卷，右皇朝辛怡顯撰。蜀賊李順既平，餘黨竄入雲南，雷有終募怡顯招出之。至道初，歸，因書其所歷，成此書。」所記與《解題》足相發明。惟直齋疑此書之妄，公武則不疑之。《玉海》卷第五十八〈藝文・錄〉「《天禧雲南錄》」條載：「《中興書目》：『二卷。天禧元年，監虔州商稅辛怡顯撰。淳化五年，以西蜀順賊與南蠻結連，詔募命官士庶通邊士者往黎巂界招撫。時怡顯自薦請行，至道元年訖事而歸，是書備載始末云。』」是此書據歸年而言，稱《至道雲南錄》；據撰就作〈序〉之年而言，稱《天禧雲南錄》。故《郡齋讀書志》、《解題》稱「至道」，而《中興書目》、《玉海》稱「天禧」也。《宋史》卷二百三〈志〉第一百五十八〈藝文〉二〈故事類〉著錄：「辛怡顯《雲南錄》三卷。」又卷二百四〈志〉第一百五十七〈藝文〉三〈地理類〉著錄：「辛怡顯《至道雲南錄》三卷。」〈宋志〉分兩書著錄，實為一書，蓋複出也。怡顯，《宋史》無傳，餘事無可考。

### 契丹疆宇圖一卷

《契丹疆宇圖》一卷，不著名氏。錄契丹諸夷地及中國所失地。

廣棪案：《宋史》卷二百四〈志〉第一百五十七〈藝文〉三〈地理類〉著錄：「《契丹國土記》、《契丹疆宇圖》二卷，並不知作者。」是上述二書各一卷，不知作者。惟《玉海》卷第十六〈地理・異域圖書〉「熙寧《北道刊誤志》」條則載：「《契丹疆宇圖》二卷、《地理圖》一卷，不知作者。」是此書有作二卷者，疑《玉海》作二卷，或乃一卷之訛。

## 遼四京記一卷

《遼四京記》一卷，亦無名氏。曰東京、中京、上京、燕京。

　　廣棪案：此書已佚，無可考。考《遼史》卷三十七〈志〉第七〈地理志〉一〈上京道〉、卷三十八〈志〉第八〈地理志〉二〈東京道〉、卷三十九〈志〉第九〈地理志〉三〈中京道〉、卷四十〈志〉第十〈地理志〉四〈南京道〉。是《遼史》之南京即燕京。讀《遼史·地理志》，猶可察悉遼四京之沿革及概況。

## 高麗圖經四十卷

《高麗圖經》四十卷，奉議郎徐兢明叔撰。宣和六年路允迪、傅墨卿使高麗，兢為之屬，歸上此書，物圖其形，事為之說。今所刊不復有圖矣。兢，鉉之後。善篆書，亦能畫，嘗自題「保大騎省世家」、「宣和書學博士」，又自號自信居士。

　　廣棪案：此書《國立故宮博物院善本舊籍總目·史部·地理類·外紀之屬》著錄：「《宣和奉使高麗圖經》四十卷，宋徐兢撰。宋乾道三年徐蒇江陰澂江郡齋刻本。」兢字明叔，又號自信居士，和州歷陽人，後遷長洲。《宋史翼》卷二十七〈列傳〉第二十七〈文苑〉二有傳。其〈傳〉曰：「宣和六年，高麗入貢，以兢為國信使提轄官，隨路允迪報聘。撰《高麗圖經》四十卷，上之。徽宗覽書，大悅。召對便殿，賜出身。擢大宗丞，兼管書學，以篆名家。自署『保大騎省世家』，遷刑部員外郎。」即記此事。《四庫全書總目》卷七十一〈史部〉二十七〈地理類〉四著錄此書，曰：「《宣和奉使高麗圖經》四十卷，兩淮馬裕家藏本。宋徐兢撰。兢字明叔，號自信居士。是書末附其〈行狀〉，稱甌寧人。《文獻通考》則作和州歷陽人。《思陵翰墨志》又作信州徐兢。似當以〈行狀〉為確。《通考》又稱兢為鉉之裔，自題『保大騎省世家』。考王銍《默記》稱：『徐鉉無子，惟鍇有後，居攝山前開茶肆，號徐十郎，鉉、鍇諴敕尚存。』則《通考》亦誤傳也。據兢〈行狀〉：『宣和六年高麗入貢，遣給事中路允迪報聘。兢以奉議郎為國信使，提轄人船禮物官。因撰《高麗圖經》四十卷，還朝後詔給札上之。召對便殿，賜同進士出身，擢知大宗正事，兼掌書學。後遷尚書刑部員外郎。』其書分二十八門，凡其國之山川、風俗、典章、制度，以及接待之儀文、往來之道路，無不詳載。而其〈自序〉尤拳拳於所繪之圖。此本但有書而無圖，已非完本。然前有其姪蒇〈題詞〉一首，稱：『書上御府，其副藏家。靖康丁未兵亂失之。後從醫者得其本，

惟〈海道〉二卷無恙。』又述兢之言謂：『世傳其書，往往圖亡而經存。欲追畫之，不果就，乃以所存者刻之澂江郡齋。』周煇《清波雜志》亦稱：『兢仿元豐中王雲所撰《雞林志》，爲《高麗圖經》。物圖其形，事爲其說，蓋徐素善丹青也。宣和末，老人在歷陽，按此老人字，疑指其父，爲先人之訛，蓋指其父邦彥也。雖得見其書，但能鈔其文，略其繪事。乾道中刊於江陰郡齋者，即家間所傳之本，圖亡而經存，蓋兵火後徐氏亦失元本。』云云。是宋時已無圖矣。又張世南《游宦記聞》曰：『高麗是年有請於上，願得能書者至國中，於是以徐兢爲國信使、禮物官。』則兢之行，特以工書遣，而留心記載乃如是。今其篆書無一字傳世，惟此編僅存。考魏了翁《鶴山集》稱：『兢篆於《說文解字》以外，自爲一家。雖其名兢字見於印文者，亦與篆法不同。』云云。則其篆乃滅裂古法者，宜不爲後人所藏弃。然此編已足以傳兢，雖不傳其篆可也。」特逐錄之，以備參證。

## 諸蕃志二卷

《諸蕃志》二卷，福建提舉市舶趙汝适記諸蕃國及物貨所出。

廣棪案：此書汝适有〈自序〉，曰：「〈禹貢〉載島夷卉服，厥篚織貝，蠻夷通財於中國古矣。繇漢而後，貢珍不絕。至唐市舶有使招徠，懋遷之道自是益廣。國朝列聖相傳，以仁儉爲寶，聲教所曁，累譯奉琛，於是置官於泉、廣，以司互市。蓋欲寬民力而助國朝，其與貴異物、窮侈心者，烏可同日而語。汝适被命此來，暇日閱《諸蕃圖》，有所謂石床長沙之險、交洋竺嶼之限，問其《志》，則無有焉。迺詢諸賈胡，俾列其國名，道其風土，與夫道里之聯屬、山澤之蓄產，譯以華言，刪其穢渫，存其事實，名曰《諸蕃志》。海外環水而國者以萬數，南金、象犀、珠香、玳瑁、珍異之產，市於中國者，大略見於此矣。噫！山海有《經》，博物有《志》，一物不知，君子所恥。是《志》之作，良有以夫！寶慶元年九月日，朝散大夫、提舉福建路市舶趙汝适序。」是可推知汝适撰作之旨。是書殆撰成於理宗寶慶元年乙酉（1225）九月也。《四庫全書總目》卷七十一〈史部〉二十七〈地理類〉四著錄此書，曰：「《諸蕃志》二卷，《永樂大典》本。宋趙汝适撰。汝适始末無考，惟據《宋史・宗室世系表》，知其爲岐王仲忽之元孫、安康郡王士說之曾孫、銀青光祿大夫不柔之孫、善待之子，出於簡王元份房，上距太宗八世耳。此書乃其提舉福建路市舶時所作，於時宋已南渡，諸蕃惟市舶僅通，故所言皆海國之事，《宋史・外國列傳》實引用之。核其敘次事類，歲月皆合。但《宋史》詳事蹟，而略於風土物產；此則詳風土物產，而略於事蹟。蓋一則史傳，一

則雜志，體各有宜，不以偏舉爲病也。所列諸國，賓疃龍，史作賓同隴；登流眉，史作丹流眉；阿婆羅拔，史作阿蒲羅拔；麻逸，史作摩逸。蓋譯語對音本無定字，龍、隴，三聲之通；登丹、蒲婆、麻摩，雙聲之轉。呼有輕重，故文有異同，無由核其是非，今亦各仍其舊。惟南宋僻處臨安，海道所通，東南爲近。《志》中乃兼載大秦、天竺諸國，似乎隔越西域，未必親睹其人。然考《冊府元龜》載唐時祅教稱大秦寺，《桯史》所記廣州海獠，即其種類。又法顯《佛國記》載陸行至天竺，附商舶還晉。知二國皆轉海可通，故汝适得於福州見其市易。然則是書所記，皆得諸見聞，親爲詢訪，宜其敘述詳核，爲史家之所依據矣。」所考翔實，足資參證。

# 第六章 結 論

　　余既有通盤研治陳振孫之學術及全面考證《直齋書錄解題》之計畫，故自一九九四年八月獲國科會補助後，即按部就班進行工作。一九九五年七月，完成《陳振孫之經學及其〈直齋書錄解題〉經錄考證》專題研究，此乃余所作全程計畫之第一部分。是年八月起，余立刻投入計畫第二部分之工作，所撰寫者即為此年度專題研究《陳振孫之史學及其〈直齋書錄解題〉史錄考證》。經一年辛勤努力，第二部分研究工作亦大功告成。全編仍分六章：首章為緒論，敘述進行此計畫種種艱辛，必須具意志與毅力，並日夕埋首書卷，苦心孤詣，黽勉從事，不若是恐不易為功；次章考論振孫研治史學之主張，三章論述振孫之史學；四章論其史學目錄學；五章則為考證《解題》之史錄之部；末章為結論，用述本研究計畫之成績。上述六章，除首、末兩章發明較少外，其餘四章自信均有突破前人之處。茲謹作總結，略述研究成績如左：

　　有關振孫研治史學之主張，自宋迄清均未見有就此問題撰作專篇以探討者。迄於民國，陳樂素教授雖先後撰有〈直齋書錄解題作者陳振孫〉與〈略論陳振孫書錄解題〉二文〔註1〕，惟對此問題亦均未遑論及。喬衍琯教授撰有《陳振孫學記》一書〔註2〕，該書第五章〈學術思想〉第二節〈史學〉，亦未論及振孫研治史學之主張，而僅述及《解題》之史學見解凡五點：

　　（1）於當時修史制度甚為不滿；
　　（2）兩《唐書》之體例及文字俱有可議；
　　（3）《新五代史》之列傳深得史法，然偶失斷限，因嘆修史之難；
　　（4）振孫以史學重在知人論事，鑑往知來；

---

〔註1〕陳樂素〈直齋書錄解題作者陳振孫〉，見民國三十五年十一月二十日《大公報・文史週刊》。〈略論陳振孫直齋書錄解題〉，見《中國史研究》一九八四年第二期。
〔註2〕喬衍琯《陳振孫學記》，台灣文史哲出版社於民國六十九年六月印行。

（5）直齋《解題》品題人物之文字甚多。

余繼喬氏之後而撰〈陳振孫研治史學之主張〉一章，乃就治史態度、治史方法與撰史要求三項以探究振孫史學主張。振孫於治史態度：

（1）主張愛君恤民，明辨忠奸；

（2）主張作忠實記錄，黜異端而反誕妄；

（3）主張治史力求創新，倘有成績亦須謙遜；

（4）主張修史應認眞負責，且須按時完成。

於治史方法：

（1）主張多方面勤搜資料，並須熟習資料；

（2）主張對資料應嚴加去取，並須辨僞與考證；

（3）主張記載史事須有可靠之資料作依據；

（4）主張編撰史書須有方法與法則。

於撰史要求：

（1）要求援證考訂，詳洽可稽；

（2）要求創通義例，多所發明；

（3）要求記述有法，且須分門別類；

（4）要求持論嚴正，而用詞精詳。

上述之探究，余均先就振孫之史學著作及《解題》史錄之資料，進行深細爬梳，並加條分件繫，愼思明辨，然後研究有得。上述種種之探求，皆陳、喬二氏未嘗考論及者也。

有關振孫之史學，民國以前亦未有人作系統之研究。陳樂素教授撰〈略論陳振孫直齋書錄解題〉，僅就《解題》以說明「宋人重視地方史志」，與「《解題》出現了年譜」兩事，於其所撰文中，未能得睹振孫史學之全貌。喬衍琯教授《陳振孫學記》第五章〈史學〉，亦僅論及振孫之傳記學，氏族學與金石學，所論均有欠周延。余於〈陳振孫之史學〉一章中，分十六項以遍考振孫對正史、別史、編年、起居注、詔令、僞史、雜史、典故、職官、禮注、時令、傳記、法令、譜牒、目錄、地理等史籍撰作之要求與批評，尤於振孫對史書之褒貶中，設法探究振孫史學之眞知灼見，並推論其史學見解。自信一己所考論，遠較陳、喬二氏爲賅備，亦足補二氏所考之未及。

有關振孫之史學目錄學，前人亦鮮有考論及之者。陳樂素教授〈略論直齋書錄解題〉中有「《解題》反映了南宋圖書印行的盛況」一節，所涉僅屬《解題》所記之刻書資料與圖書版本，固非論述振孫史學目錄學者也。喬衍琯教授《陳振孫學記》第五章〈學術思想〉第四節〈目錄學〉，頗考論及振孫之目錄學，然非專論其史學目錄學。

而余於所考論，則全異乎喬氏之撰。余於此章中，首先探究《解題》史錄之分類，並求取其與《隋書・經籍志》、《舊唐書・經籍志》、《新唐書・藝文志》、《崇文總目》、《郡齋讀書志》五書傳承之關係，又考論及《解題》於史錄分類上有異於五書之處及其獨創之精詣；繼詳考《解題》史錄著錄書名之方式；最後則詳考《解題》史錄撰寫解題之義例。上述所考，皆一一舉例說明，以期較全面揭示振孫史學目錄學之底蘊。至喬氏所考，初則列示《解題》卷八〈目錄類〉所著錄之諸家書目，繼則考及《解題》對諸家書目之徵引，最後舉例說明《解題》徵引各家書目之義例。是則喬氏所考論者，僅囿於《解題》徵引諸家書目及其義例等一二端，而非全面考論振孫目錄學者也。故余所撰是章，既異於喬氏，並能深究振孫史學目錄學之全貌者也。

有關《直齋書錄解題》史錄之考證，前人及陳、喬二氏均未及爲。余仍沿用前此考證《解題》經錄之體例，於充分掌握資料後，對《解題》史錄各條進行深入而全面之考證。《解題》史錄凡八百四十一條，余所作之考證亦共八百四十一篇，庶幾對《解題》史錄立論根據，及振孫有關之議論、見解，皆有較詳盡之闡發與疏證。至於振孫書中容有之錯誤或闕失，余亦一一細予辨證，冀作直齋之諍臣。一年以來，余用於考證《解題》史錄之日月爲最多，所耗心力爲最巨，而收穫亦應以此最爲豐碩。

綜上所述，余既能深入研究陳振孫史學及其相關問題，又對《直齋書錄解題》史錄作全面考證，自信頗具成績，對學術研究應有一定之貢獻。

# 後　記

　　余自肄業上庠，即篤嗜校讎目錄及考證之學。從上世紀八十年代後期始，乃顓
志鑽研陳振孫及其著述。轉瞬近二十年間，先後撰就專著《陳振孫之生平及其著述
研究》、《陳振孫之經學及其〈直齋書錄解題〉經錄考證》、《陳振孫之史學及其〈直
齋書錄解題〉史錄考證》、《陳振孫之子學及其〈直齋書錄解題〉子錄考證》、《陳振
孫之文學及其〈直齋書錄解題〉集錄考證》，凡五種；另寫成讀《直齋書錄解題》札
記約五十篇。

　　《陳振孫之生平及其著述研究》一書，一九九三年十月，已由臺灣臺北文史哲
出版社付印行世；《陳振孫之經學及其〈直齋書錄解題〉經錄考證》，一九九七年三
月，由臺灣臺北里仁書局出版，今年三月又將該書交臺灣臺北花木蘭文化出版社再
版，收入《古典文獻研究輯刊》二編中；而所撰之札記，則先後發表於《新亞學報》、
《新亞論叢》、《新亞研究所通訊》、《大陸雜志》、《中國書目季刊》、《文獻》、《新國
學》、《中國俗文化研究》、《華學》、《經學論叢》、《二〇〇二年漢學研究國際學術研
討會論文集》，其後又收入拙著《碩堂文存四編》、《五編》中。

　　近承杜潔祥先生美意，擬將《陳振孫之史學及其〈直齋書錄解題〉史錄考證》，
收入《古典文獻研究輯刊》三編。拙著草成於一九九六年七月，迄今剛屆十載。爰
遵潔祥先生之命，謹就草稿詳加增訂、校正。惟須配合出版進度，時限逼迫，成事
倉卒，書中未盡如人意之處，尚乞高明不吝賜教。

　　拙著整理出版過程，蒙華梵大學東方人文思想研究所碩士生張國華、吳政遠鼎
力襄事，實深感謝。例得書兩君之名於〈後記〉，以留永誌。

何廣棪撰於華梵大學東方人文思想研究所

二〇〇六年七月七日

# 參考書目

## 一、經　類

1. （漢）毛亨傳，（漢）鄭玄箋，（唐）孔穎達疏，《毛詩正義》（阮刻《十三經注疏》本）。
2. （漢）戴德編，《大戴禮記》（上海：商務印書館，1919年）。
3. （漢）鄭玄注，《禮記鄭注》（臺北：中華書局，1981年臺二版）。
4. （漢）趙岐注，《孟子》（臺北：中華書局，1970年臺二版）。

## 二、史　類

1. （漢）司馬遷撰，（南朝宋）裴駰集解，（唐）司馬貞索隱，（唐）張守節正義，《史記》（北京：中華書局，1962年據金陵書局本分段標點排印）。
2. （漢）荀悅撰，《漢紀》（臺北：鼎文書局，1977年）。
3. （南朝宋）范曄撰，（唐）李賢注，《後漢書》（臺北：商務印書館景印文淵閣《四庫全書》本）。
4. （晉）袁宏撰，《後漢紀》（臺北：商務印書館，1975年臺二版）。
5. （晉）皇甫謐撰，《高士傳》（臺北：中華書局，1969年臺三版）。
6. （晉）常璩撰，《華陽國志》（臺北：商務印書館景印文淵閣《四庫全書》本）。
7. （梁）沈約撰，（清）萬承蒼等考證，《宋書》（臺北：商務印書館景印文淵閣《四庫全書》本）。
8. （北齊）魏收撰，（清）孫人龍等考證，《魏書》（臺北：商務印書館景印文淵閣《四庫全書》本）。
9. （唐）房玄齡撰，（唐）何超音義，（清）孫人龍等考證，《晉書》（臺北：商務印書館景印文淵閣《四庫全書》本）。
10. （唐）姚思廉撰，（清）孫人龍等考證，《梁書》（臺北：商務印書館景印文淵閣本）。

11. （唐）李延壽撰，（清）萬承蒼等考證，《南史》（臺北：商務印書館景印文淵閣本）。

12. （唐）李百藥撰，（清）姚範、朱荃等考證，《北齊書》（臺北：商務印書館景印文淵閣《四庫全書》本）。

13. （唐）魏徵等撰，（清）張映斗等考證，《隋書》（臺北：商務印書館景印文淵閣本）。

14. （唐）吳兢撰，《貞觀政要》（臺北：商務景印書館印文淵閣《四庫全書》本）。

15. （唐）裴庭裕撰，《東觀奏記》（臺北：商務印書館景印文淵閣《四庫全書》本）。

16. （唐）趙元一撰，《奉天錄》（上海：上海古籍出版社，《續修四庫全書》本）。

17. （唐）許嵩撰，《建康實錄》（臺北：商務印書館景印文淵閣《四庫全書》本）。

18. （唐）蕭嵩等撰，《大唐開元禮》（臺北：商務印書館景印文淵閣《四庫全書》本）。

19. （唐）王涇撰，《大唐郊祀錄》（臺北：藝文印書館）。

20. （唐）李肇撰，《國史補》（臺北：新興書局，1973 年）。

21. （後晉）劉昫等撰，（清）沈德潛等考證，《舊唐書》（臺北：商務印書館景印文淵閣《四庫全書》本）。

22. （宋）薛居正撰，（清）邵晉涵等輯，（清）永瑢、邵晉涵等考證，《舊五代史》（臺北：商務印書館景印文淵閣《四庫全書》本）。

23. （宋）歐陽修撰，（宋）徐無黨注，（清）孫人龍、王文清等考證，《新五代史》（臺北：商務印書館景印文淵閣《四庫全書》本）。

24. （宋）歐陽修、宋祁撰，《新唐書》（北京：中華書局，1977 年據百衲本校訂排印）。

25. （宋）呂夏卿撰，《唐書直筆》（臺北：商務印書館景印文淵閣《四庫全書》本）。

26. （宋）陳振孫撰，《白文公年譜》（臺北：商務印書館景印文淵閣《四庫全書》本）。

27. （宋）王溥撰，《唐會要》（臺北：商務印書館景印文淵閣《四庫全書》本）。

28. （宋）王禹偁撰，《五代史闕文》（臺北：商務印書館景印文淵閣《四庫全書》本）。

29. （宋）陶岳撰，《五代史補》（臺北：商務印書館景印文淵閣《四庫全書》本）。

30. （宋）邵伯溫撰，《邵氏聞見錄》（北京：中華書局，1983 年第 1 版）。

31. （宋）蘇轍撰，《古史》（臺北：商務印書館《四庫全書珍本》）。

32. （宋）李燾撰，《續資治通鑑長編》（臺北：商務印書館景印文淵閣《四庫全書》本）。

33. （宋）徐夢莘撰，《三朝北盟會編》（臺北：商務印書館景印文淵閣《四庫全書》本）。

34. （宋）李心傳撰，《建炎以來朝野雜記》（臺北：藝文印書館，1969 年）。

35. （宋）鄭樵撰，《通志》（臺北：商務印書館景印文淵閣《四庫全書》本）。

36. （宋）馬令撰，《南唐書》（臺北：藝文印書館，1968 年）。

37. （宋）董弅撰，《閒燕常談》（臺北：藝文印書館，1967 年）。

38. （宋）范祖禹編，《唐鑑》（臺北：商務印書館，1977 年臺一版，《人人文庫》本）。

39. （宋）劉恕撰，《通鑑外紀》（上海：商務印書館，1919 年）。

40. （宋）王明清撰，《揮麈錄》（北京：中華書局，1961 年第一版）。

41. （宋）李元弼撰，《作邑自箴》（臺北：商務印書館，1966 年《四部叢刊續編》三版）。

42. （元）脫脫撰，《宋史》（北京：中華書局，1977 年據百衲本校訂排印）。

43. （元）托克托撰，《金史》（臺北：商務印書館景印文淵閣《四庫全書》本）。

44. （元）馬端臨撰，《文獻通考》（臺北：商務印書館景印文淵閣《四庫全書》本）。

45. （宋）董煟撰，《救荒活民書》（臺北：商務印書館景印文淵閣《四庫全書》本）。

46. （宋）孫甫撰，《唐史論斷》（臺北：商務印書館景印文淵閣《四庫全書》本）。

47. （明）錢士升撰，《南宋書》（臺南：莊嚴文化，1996 年初版。《四庫全書存目叢書》本）。

48. （明）鄭柏撰，《金華賢達傳》（臺北：藝文印書館，1972 年）。

49. （明）鄭岳撰，《莆陽文獻傳》（臺南：莊嚴文化，1996 初版，據吉林大學圖書館藏明萬曆四十四年黃起龍刻本影印，《四庫全書存目叢書》本）。

50. （明）張昶撰，《吳中人物志》（上海：上海古籍出版社，《續修四庫全書》本）。

51. （清）黃宗羲輯，全祖望修定，《宋元學案》（清光緒五年上海文瑞樓石印本）。

52. （清）王梓材、馮雲豪撰，《宋元學案補遺》（臺北：世界書局，1962 年。《中國學術名著》本）。

53. （清）章學誠，《文史通義》（臺北：廣文書局，1967 年）。

54. （清）徐松原輯，陳援庵等編，《宋會要輯稿》（臺北：世界書局，1964 年）。

55. （清）陸心源撰，《宋史翼》（臺北：文海出版社，1997 年據清光緒刊本影印）。

56. （清）吳任臣撰，《十國春秋》（臺北：商務印書館景印文淵閣《四庫全書》本）。

57. （清）徐松撰，《登科記考》（上海：上海古籍出版社。《續修四庫全書》）。

58. 昌彼得等撰，《宋人傳記資料索引》（臺北：鼎文書局，1974 年初版）。

59. 王德毅著，《李燾父子年譜》（臺北：中國學術著作獎助委員會出版，1963 年）。

60. 岑仲勉撰，《唐史餘瀋》（北京：中華書局，2004 年新一版。《岑仲勉著作集》六）。

61. 歐小牧，《陸游年譜》（台北：木鐸出版社，1982 年）。

62. 潘美月撰，《宋代藏書家考》（臺北：學海出版社，1980 年）。

63. 何廣棪撰,《李清照研究》(臺北:九思出版社,1977 年第一版)。

64. 不著撰人,《五國故事》(臺北:商務印書館景印文淵閣《四庫全書》本)。

65. 朱希祖撰,《偽楚錄輯補》(臺北:正中書局,1955 年臺初版)。

66. 丁傳靖編,《宋人軼事彙編》(臺北:源流出版社,1982 年)。

## 三、地理與史志類

1. (後魏)酈道元《水經注》(臺北:商務印書館,《四部叢刊》初編)。

2. (唐)釋玄奘、釋辯機著,季羨林等校注,《大唐西域記校注》(北京:中華書局,1985 年,《中外交通史籍叢刊》本)。

3. (唐)李吉甫撰,賀次君點校,《元和郡縣圖志》(北京:中華書局,1983 第一版,《中國古代地理總志叢刊》本)。

4. 不著撰人,《三輔黃圖》(臺北:商務印書館景印文淵閣《四庫全書》本)。

5. (唐)樊綽撰,向達校注,《蠻書校注》(北京:中華書局,1962 年第一版)。

6. (宋)王象之撰,《輿地紀勝》(上海:上海古籍出版社,《續修四庫全書》本)。

7. (宋)歐陽忞撰,《輿地廣記》(臺北:商務印書館景印文淵閣《四庫全書》本)。

8. (宋)樂史撰,《太平寰宇記》(臺北:商務印書館景印文淵閣《四庫全書》本)。

9. (宋)趙汝适撰,《諸蕃志》(臺北:商務印書館景印文淵閣《四庫全書》本)。

10. (宋)莫休符撰,《桂林風土記》(臺北:藝文印書館,1967 年。《百部叢書集成》本)。

11. (宋)范成大撰,《桂海虞衡志》(臺北:商務印書館景印文淵閣《四庫全書》本)。

12. (宋)周應合纂修,《景定建康志》(臺北:商務印書館景印文淵閣《四庫全書》本)。

13. (宋)陳耆卿撰,《嘉定赤城志》(臺北:成文出版社,1983 年。《中國方志叢書》本)。

14. (宋)羅愿纂修,《新安志》(臺北:成文出版社,1974 年臺一版。《中國方志叢書》本)。

15. (宋)梁克家撰,《淳熙三山志》(臺北:商務印書館景印文淵閣《四庫全書》本)。

16. (宋)程大昌撰,《北邊備對》(上海:上海古籍出版社,《續修四庫全書》本)。

17. (宋)張敦頤編,吳琯校,《六朝事跡編類》(臺北:廣文書局,1970 年。《筆記三編叢書》本)。

18. (宋)宋敏求撰,(清)畢沅校正,《長安志》(臺北:成文出版社,1970 年)。

19. (宋)羅濬撰,《寶慶四明志》(臺北:商務印書館景印文淵閣《四庫全書》本)。

20. (宋)陳耆卿,《赤城志》(臺北:商務印書館景印文淵閣《四庫全書》本)。

21. （宋）張淏，《會稽續志》（臺北：成文出版社，1983 年臺一版）。

22. （明）王鏊撰，《姑蘇志》（臺北：商務印書館景印文淵閣《四庫全書》本）。

23. （明）徐獻忠撰，《吳興掌故集》（臺北：成文出版社，1983 年臺一版）。

24. （清）劉薊植修，嚴彭年纂，《乾隆安吉州志》（海口：海南出版社，2001 年第一版）。

25. （清）王謨輯，《漢唐地理書鈔》（北京：中華書局，1961 年第一版，據嘉慶年間王謨刻本影印）。

26. 張國淦，《中國古方志考》（臺北：鼎文書局，1974 年）。

27. 范祥雍，《洛陽伽藍記校注》（臺北：明文書局，1980 年。《中國佛寺史志彙刊》本）。

## 四、目錄類

1. （南唐）釋恆安集，《續貞元釋教錄》（北京：中華書局，1992 年第一版。《中華大藏經》漢文部分第五十五）。

2. （宋）晁公武撰，《宋槧袁本紹德先生郡齋讀書志》（上海：商務印書館，1994 年 4 月初版。《續古逸叢書》本）。

3. （宋）晁公武撰，《郡齋讀書志》（江蘇：廣陵古籍刻印社，1987 年 3 月據王先謙校刊本影印）。

4. （宋）尤袤撰，《遂初堂書目》（臺北：商務印書館景印文淵閣《四庫全書》本）。

5. （宋）王堯臣、王洙、歐陽修等撰，《崇文總目》（臺北：商務印書館景印文淵閣《四庫全書》本）。

6. （宋）王古撰，《大藏聖教法寶標目》（《乾隆大藏經》本）。

7. （宋）周密纂，《志雅堂雜鈔》（臺北：廣文書局，1969 年）。

8. （宋）董史撰，《皇宋書錄》（《知不足齋叢書》本）。

9. （宋），陳思撰，《寶刻叢編》（臺北：藝文印書館，1966 年）。

10. （宋）洪适撰，《隸續》（臺北：藝文印書館，1966 年）。

11. （宋）洪适撰，《隸釋》（臺北：藝文印書館，1966 年）。

12. （宋）晁公武撰，孫猛校證，《郡齋讀書志校證》（上海：上海古籍出版社，1990 年第一版）。

13. （宋）章如愚撰，《群書考索》（北京：中華書局，1992 年第 1 版）。

14. （宋）陳騤等撰，趙士煒輯考，《中興館閣書目》（臺北：成文出版社，1978 年。《書目類編》公藏類本）。

15. （宋）尹焞撰，《和靖集》（臺北：商務印書館景印文淵閣《四庫全書》本）。

16. 《宋史藝文志・補・附編》（上海：商務印書館，1957 年 12 月初版）。

17. （明）楊士奇等編，《文淵閣書目》（臺北：廣文書局。《書目三編》本）。

18. （明）葉盛編，《菉竹堂書目》（臺北：藝文印書館。《百部叢書集成》本）。

19. （明）焦竑撰，《國史經籍志》（日本曼山館，據徐象澐梅隱書屋活字印本重刊本）。

20. （清）錢大昕撰，《補元史藝文志》（北京：中華書局，1983 年）。

21. 《景印文淵閣四庫全書總目》（臺北：商務印書館，1986 年第一版）。

22. （清）永瑢等撰，《四庫全書總目》（北京：中華書局，1965 年 6 月第一版）。

23. （清）邵懿辰撰，邵章續錄，《增訂四庫簡明目錄標注》（北京：中華書局，1969 年 12 月第一版）。

24. （清）孫詒讓撰，《溫州經籍志》（浙江公立圖書館，1921 年據光緒仁和譚氏家刻本校刊重印本）。

25. （清）丁申撰，《武林藏書錄》（臺北：成文出版社，1978 年）。

26. （清）姚振宗撰，《隋書經籍志考證》（北京：中華書局《二十五史補編》第四冊，1986 年 6 月據開明書店原版重印）。

27. （清）章宗源撰，《隋書經籍志考證》（北京：北京圖書館出版社，2005 年第 1 版）。

28. （清）錢曾撰，丁瑜點校，《讀書敏求記》（北京：書目文獻出版社，1984 年據清乾隆十年沈尚傑雙桂堂刻本點校。《文史哲研究資料叢書》本）。

29. （清）黃虞稷撰，瞿鳳起、潘景鄭整理，《千頃堂書目》（上海：上海古籍出版社，1990 年 5 月第一版）。

30. （清）于敏中等奉敕編，《欽定天祿琳琅書目》（清乾隆間內府寫本）。

31. （清）阮元撰，李慈銘校訂，《文選樓藏書記》（臺北：廣文書局，1969 年據國立中央圖書館藏會稽李氏越縵堂烏絲欄抄本影印）。

32. （清）吳丙湘撰，《傳是樓宋元板書目》（臺北：文史哲出版社，1976 年據屏守山莊刊《傳硯齋叢書》本影印）。

33. （清）張金吾編，《愛日精廬藏書志》（清道光丙戌活字刊本）。

34. （清）吳壽暘編，《拜經樓藏書題跋記》（《拜經樓叢書》本）。

35. （清）瞿鏞撰，《鐵琴銅劍樓書目》（清光緒丁酉年誦芬堂刊本）。

36. （清）陳徵芝撰，《帶經堂書目》（《風雨樓叢書》本）。

37. （清）莫友芝撰，《宋元舊本書經眼錄》（清同治十二年刊本）。

38. （清）陸心源撰，《皕宋樓藏書志》（清光緒八年歸安陸氏十萬卷樓本）。

39. （清）陸心源撰，《儀顧堂題跋》（清刊本）。

40. （清）丁丙撰，《善本書室藏書志》（清光緒辛丑錢塘丁氏刊本）。

41. （清）葉昌熾著，王欣夫補正，《藏書紀事詩等五種》（據清光緒二十三年丁酉十一月長沙學使署刊本）。

42. 國立故宮博物院編纂，《國立故宮博物院宋本圖錄》（1997 年 6 月）。

43. 《國立故宮博物院善本舊籍總目》（國立故宮博物院，1983 年 4 月初版）。

44. 《北京圖書館古籍善本書目》（北京圖書館編，書目文獻出版社）。

45. 《國立中央圖書館善本書目》（臺北：國立中央圖書館，1969 年 12 月初版）。

46. 吳慰祖校訂，《四庫採進書目》（北京：中華書局，1960 年）。

47. 余嘉錫撰，《四庫提要辨證》（香港：中華書局，1974 年）。

48. 胡玉縉等撰，《續修四庫全書提要》（臺北：商務印書館，1972 年 3 月初版）。

49. 王重民撰，《中國善本書提要》（上海：上海古籍出版社，1983 年第一版）。

50. 喬衍琯撰，《宋代書錄考》（臺北：文史哲出版社，1987 年 4 月初版）。

51. 劉兆祐撰，《宋史藝文志史部佚集考》（臺北：國立編譯館中華叢書編審委員會，1984 年）。

52. 洪業等編纂，《四十七種宋代傳記綜合資料引得》（上海：上海古籍社出版，1986 年）。

53. 孫猛撰，《郡齋讀書志校證》（上海：上海古籍出版社，1990 年 10 月第一版）。

## 五、子　類

1. （晉）葛洪撰，《西京雜記》（臺北：商務印書館景印文淵閣《四庫全書》本）。

2. （唐）段成式撰，《酉陽雜俎》（臺北：商務印書館景印文淵閣《四庫全書》本）。

3. （宋）陸游撰，《老學庵筆記》（臺北：商務印書館景印文淵閣《四庫全書》本）。

4. （宋）黎靖德撰，《朱子語類》（內府藏本）。

5. （宋）周密，《齊東野語》（臺北：商務印書館景印文淵閣《四庫全書》本）。

6. （宋）曾慥撰，《類說》（臺北：商務印書館景印文淵閣《四庫全書》本）。

7. （清）周中孚撰，《鄭堂讀書記》（臺北：世界書局，1990 年據吳興劉氏嘉業堂刊本影印）。

8. （清）錢大昕撰，《十駕齋養新錄》（《皇清經解》本）。

## 六、集　類

1. （唐）李翱撰，《李文公集》（臺北：商務印書館景印文淵閣《四庫全書》本）。

2. （宋）洪邁撰，孔凡禮點校《容齋隨筆》（北京：中華書局，2005 年。《唐宋史料筆記叢刊》本）。

3. （宋）司馬光撰，《溫國文正司馬公集》（臺北：商務印書館，《四部叢刊》初編縮印宋刊本）。

4. （宋）歐陽修撰，《文忠集》（臺北：商務印書館景印文淵閣《四庫全書》本）。

5. （宋）許應龍撰，《東澗集》（臺北：商務印書館景印文淵閣《四庫全書》本）。

6. （宋）陳傅良撰，《止齋文集》（臺北：商務印書館景印文淵閣《四庫全書》本）。

7. （宋）魏了翁撰，《鶴山大全集》（上海：商務印書館，1919 年）。

8. （宋）孔傳撰，《東家雜記》（臺北：商務印書館景印文淵閣《四庫全書》本）。

9. （宋）蘇頌撰，《蘇魏公文集》（臺北：商務《四庫全書珍本》）。

10. （宋）張舜民撰，《畫墁集》（臺北：商務印書館景印文淵閣《四庫全書》本）。

11. （宋）王安石撰，《臨川集》（臺北：商務印書館景印文淵閣《四庫全書》本）。

12. （宋）楊萬里撰，《誠齋集》（臺北：世界書局，1986 年，景印摛藻堂《四庫全書薈要》本）。

13. （宋）計有功撰，《唐詩紀事》（臺北：中華書局，1981 年臺二版）。

14. （宋）袁燮撰，《絜齋集》（臺北：商務印書館景印文淵閣《四庫全書》本）。

15. （宋）樓鑰撰，《攻媿集》（臺北：商務印書館景印文淵閣《四庫全書》本）。

16. （宋）周必大撰，《周益公文集》（北京：線裝書局，2004 年據明澹生堂鈔本印，《宋集珍本叢刊》本）。

17. （宋）周必大撰，《廬陵周益國文忠公集》（北京：線裝書局，2004 年據傅增湘校，清歐陽棨刻本印，《宋集珍本叢刊》本）。

18. （宋）朱熹撰，《朱子全書》（臺北：商務印書館景印文淵閣《四庫全書》本）。

19. （宋）眞德秀撰，《眞文忠公文集》（上海：涵芬樓影印本，1932 年）。

20. （宋）沈括撰，《夢溪筆談》（臺北：商務印書館景印文淵閣《四庫全書》本）。

21. （宋）汪藻撰，《浮溪集》（臺北：商務印書館景印文淵閣《四庫全書》本）。

22. （宋）孫覿撰，《鴻慶居士集》（臺北：商務印書館景印文淵閣《四庫全書》本）。

23. （宋）劉敞撰，《彭城集》（臺北：商務印書館景印文淵閣《四庫全書》本）。

24. （宋）陳亮撰，《龍川集》（臺北：商務印書館景印文淵閣《四庫全書》本）。

25. （宋）陸游撰，《渭南文集》（臺北：商務印書館景印文淵閣《四庫全書》本）。

26. （宋）張元幹撰，《蘆川歸來集》（臺北：商務印書館景印文淵閣《四庫全書》本）。

27. （宋）曾鞏著，（宋）陳師道編輯，《元豐類稿》（清乾隆癸未年查溪重刊本）。

28. （宋）葛勝仲撰，《丹陽集》（臺灣：商務印書館，1975 年。《四庫全書珍本》）。

29. （宋）蔡襄撰，《端明集》（臺灣：商務印書館，1973 年）。

30. （宋）慕容彥逢撰，《摛文堂集》（臺北：商務印書館景印文淵閣《四庫全書》本）。

31. （宋）葉適撰，《水心文集》（上海：中華書局，1927～1935 年。《四部備要》本）。

32. （宋）黃榦，《勉齋集》（臺北：商務印書館景印文淵閣《四庫全書》本）。

33. （宋）秦觀撰，《淮海集》（臺北：商務印書館景印文淵閣《四庫全書》本）。

34. （宋）王珪撰，《華陽集》（臺北：商務印書館景印文淵閣《四庫全書》本）。

35. （宋）呂祖謙編，《宋文鑑》（臺北：世界書局，1986 年）。

36. （宋）韓琦撰，《韓魏公集》（上海：商務印書館，1937 年再版）。

37. （宋）洪适撰，《盤洲文集》（臺北：商務印書館景印文淵閣《四庫全書》本）。

38. （宋）張擴撰，《東窗集》（臺北：商務印書館景印文淵閣《四庫全書》本）。

39. （宋）歐陽修撰，《歸田錄》（臺北：商務印書館景印文淵閣《四庫全書》本）。

40. （元）韋安居，《梅磵詩話》（北京圖書館出版社，2003 年第一版。據丁福保《歷代詩話續編》本）。

41. （明）汪藻撰，胡堯臣刊，《浮溪文粹》（臺北：商務印書館景印文淵閣《四庫全書》本）

42. （清）朱彝尊撰，《曝書亭集》（清康熙五十二年秀水朱氏家刊本）。

43. （清）阮元等撰，《揅經室外集》（北京：中華書局，1991 年北京第一版）。

44. （清）董誥等編，《全唐文》（臺北：大通書局，1979 年第四版）。

45. （清）張宗泰著，《魯巖所學集》（臺北，文海出版社，1975 年）。

46. 曾棗莊、劉琳主編，《全宋文》（巴蜀書社，1988～1994 年）。

47. （清）陸心源撰，《宋詩紀事補遺》（臺北：中華書局，1971 年臺一版）。

48. （清）陸心源撰，《宋詩紀事小傳補正》（上海：上海古籍出版社，2002 年第一版，《續修四庫全書》本）。

49. （清）錢大昕，陳文和主編，《嘉定錢大昕全集》（南京：江蘇古籍出版社，1997 年第一版）。

50. （清）厲鶚撰，《宋詩紀事》（臺北：商務印書館景印文淵閣《四庫全書》本）。

51. （清）莊仲方撰，《南宋文範》（北京：線裝書局，2004 年）。

52. （清）董誥等編，《全唐文》（清嘉慶十九年）。

53. （清）陸心源編，《唐文拾遺》（臺北：文海出版社，1962 年影印本）

## 七、叢書類

1. （清）蔣廷錫等編，《古今圖書集成》（臺北：文星書店，1964 年影印）。

2. （清）阮元輯，《宛委別藏》（上海：商務印書館，1953 年影印）。

3. （清）鮑廷博輯，鮑志祖續輯，《知不足齋叢書》（清乾隆、道光間長塘鮑氏刊本）。

4. （清）盧文弨輯，《抱經堂叢書》（北京：直隸書局，1923 年影印清抱經堂本）。

5. （清）潘祖蔭輯，《滂喜齋叢書》（清同治、光緒間吳縣潘氏刻本）。

6. （清）曹溶輯，《學海類編》（臺北：文海出版社，1964 年影印）。

7. （清）顧修輯，《讀畫齋叢書》（清嘉慶四年刊本）。

8. （清）張海鵬輯，《學津討源》（清嘉慶十一年刊本）。

9. （清）徐紹棨輯，《廣雅叢書》（清光緒十九年刊本）。

10. （清）盧見曾輯，《雅雨堂叢書》（清乾隆二十一年德州盧氏雅雨堂校刊本）。

11. （清）伍崇曜編，《粵雅堂叢書》（清道光、光緒間南海伍氏刊本）。

12. 《四部叢刊》（上海：商務印書館，1922 年影印本）。

13. 《景印文淵閣四庫全書》（臺北：商務印書館，1986 年影印）。

14. 《叢書集成》（上海商務印書館，1935 至 1937 年排印本）。

15. 張元濟等輯，《續古逸叢書》（上海：商務印書館，1922 至 1936 年影印本）。

16. 中華再造善本編纂委員會編，《中華再造善本》第一期，（北京：北京圖書館出版社，2002 年 10 月初版）。

## 八、《直齋書錄解題》之版本

1. 《直齋書錄解題》，二十二卷（《武英殿聚珍版叢書》本）。

2. 《直齋書錄解題》，二十二卷（《四庫全書珍本別輯》本）。

3. 《直齋書錄解題》，二十二卷（臺北：商務印書館景印文淵閣《四庫全書》本）。

4. 《直齋書錄解題》，二十二卷（上海：商務印書館，1993 年據《聚珍版叢書》鉛印《叢書集成》初編本）。

5. 《直齋書錄解題》，二十二卷（上海：商務印書館，1939 年《國學基本叢書》本）。

6. 徐小蠻、顧美華點校，《直齋書錄解題》，二十二卷（上海：上海古籍出版社，1987 年 12 月第一版）。

7. 《直齋書錄解題》，二十二卷（清李盛鐸木樨軒傳鈔繆荃孫宋蘭揮舊藏本）。

8. （清）王懿榮手稿本，《直齋書錄解題》，一卷（國立中央圖書館藏本）。

## 九、近人研究陳振孫有關之論著

1. 何廣棪撰，《陳振孫之生平及其著述研究》（台北：文史哲出版社，1993 年初版）。

2. 何廣棪撰，《陳振孫之經學及其〈直齋書錄解題〉經錄考證》（臺北：里仁書局，1997 年初版）。

3. 何廣棪撰，《碩堂文存五編》（台北：里仁書局，2004 年初版）。

## 十、類書與字辭書類

1. （宋）王應麟編，《玉海》（臺北：商務印書館景印文淵閣《四庫全書》本）。

2. （宋）李昉等撰，《太平御覽》（河北教育出版社，1994 年第一版）。

3. 趙國璋、潘樹廣編，《文獻學辭典》（江西教育出版社，1991 年第一版）。

4. （宋）李昉等編，《太平廣記》（明嘉靖四十五年談愷校刊本）。

5. （唐）林寶編，《元和姓纂》（臺北：商務印書館景印文淵閣《四庫全書》本）。

6. 《永樂大典》（臺北：世界書局，1962 年 2 月影印）。

7. 臧勵龢撰，《中國古今地名大辭典》（臺灣：商務印書館，1993 年臺一版）。

## 參考文獻（按文中出現先後次序排列編號）

1.　（民國）何廣棪撰，《陳振孫生平及其著述研究》。
2.　（民國）何廣棪撰，《陳振孫之經學及其〈直齋書錄解題〉。經錄考證》。
3.　（漢）毛萇傳，鄭玄箋，（唐）孔穎達疏，《毛詩正義》。
4.　（宋）陳振孫撰，《直齋書錄解題》。
5.　（宋）周密撰，《齊東野語》。
6.　（清）劉薊植修，嚴彭年纂，《乾隆安吉州志》。
7.　（清）汪榮、劉蘭敏修，張行孚、丁寶書纂，《同治安吉縣志》。
8.　（元）韋居安撰，《梅磵詩話》。
9.　（宋）陳振孫撰，《白文公年譜》。
10.　（清）章學誠撰，《文史通義》。
11.　（明）王鏊纂修，《姑蘇志》。
12.　（宋）周密撰，《志雅堂雜鈔》。
13.　（唐）魏徵等撰，《隋書》。
14.　（清）錢大昕撰，《補元史藝文志》。
15.　（後晉）劉昫等撰，《舊唐書》。
16.　（宋）歐陽修，宋祁撰，《新唐書》。
17.　（宋）王堯臣等撰，（清）錢東垣輯，《崇文總目》。
18.　（宋）晁公武撰，《郡齋讀書志》。
19.　（清）紀昀撰，《四庫全書總目》。
20.　（宋）王應麟撰，《玉海》。
21.　（元）托克托撰，《宋史》。
22.　（宋）周必大撰，《周文忠公集》。
23.　（晉）司馬彪撰，（梁）劉昭補注，《後漢志》。
24.　（宋）陳亮撰，《龍川集》。
25.　（梁）沈約撰，《宋書》。
26.　（唐）李延壽撰，《南史》。
27.　（唐）姚思廉撰，《梁書》。
28.　（北齊）魏收撰，《魏書》。
29.　（唐）李百藥撰，《北齊書》。
30.　（宋）薛居正撰，《舊五代史》。
31.　（宋）歐陽修撰，《新五代史》。

32. （漢）司馬遷撰，（南朝宋）裴駰集解，（唐）司馬貞索隱，《史記》。

33. （民國）昌彼得等撰，《宋人傳記資料索引》。

34. （清）彭元瑞撰，〈唐書直筆四卷題記〉。

35. （清）陸心源撰，《宋史翼》。

36. （宋）張元幹撰，《蘆川歸來集》。

37. （宋）談鑰纂修，《嘉泰吳興志》。

38. （民國）劉兆祐撰，《宋史藝文志史部佚籍考》。

39. （清）陸心源撰，《宋詩紀事補遺》。

40. （民國）孫猛撰，《郡齋讀書志校證》。

41. （宋）蘇轍撰，《古史》。

42. （明）劉日寧撰，〈古史序〉。

43. （民國）余嘉錫撰，《四庫提要辨證》。

44. （宋）呂延年撰，〈新唐書略跋〉。

45. （南朝宋）范曄撰，（唐）李賢等注，《後漢書》。

46. （漢）荀悅撰，《漢紀》。

47. （晉）袁宏撰，《後漢紀》。

48. （清）陸心源編，《唐文拾遺》。

49. （宋）王溥撰，《唐會要》。

50. （宋）董史撰，《皇宋書錄》。

51. （清）張宗泰撰，《魯巖所學集》。

52. （清）黃宗羲輯，全祖望修定，《宋元學案》。

53. （宋）朱熹撰，〈通鑑舉要曆序〉。

54. （元）馬端臣撰，《文獻通考》。

55. （宋）馮時行撰，〈通鑑釋文序〉。

56. （清）陸心源撰，〈儀顧堂續跋〉。

57. （清）陸心源撰，〈宋槧通鑑釋文跋〉。

58. （宋）劉恕撰，〈通鑑外紀引〉。

59. 宋紹興中改定，（清）葉德輝考證，《祕書省續編到四庫闕書目》。

60. （宋）孫甫撰，〈唐史論斷序〉。

61. （宋）司馬光撰，〈唐史論斷跋〉。

62. （清）朱彝尊撰，〈唐史論斷舊鈔過錄本跋〉。

63. （清）阮元撰，《揅經室外集》。

64. （清）錢曾撰，《讀書敏求記》。

65. （宋）晁子綺撰，《歷化紀年記》。

66. （宋）包履常撰，〈歷代紀年跋〉。

67. （宋）張栻撰，〈經世紀年自序〉。

68. （宋）楊萬里撰，〈通鑑紀事本末序〉。

69. （宋）朱熹撰，《通鑑綱目》。

70. （民國）吳哲夫撰，《國立故宮博物院宋本圖錄》。

71. （民國）陳樂素撰，《三朝北盟會編考》。

72. （宋）李心傳撰，《建炎以來朝野雜記》。

73. （明）楊士奇等編，《文淵閣書目》。

74. （民國）徐規撰，〈李燾年表〉。

75. （宋）呂祖謙撰，〈大事記序〉。

76. （宋）吳學撰，〈大事記跋〉。

77. （清）錢大昕撰，《潛研堂文集》。

78. （清）瞿鏞撰，《鐵琴銅劍樓藏書目錄》。

79. （宋）陳騤等撰，（民國）趙士煒輯考，《中興館閣書目》。

80. （宋）范祖禹撰，《唐鑑》。

81. （民國）岑仲勉撰，《唐史餘瀋》。

82. （宋）鄭樵撰，《通志》。

83. （宋）王明清撰，《揮麈三錄》。

84. （宋）王安石撰，《臨川先生文集》。

85. （宋）陸游撰，《老學庵筆記》。

86. （宋）程俱撰，〈西漢詔令序〉。

87. （宋）樓昉撰，〈東漢詔令序〉。

88. （清）厲鶚撰，《宋詩紀事》。

89. （清）吳任臣撰，《十國春秋》。

90. （宋）馬令撰，《南唐書》。

91. （清）黃虞稷、倪燦撰，《宋史藝文志補》。

92. （民國）歐小牧撰，《陸游年譜》。

93. （民國）傅增湘撰，《宋蜀文輯存》。

94. （明）余寅撰，〈五國故事序〉。

95. （清）伍崇曜撰，〈九國志題記〉。

96. （宋）歐陽修撰，《歸田錄》。

97. （戰國）孟軻撰，《孟子》。

98. （宋）王珪撰，《王華陽集》。

99. （宋）尤袤撰，《遂初堂書目》。

100.（宋）張擴撰，《東窗集》。

101.（元）托克托撰，《金史》。

102.（民國）朱希祖撰，《偽楚錄輯補》。

103.（民國）朱希祖撰，《偽齊錄校正》。

104.（明）楊慎撰，〈越絕書跋〉。

105.（明）田汝成撰，〈越絕書序〉。

106.（明）闕名撰，〈越絕書跋〉。

107.（唐）房玄齡撰，《晉書》。

108.（宋）呂大防撰，〈華陽國志序〉。

109.（清）葉昌熾撰，《藏書紀事詩》。

110.（唐）許嵩撰，《建康實錄》。

111.（唐）趙元一撰，〈奉天錄序〉。

112.（清）董誥等編，《全唐詩》。

113.（唐）裴延裕撰，〈東觀奏記序〉。

114.（宋）陶岳撰，《五代史補》。

115.（宋）王禹偁撰，《五代史闕文》。

116.（宋）邵伯溫撰，《邵氏聞見錄》。

117.（民國）傅增湘撰，《藏園群書題記》。

118.（明）胡堯臣編，《浮溪文粹》。

119.（宋）孫覿撰，〈汪氏墓誌銘〉。

120.（民國）丁傳靖編，《宋人軼事彙編》。

121.（清）莊仲方撰，〈南宋文範作者考〉。

122.（宋）不著撰人，《南宋館閣續錄》。

123.（宋）徐夢莘撰，《三朝北盟會編》。

124.（民國）陳樂素撰，〈徐夢莘考〉。

125.（唐）吳兢撰，《貞觀政要》。

126.（唐）裴潾撰，〈太和辨謗略序〉。

127.（唐）李翰撰，〈通典序〉。

128.（宋）章如愚撰，《群書考索》。

129.（民國）王德毅撰，〈兩宋十三朝會要纂修考〉。

130.（宋）李燾撰，《續資治通鑑長編》。

131.（宋）蘇頌撰，《蘇魏公文集》。

132.（宋）張舜民撰，《畫墁集》。

133.（民國）傅增湘撰，〈宋蜀文輯存作者考〉。

134. （宋）魏了翁撰，《鶴山大全集》。
135. （民國）許肇鼎撰，《宋代蜀人著作存佚錄》。
136. （宋）孔傳撰，《東家雜記》。
137. （宋）陳傅良撰，《止齋先生文集》。
138. （民國）臧勵龢撰，《中國古今地名大辭典》。
139. （宋）許應龍撰，《東澗集》。
140. （宋）洪邁撰，《容齋隨筆》。
141. （唐）丁居晦撰，〈重修翰林壁記〉。
142. （宋）洪遵撰，《翰苑群書》。
143. （宋）歐陽修撰，《歐陽文忠公集》。
144. （宋）秦觀撰，《淮海集》。
145. （清）張金吾撰，《愛日精廬藏書志》。
146. （清）丁丙撰，《善本書室藏書志》。
147. （宋）李燾撰，〈中興館閣錄序〉。
148. （宋）尹焞撰，《和靖集》。
149. （宋）李元弼撰，《作邑自箴》。
150. （民國）楊家駱撰，《新補金史藝文志》。
151. （清）陸心源撰，《皕宋樓藏書志》。
152. （唐）蕭嵩撰，〈開元禮自序〉。
153. （唐）王涇撰，〈大唐郊祀錄序〉。
154. （唐）李肇撰，《國史補》。
155. （清）徐松撰，《登科記考》。
156. （宋）韓琦撰，《韓魏公集》。
157. （宋）韓琦撰，〈韓氏古今家祭式序〉。
158. （漢）戴德編，《大戴禮記》。
159. （漢）戴聖編，《小戴禮記》。
160. （宋）曾慥撰，《類說》。
161. （唐）段成式撰，《酉陽雜俎》。
162. （宋）李昉撰，《太平廣記》。
163. （唐）李翱撰，《李文公集》。
164. （唐）李翱撰，〈韋氏月錄序〉。
165. （宋）陸游撰，《渭南文集》。
166. （宋）陸游撰，〈跋呂侍講歲時雜記〉。
167. （宋）王回撰，〈古烈女傳序〉。

168.（宋）曾鞏撰，〈古烈女傳序〉。

169.（晉）皇甫謐撰，《高士傳》。

170.（晉）葛洪撰，《西京雜記》。

171.（清）盧文弨撰，〈抱經堂校刊西京雜記序〉。

172.（清）姚振宗撰，《隋書經籍志考證》。

173.（清）章宗源撰，《隋書經籍志考證》。

174.（唐）韓愈撰，〈送諸葛覺往隨州讀書〉。

175.（民國）向達校注，《蠻書校注》。

176.（民國）蘇瑩輝撰，〈敦煌藝文略〉。

177.（清）朱彝尊撰，《曝書亭集》。

178.（清）朱彝尊撰，《續錦里耆舊傳跋》。

179.（唐）李奕撰，〈登科記序〉。

180.（宋）洪适撰，《盤洲文集》。

181.（宋）洪适撰，〈重編唐登科記序〉。

182.（宋）洪适撰，〈跋五代登科記〉。

183.（宋）洪适撰，〈大宋登科記序〉。

184. 燕京大學引得編纂處編，《四十七種宋代傳記綜合引得》。

185.（民國）吳廷燮撰，《南宋制撫年表》。

186.（宋）鄒浩撰，《道鄉集》。

187.（宋）朱熹撰，《朱子大全集》。

188.（宋）朱熹撰，《豐清敏遺事後序》。

189.（宋）沈括撰，《夢溪筆談》。

190.（宋）汪藻撰，《浮溪集》。

191.（宋）汪藻撰，〈呂好問除尚書右丞制〉。

192.（宋）孫覿撰，《鴻慶居士集》。

193.（明）錢士升撰，《南宋書》。

194.（清）陸心源撰，〈儀顧堂題跋〉。

195.（清）陸心源撰，〈宋板歐陽公本末跋〉。

196.（宋）蔡襄撰，《端明集》。

197.（宋）蔡襄撰，〈右贊善大夫馮炳可授殿中丞制〉。

198.（宋）慕容彥逢撰，《摘文堂集》。

199.（宋）慕容彥逢撰，〈朝散郎家安國轉一官制〉。

200.（清）陸心源撰，《宋詩紀事小傳補正》。

201.（宋）葉適撰，《水心文集》。

202. （宋）葉適撰，〈李丞相綱諡忠定議〉。
203. （宋）朱熹撰，〈趙君彥遠墓碣銘〉。
204. （宋）朱熹撰，〈跋趙善應行實〉。
205. （宋）洪适撰，〈跋趙子直尊人家錄〉。
206. （宋）朱熹撰，〈祭陳福公文〉。
207. （宋）朱熹撰，〈祭趙丞相文〉。
208. （宋）眞德秀撰，《眞文忠公集》。
209. （宋）眞德秀撰，〈石鼓挽章祭文後〉。
210. （明）徐獻忠撰，《吳興掌故集》。
211. （清）王梓材、馮雲豪撰，《宋元學案補遺》。
212. （宋）魏了翁撰，〈倪公墓誌〉。
213. （宋）黃榦撰，《勉齋集》。
214. （宋）黃榦撰，〈書趙華文行狀〉。
215. （明）張昶撰，《吳中人物志》。
216. （宋）辛次膺撰，〈廉吏傳序〉。
217. （宋）費樞撰，〈廉吏傳序〉。
220. （宋）董煟撰，〈救荒活民書序〉。
221. （宋）慕容彥逢撰，〈西綾錦副使兼翰林醫官副使蓋演醫官副使盧德誠翰林醫官賜緋丁銳翰林醫學李師老可各轉一官制〉。
222. （宋）歐陽忞撰，《輿地紀勝》。
223. （清）徐松輯，《宋會要輯稿》。
224. 國立中央圖書館編，《國立中央圖書館善本序跋集錄》。
225. （宋）曾鞏撰，《元豐類稿》。
226. （清）周中孚撰，《鄭堂讀書記》。
227. （清）徐松撰，《四庫闕書目》。
228. （明）焦竑撰，《國史經籍志》。
229. （宋）葛勝仲撰，《丹陽集》。
230. （宋）葛勝仲撰，〈著作佐郎陶公墓誌銘〉。
231. （宋）梁克家撰，《淳熙三山志》。
232. （宋）周必大撰，《皇朝百族譜》。
233. （清）錢大昕撰，《十駕齋養新錄》。
234. （清）徐松撰，〈四庫闕書目編輯本自序〉。
235. （宋）李淑撰，〈鄲鄲書目自序〉。
236. （宋）呂祖謙撰，《皇宋文鑑》。

237. （宋）歐陽修撰，〈集古錄序〉。
238. （宋）歐陽棐撰，〈集古目錄記〉。
239. （明）闕名撰，〈集古錄識語〉。
240. （宋）趙明誠撰，〈金石錄序〉。
241. （宋）劉跂撰，〈金石錄後序〉。
242. （民國）何廣棪撰，《李清照研究》。
243. （宋）呂大臨撰，〈古考圖自序〉。
244. （明）闕名撰，〈考古圖序〉。
245. （宋）鄭樵撰，《夾漈遺書》。
246. （宋）鄭樵撰，〈獻皇帝書〉。
247. （民國）潘美月撰，《宋代藏書家考》。
248. （宋）晁公武撰，〈衢本昭德先生郡齋讀書志序〉。
249. （宋）毛开撰，〈遂初堂書目序〉。
250. （宋）李燾撰，〈遂初堂書目跋〉。
251. （宋）魏了翁撰，〈遂初堂書目跋〉。
252. （民國）趙士煒撰，〈中興館閣書目輯考自序〉。
253. （宋）洪适撰，〈隸釋自序〉。
254. （宋）洪邁撰，〈隸續序〉。
255. （元）釋克己撰，〈法寶標自序〉。
256. （明）祁承㸁撰，《澹生堂藏書約》。
257. （明）鄭岳撰，《莆陽文獻傳》。
258. （宋）陳振孫撰，〈寶刻叢編序〉。
259. （清）丁申撰，《武林藏書錄》。
260. （南唐）釋恆安撰，《續貞元釋教錄》。
261. （清）全祖望撰，〈水經注五校本題辭〉。
262. （唐）李吉甫撰，〈元和郡縣圖志自序〉。
263. （宋）樂史撰，〈太平寰宇記序〉。
264. （宋）蘇頌撰，《大理評事李德芻可光祿寺丞制》。
265. （宋）劉攽撰，《彭城集》。
266. （宋）劉攽撰，〈秘省校書郎李德芻可集賢校理依舊充校書郎制〉。
267. （宋）歐陽忞撰，〈輿地廣記自序〉。
268. （民國）王重民撰，《中國善本書提要》。
269. （明）鄭柏撰，《金華賢達傳》。
270. （宋）李埴撰，〈輿地紀勝序〉。

271. （宋）王象之撰，〈輿地圖自序〉。

272. （宋）司馬光撰，《溫國文正司馬公集》。

273. （宋）司馬光撰，〈河南志序〉。

274. （宋）趙彥若撰，〈長安志讠〉。

275. 不著名氏撰，〈三輔黃圖自序〉。

276. （民國）范祥雍撰，《洛陽伽藍記校注》。

277. （民國）范祥雍撰，〈楊衒之傳〉。

278. （宋）陳振孫撰，〈洛陽名園記跋〉。

279. （元）郭晦撰，〈嘉禾志序〉。

280. （清）杭世駿撰，〈臨安志跋〉。

281. （清）厲鶚撰，〈長安志跋〉。

282. （宋）傅兆敬撰，〈吳興志序〉。

283. （清）錢大昕撰，〈吳地記題記〉。

284. （宋）趙汝談撰，〈吳郡志序〉。

285. （宋）周必大撰，〈資政殿大學士贈銀青光祿大夫范公成大神道碑〉。

286. （清）黃丕烈撰，〈新定志題記〉。

287. （清）錢大昕撰，〈新定志題記〉。

288. （宋）董弅撰，〈新定志序〉。

289. （宋）樓鑰撰，《攻媿集》。

290. （宋）樓鑰撰，〈陳公亮除江西運副制〉。

291. （宋）陳傅良撰，〈陳公亮除福建轉運副使制〉。

292. （宋）陸游撰，〈會稽志序〉。

293. （宋）張淏撰，〈會稽續志自序〉。

294. （宋）陳耆卿撰，〈赤城志自序〉。

295. （宋）王象祖撰，〈赤城三志序〉。

296. （宋）羅璿撰，〈四明志序〉。

297. （宋）葉適撰，〈醉樂亭記〉。

298. （清）孫詒讓撰，《溫州經籍志》。

299. （民國）張國淦撰，《中國古方志考》。

300. （宋）周應合纂修，《景定建康志》。

301. （宋）張敦頤撰，〈六朝事跡序〉。

302. （宋）韓仲通撰，〈六朝事跡序〉。

303. （宋）羅愿撰，〈新安志自序〉。

304. （宋）趙不悔撰，〈新安志序〉。

305. （宋）羅願纂修，《新安志》。

306. （宋）楊萬里撰，《誠齋集》。

307. （宋）楊萬里撰，〈三山陳先生樂書序〉。

308. （宋）鄭興裔撰，〈廣陵志序〉。

309. （清）王謨輯，《漢書地理書鈔》。

310. （宋）計有功撰，《唐詩紀事》。

311. （宋）汪藻撰，〈李楫除監察御史制〉。

312. （民國）陳樂素撰，〈直齋書錄解題作者陳振孫〉。

313. （宋）樓鑰撰，〈張叔椿除權吏部侍郎制〉。

314. （宋）樓鑰撰，〈張叔椿辭免除權兵部尚書不允詔〉。

315. （宋）樓鑰撰，〈張叔椿辭免兼侍讀不允詔〉。

316. （宋）陳傅良撰，〈張叔椿封永嘉縣開國男食邑三百戶制〉。

317. （宋）陳傅良撰，〈右諫議大夫張叔椿明堂恩贈母妻制〉。

318. （宋）袁燮撰，《絜齋集》。

319. （宋）袁燮撰，〈朝奉郎王君墓誌銘〉。

320. （宋）李昉等撰，《太平御覽》。

321. （宋）莫休符撰，〈桂林風土記自序〉。

322. （清）朱彝尊撰，〈桂林風土記跋〉。

323. （宋）范成大撰，〈桂海虞衡志自序〉。

324. （民國）趙國璋，潘樹廣編，《文獻學辭典》。

325. （宋）陳耆卿撰，《嘉定赤城志》。

326. （宋）蔡襄撰，〈尚書屯田員外郎郭公墓誌銘〉。

327. （明）黃佐纂修，《嘉靖廣東通志》。

328. （唐）竇叔蒙撰，〈海濤論〉。

329. （宋）程大昌撰，〈北邊備對自序〉。

330. （民國）季羨林校注，《大唐西域記校注》。

331. （宋）趙汝适撰，〈諸蕃志自序〉。

# 《直齋書錄解題史錄考證》書名索引

## 說　明

（一）本索引收錄本書第五章〈直齋書錄解題史錄考證〉中列條之書名。各書名稱
　　　一律按原目著錄。

（二）各書所附續集、後集、外集、別集或年譜、拾遺等，均附於正集之後，不另
　　　列條。

（三）異書同名者，於書名後加注著者姓名爲別。

（四）本索引採用四角號碼檢字法編排。

# 《直齋書錄解題史錄考證》著者索引

## 說　明

（一）本索引收錄本書第五章〈直齋書錄解題史錄考證〉中署稱之編、撰、述、注、譯、監修等人名。無編著者姓名而僅有鈔錄、刊刻者姓名，以鈔錄、刊刻者姓名編入索引。

（二）本索引一般僅錄編、撰、鈔、刊者之姓名（以字行者則爲姓字），如原目下僅署字號別稱，而在本書他處亦未出現姓名者，按原目下所用稱謂編列；如一人著書多種，原目或用姓名，或用字號別稱，則以其姓名爲正條，而列他稱爲參見條。凡僅於書目中出現之作者姓名，不予收入。

（三）同人異名者，分別列條，在人名後注明時代或籍貫。

（四）頁碼後以圓括弧注之「編」、「撰」、「注」、「修」等字樣，俱依本書著錄，本書無著錄而爲編製索引時所注者，加六角括號以示區別。原題中託名或存疑之作者，括弧中分別以「託名」或「？」等表示。

（五）本索引採用四角號碼檢字法編排。

00～彥威　178（撰），405（撰）

　～度　657（撰）

01～顏　209（撰）

　～雲　480（撰）

14～珪（王禹玉）　94（上），193（撰），331（撰），332（監修）

　～鞏　509（撰）

20～禹偁　269（撰），270（撰）

21～仁裕　269（撰），462（撰）

　～偁　110（撰）

22～嚴叟　495（撰）

24～綝　317（撰）

25～仲丘　401（撰）

　～伸　185（撰）

　～伯大　674（重修）

　～皞　109（撰），488（撰）

27～象之　628（撰），630（撰）

　～紹珪　542（撰）

30～安石　505（撰）

31～涇　403（撰）

33～溥　189（監修），329（撰），331（撰）

34～遬　105（撰）

35～洙　337（編修），581（撰）

37～颿　179（撰）

　～通　115（撰）

40～堯臣　581（撰）

　～希先　631（撰）

　～希呂　95（編修）

　～存　94（編修），623（刪定）

　～右　609（撰）

43～栐　721（撰）

44～若沖　301（撰）

46～觀　630（撰）

50～中行　713（撰）

　～素　489（記）

51～振　263（撰）

60～旦　93（監修）

72～剛中　704（撰）

77～舉　224（撰）

　～舉正　192（同修）

80～益之　394（撰），395（撰）

　～曾　93（提舉），487（撰）

87～欽若　93（修），192（監修）

## 1014₁ 聶

37～冠卿　581（撰）

## 1020₀ 丁

06～謂　341（撰）

20～維皋　579（撰）

20～特起　287（撰）

77～居晦　377（撰）

88～銳　545（集），547（集）

## 1021₁ 元

21～行沖　241（撰）

24～積　375（撰）

43～載　173（撰），174（監修）

## 1021₄ 霍

88～篪　685（修）

## 1022₇ 万

23～俟卨　558（表上）

## 1024₇ 夏

05～竦　93（修）

## 1060₀ 石

44～茂良　293（撰）

80～介　343（編進）

## 1080₆ 賈

11～頊　417（撰）

17～子莊　289（撰）

24～緯　120（撰），185（撰），186（撰），265（撰）

44～黃中　406（損益）

60～昌朝　407（上），439（撰）

## 1111₄ 班

60～固　70（撰）

2610₄ 皇
　　53～甫謐　445（撰）
2641₃ 魏
　　24～德謨　322（潤色）
　　28～收　85（撰）
　　　～徵　84（撰）
2643₀ 吳
　　00～充　94（提舉），193（撰）
　　17～琚　669（銓次）
　　　～子良　661（續）
　　18～致堯　697（撰）
　　21～仁傑　106（撰）
　　24～縝　102（撰），103（撰）
　　　～宏　544（編）
　　34～遼　576（撰）
　　37～淑　191（同修），208（撰）
　　　～澥　627（撰）
　　44～兢　168（撰），169（撰），172
　　　（撰），246（撰），315（撰）
　　　～莘　682（撰）
　　77～與　604（家藏）
　　88～敏　513（撰）
2690₀ 和
　　26～峴　406（損益）
2691₄ 程
　　27～俱　386（撰）
　　40～九萬　687（撰）
　　　～大昌　638（撰），738（撰）
　　　～太古　732（撰）
　　71～匡柔　265（撰）
　　　～頤　420（撰）
　　90～少魏　681（撰）
2692₂ 穆
　　26～伯弰　513（撰）
2721₂ 危
　　18～致明　700（撰）

2721₇ 倪
　　37～祖常　538（輯）
　　60～思　398（撰）
2726₁ 詹
　　21～仁澤　550（編輯）
2731₂ 鮑
　　22～彪　238（注）
2742₇ 鄒
　　33～補之　656（撰）
　　34～浩　500（語）
2762₀ 句
　　12～延慶　467（撰）
2771₂ 包
　　07～諝　243（撰）
2823₇ 伶
　　10～元　447（撰）
2828₁ 從
　　44～梵　614（集）
2829₄ 徐
　　00～度　149（撰）
　　10～靈府　728（撰）
　　　～天麟　359（撰）
　　　～雲虔　741（撰）
　　26～自明　695（重修）
　　34～浩　247（撰）
　　37～潤　416（撰）
　　44～夢莘　310（撰），311（編次）
　　60～景　323（撰）
　　80～鉉　210（撰）
　　88～筠　394（撰），722（撰）
2891₆ 稅
　　30～安禮　626（撰）
3021₇ 扈
　　44～蒙　189（撰），406（損益）
3022₇ 房

（集）

38～遵　205（編），380（撰），381（撰），665（撰）

77～興祖　389（撰）

**3426₀ 褚**

44～孝錫　693（撰）

**3530₀ 連**

40～南夫　481（記）

**3611₇ 溫**

40～大雅　165（撰）

**3612₇ 湯**

60～思退　198（上）

98～悅　210（撰）

**3814₇ 游**

21～師雄　524（撰）

**4001₁ 左**

00～文質　646（撰）

**4040₇ 李**

00～方子　536（撰）

～讓夷　179（監修）

03～誠　563（編修）

04～訦　688（撰）

10～正民　303（撰）

～璋　642（纂）

～元弼　396（撰）

～元綱　544（編）

～丙　153（撰）

～百藥　86（撰）

12～延壽　107（撰）

14～珙　514（撰）

17～邴　204（編）

20～垂　656（修）

～維　192（撰）

21～上交　727（撰）

～衢　569（修）

～綽　433（撰）

22～邕　432（撰），453（撰）

24～德芻　346（撰），346（編），623（刪定）

～德裕　256（撰），257（撰），257（撰），320（撰），458（撰），459（撰）

～結　372（撰）

～皋　711（撰）

27～歸一　724（撰）

～綱　286（撰）

28～攸　350（撰）

～綸　532（撰）

30～沆　189（監修）

～宥　407（編修）

～宗諤　189（同修），378（撰），485（撰），647（撰），656（修），688（修）

31～潛用　256（撰）

33～心傳　154（撰），313（撰），314（撰），334（編）

34～遠　525（撰）

～清臣　411（上）

37～淑　192（同修），335（撰），336（修纂），412（修定），587（撰）

～罕　480（撰）

38～肇　252（撰），374（撰）

40～大諒　229（撰）

～燾　149（撰），150（撰），153（撰），198（重修）

～吉甫　341（監修），369（撰），620（撰），621（撰）

43～樸　500（撰）

～林甫　367（注），573（纂）

45～椿　475（撰）

47～格非　640（撰）

60～昉　340（纂），406（損益），722（纂）

30～瀛　697（修）
30～寶　175（撰），567（撰）
40～希　194（重修），275（撰），
　　　338（編）
47～梣　671（撰）
50～表民　661（撰）
53～成季　533（述）
90～光　708（撰）

4499₀ 樓
60～昉　203（編），309（撰）
88～鑰　484（記）

4622₇ 獨
～孤郁　175（撰）

4692₇ 楊
00～應誠　304（撰）
21～衒之　639（撰）
24～偉　336（修纂）
26～侃　381（撰）
30～完　411（撰）
34～漢公　178（撰）
40～堯弼　531（撰）
43～載　530（撰）
44～萬里　534（撰）
67～昭儉　406（損益）
81～鉅　376（撰）

4762₀ 胡
04～訥　542（撰）
20～舜舉　709（裒集）
27～仔　516（撰）
27～宏　143（撰）
～寅　142（撰）
32～兆　674（修）

4864₀ 敬
52～播　166（撰）
87～翔　263（撰）

4980₂ 趙

00～彥博　549（編）
～彥若　633（撰）
～彥勵　711（集）
10～元一　248（撰）
17～珣　521（撰）
～子直　675（撰）
22～鼎　195（撰），196（重修）
～崇憲　537（編集）
25～牲之　152（撰）
30～安仁　93（修），189（同修）
34～汝愚　536（編）
～希弁　362（撰）
46～瓈　525（撰）
67～明誠　597（撰）
71～槩　507（記）
77～鳳　183（監修）
80～善譽　739（撰）
90～粹中　424（撰）
96～憬　454（撰）

5000₆ 史
10～正志　668（撰）
71～愿　228（撰）
97～炤　131（撰）

5040₄ 婁
26～伯高　547（編）

5090₄ 秦
34～湛　511（撰）
48～檜　559（表上）
72～氏（濡須人）　602（撰）

5560₆ 曹
21～偓　492（撰）
64～勛　300（撰）

5580₆ 費
41～樞　542（撰）

6011₃ 晁
10～百揆　677（撰）

8090₄ 余
    05～靖　337（編修），479（記）
    29～嶸　485（撰）
    86～知古　466（撰）

8315₃ 錢
    25～紳　687（撰）
    26～儼　218（撰），470（撰）
    44～若水　189（重修），191（修
          撰）
    45～棲業　737（述）
    60～易　471（撰）
    90～惟演　377（撰），469（撰），
        469（撰），470（撰）

8742₇ 鄭
    00～文寶　212（撰），213（撰）
    07～望之　286（撰）
    10～正則　416（撰）
    ～亞　179（撰）
    12～延晦　262（撰）

    21～處誨　243（撰）
    ～熊　714（撰）
    26～儼　485（撰）
    30～寅　206（編），610（藏）
    36～湜 357（集）
    37～瀣　252（撰）
    38～樂　245（撰）
    40～克　546（撰）
    ～樵　601（撰），602（記），612
    （撰）
    64～暐　705（撰）
    77～居中　412（撰）
    80～翁歸　534（述）

9022₇ 常
    11～璩　240（撰）

9090₄ 米
    30～憲　580（錄）
    44～芾　596（撰）